키워드로 읽는 아프리카 소설

AFRICAN NOVELS BASED ON SOME KEYWORDS

키워드로 읽는 아프리카 소설

초판1쇄 인쇄 2016년 12월 25일
초판1쇄 발행 2016년 12월 30일

지은이 고인환 외
펴낸이 조인원
펴낸곳 경희대학교 출판문화원
주소 서울시 동대문구 경희대로 26
전화 02-961-0106~8, 팩스 02-962-8840
설립 1960년 9월 16일 제5-8호
등록 1977년 11월 8일 제6-5호
홈페이지 www.khupress.com
전자우편 press@khu.ac.kr

ISBN 978-89-8222-559-8 03800

TRADITION

MODERNITY

"RACE"

GENDER

CONFLICT

키워드로 읽는 아프리카 소설

AFRICAN NOVELS BASED ON SOME KEYWORDS

고인환 외 지음

경희대학교 출판문화원

여는 글

아프리카, 다양한 목소리를 위하여

최근 한국에서는 비서구 문학에 대한 관심이 높아지고 있다. 비서구 문학의 연대와 가치를 지향하는 문예지들이 발간되고 있으며, 비서구 작가들의 소통과 토론의 장이 꾸준히 이어지고 있다. 이는 비서구 문학의 소통과 연대를 통해 온전한 세계문학의 생태계를 복원하려는 노력의 일환이다. 다양한 목소리들이 한국문학을 풍요롭게 하고 있다.

우리는 하나의 목소리가 지구를 장악하고 있는 신자유주의 시대에 살고 있다. 자본과 힘의 논리에 바탕을 둔 동일성 담론은 매우 위험하다. '거짓 이야기'라기보다 '불완전한 이야기'이기 때문이다. 동일성 담론은 하나의 이야기를 '유일한 이야기'로 만든다. 아프리카 대륙에는 다양한 목소리들이 공존하고 있다. 그럼에도 여전히 많은 사람들에게 아프리카는 재난이 끊이지 않는 빈곤의 땅이라는 단일한 이미지로 제시되고 있다. 재난 이외에도 다른 이야기들이 많다.

고정관념을 넘어 다양한 이야기를 공유하는 것이 필요하다. 《키워드로 읽는 아프리카 소설》은 이러한 의도에서 기획되었다. 아프리카 문학 연구서, 번역서, 자료집 발간 등 우리들의 작업은 앞으로도 계속될 것이다.

2015년 2월 26일 '구미중심주의 담론을 넘어서'라는 화두로 창립 학술대회를 개최하면서 경희대학교 '범아프리카문화연구센터(Center for Pan-African Cultural Studies)'가 출범했다. 구미중심주의 담론이 주도면밀하게 은폐해온 비서구적 가치를 재조명함으로써 온전한 지구 문학을 구축하기 위한 노력의 일환이다.

첫발을 내디딘 지 어언 2년이 지났다. 많은 어려움이 있었다. 비판의 목소리도 만만치 않다. 학제 간 장벽도 높다. 그 분야의 전공자도 아니면서 어떻게 그들의 문학을 말하고 연대할 수 있느냐는 문제 제기도 녹록치 않다. 우리는 이러한 우려에 주눅 들기보다는 조바심 내지 않고 한 발 한 발 우직하게 밀어붙였다.

한국문학 전공자들이 주축이 되어 비서구 문학(아프리카 문학), 나아가 세계 문학 논의의 장으로 진입하고자 한다는 점에서 적지 않은 우려의 목소리가 있었지만, 비서구 문학에 대한 관심이 세계 문학으로서의 한국문학을 성찰하는 주체적 관점에서 촉발되었다는 점을 되새기며 마음을 다잡았다.

우리는 2016년 한 · 중 · 일의 아프리카 문학 연구자를 초청하여 국제학술대회('범아프리카니즘과 동아시아')를 주최했고, 가나의 저명한 시인이자 문학 연구자인 코피 아니도호(Kofi Anyidoho)를 초청하여 강연회('로컬과 글로벌 사이의 아프리카 문학')를 개최하기도 했다.

무엇보다 소중한 것은 우리 연구 팀이 각각의 관심 분야에서 지속적으로 공부를 했다는 사실이다. 우리는 지난 2년여 간 아프리카 작품 독해, 문학이론 번역 세미나, 아프리카 관련 자료 읽기 등 여러 연구 팀을 가동하여 연구의 성과를 축적해왔다. 일주일에 한 번씩 만나 아프리카 문화를 탐구 · 논의하면서 공유한 각 연구 팀의 역량은 힘들 때마다 우리 센터를 지탱해준 가장 큰 힘이 되었다.

《키워드로 읽는 아프리카 소설》은 이러한 우리의 작업이 맺은 첫 결실이다. 한 주에 한 권씩 읽었다. 우리가 읽은 작품은 50여 권이 넘는다. 그중 21편을 골라 '전통, 근대, 인종, 여성, 분쟁' 등 다섯 키워드로 분류했다.

'제1장 전통'에서는 아프리카 특유의 전통 양식을 현대적으로 계승하고 있는 작품들을 다루었다. 나이지리아, 이집트, 콩고 등의 작가들은 "산산이 부서진" 자신들의 전통을 부여잡고 "상처 받은 사람들"의 고통을 '말'을 통해 위무하고 있다. 이러한 텍스트들을 통해 우리의 현실을 곱씹어보는 계기를 가질 수 있었다.

'제2장 근대'에서는 서구 중심의 제국주의적 근대성에 맞서는 아프리카 작가들의 고투를 담은 작품들이 분석되고 있다. 아프리카 작가들이 자신들의 "비극을 마주하는 자세"는 우리가 우리들의 비극을 응전하는 자세와 크게 다를 바 없다. 아프리카의 근대성을 구미 열강이 강압적으로 이식한 타자화된 그 무엇으로 보기보다는, 그들이 주체적으로 모색한 능동적 가치들 중 하나로 인식하는 태도가 필요해 보인다.

'제3장 인종'에는 아파르트헤이트를 경험한 남아프리카공화국 작가들의 개성적인 작품을 탐색한 글들이 모여 있다. "인종차별의 현실을 직시하고 증언하는" 이들의 "날카로운 시선"은 진정한 '아프리카의 수호자는 누구인가'라는 질문에 의미 있는 시사점을 제공하고 있다. 특히, 남아공의 인종차별을 응시하는 백인 작가(나딘 고디머, 안드레 브링크 등)와 흑인 작가(루이스 응꼬씨 등) 사이의 미세한 차이를 음미하는 일은, 인종차별의 문제에서 자유로울 수 없는 우리의 현실을 되돌아보는 데 큰 도움이 될 것으로 기대한다.

'제4장 여성'에서는 아프리카 특유의 페미니즘을 선보이고 있는 작품들을 분석하였다. 각각의 글들이 다루고 있는 "아프리카 여성으로부터 온 편지", "아프리카 페미니즘의 하위주체", "최종 심급"으로서의 "인종"과 얽혀 있는 여성 문제 등은 우리의 페미니즘 연구를 심화 · 확장하는 데 커다란 기여를 할 것으로 기대된다.

'제5장 분쟁'은 극심한 내전 상황에 시달리고 있는 아프리카의 현실을 다룬 작품들을 탐색하고 있다. "주변에서 중심을 심문"하고 있는 이러한 작품들을 통해 우리는 구미의 언론 매체들이 보도하는 내용과는 전혀 다른 새로운 아프리카의 현실을 경험하게 될 것이다.

고마운 사람들이 참 많다. '민족문학연구소'에서 10여 년간 함께 공부하면서 북한 문학, 비서구 문학, 나아가 '지구적 세계 문학'의 길을 열어준 김재용 선배, 아프리카를 가슴으로 맞아들이게 해주었으며 지금도 늘 곁에서 함께 하고 있는 이석호 선배, 지칠 줄 모르는 열정으로 비서구 문학의 가능성을 탐색하면서 새로운 영감을 주고 있는 고명철 선생 등. 감히 말하자면 이들은 평생을 함께할 동지들이다. 우리 '범아프리카문화연구센터' 연구원들 또한 마찬가지이다. 어려운 상황에서 원고를 완성해준 모든 필자들에게 따스한 연대의 마음을 전한다. 이들과 오랫동안 함께 공부하고 싶다.

그리고 다듬어지지 않은 서툴고 미숙한 목소리로 늘 요구만 하는 후배의 속마음을 너그럽게 헤아려주시고 물심양면으로 도움을 주신 유정완 학장님, 눈에 보이지 않는 따스한 마음으로 늘 지원을 아끼지 않으신 이영준 소장님, 기획 의도에 맞는 멋진 책을 내보내기 위해 혼신의 노력을 아끼지 않은 이문재 선생님, 서영주 선생님 모두에게 고개 숙여 감사의 마음을 전한다.

2017년을 맞이하는 문턱에서

고인환(경희대 범아프리카문화연구센터장)

여는 글 5

제1장 전통

야자열매술꾼과 술 한잔을 19
나이지리아, 《야자열매술꾼》(1953) 이효선

산산이 부서진 조각 잇기 31
나이지리아, 《모든 것이 산산이 부서지다》(1958) 이규진

내일로 흐르는 강 46
나이지리아, 《굶주린 길》(1991) 최현숙

이집트 사회의 축소판 '야쿠비얀 빌딩' 56
이집트, 《야쿠비얀 빌딩》(2002) 이소정

아프리카 술집, 상처 받은 사람들의 말의 기록장 69
콩고, 《아프리카 술집, 외상은 어림없지》(2005) 이효선

또 다른 인간, 가시도치 79
콩고, 《가시도치의 회고록》(2006) 최현숙

제2장 근대

비극을 마주하는 또 하나의 자세 93
나이지리아, 《더 이상 평안은 없다》(1960) 이규진

아프리카 연극과 탈식민주의 108
나이지리아, 〈사자와 보석〉(1963) 이석호

남겨진 꽃잎들의 목소리 129
케냐, 《피의 꽃잎들》(1977) 김학중

이야기 너머에 있는 침묵의 표류기 149
남아프리카공화국, 《포》(1986) 김학중

발목에 묶인 끈을 당긴 실패한 혁명 172
이집트, 《시카고》(2007) 이소정

차례

제3장 인종

아프리카의 수호자는 누구인가 ······ 191
남아프리카공화국, 《보호주의자》(1974) 이정선

인종차별의 현실을 직시하고 증언하는 글쓰기 ······ 202
남아프리카공화국, 《메마른 계절》(1979) 이정선

아파르트헤이트를 심문하는 날카로운 시선 ······ 215
남아프리카공화국, 《검은 새의 노래》(1987) 고인환

제4장 여성

아프리카 여성으로부터 온 편지 ······ 229
세네갈, 《이토록 긴 편지》(1979) 이정선

아프리카 페미니즘의 하위주체 : 한국의 페미니즘 연구를 위한 제언 242
남아프리카공화국, 《마루》(2008) 이석호

'흑인'의 탄생 혹은 '최종 심급'으로서의 '인종' ······ 261
나이지리아, 《아메리카나》(2013) 고인환

제5장 분쟁

주변에서 중심을 심문하다 ······ 273
소말리아, 《지도》(1986) 고인환

공동체 의식이 그리는 미래의 지형도 ······ 285
나이지리아, 《사바나의 개미 언덕》(1987) 이규진

우리에 대해 알고 싶었지만 비아프라 사람들에게 물어보지 못한 것들 296
나이지리아, 《태양은 노랗게 타오른다》(2006) 차선일

한편이 필요한 아이들의 이야기 ······ 312
나이지리아, 《한편이라고 말해》(2008) 이효선

African Novels Based on Some Keywords

Contents

prologue • 5

01 Tradition • 17

Cheers with Palm-Wine Drinkard (Palm-Wine Drinkard, 1953)

Revitalize the Things Fall Apart (Things Falll Apart, 1958)

River Flowing into the Future (The Famished Road, 1991)

Yakuvian Building, the Minimized Society of Egypt (ايبوقعي ةرامع ᶜImārah Yaᶜqūbyān), 2002 / *The Yacoubian Building*, 2004)

African Bar, Note for the Words of the Wounds (Verre cassé, 2005)

Another Man (Mémoires de porc-épic, 2006)

02 Modernity • 91

An Attitude Facing Tragedy (No Longer at Ease, 1960)

African Theatre and Postcolonialism (Lion and Jewel, 1963)

Voices from the Fallen Petals (Petals of Blood, 1977)

Silent Voyage to the Other Side of Narrative (Foe, 1986)

Frustrated Revolution of Egypt (Chicago, 2007)

03 "Race" • 189

Who is the Real Conservationist (Conservationist, 1974)

Writing as Witness and Testimony Against Racsism (A Dry White Season, 1979)

A Critical Perspective on Apartheid (Mating Bird, 1987)

04 Gender • 227

A Letter from an African Woman (So Long a Letter, 1979)

'Subaltern' in African Feminism (Maru, 2008)

Birth of a 'Black' and 'Race' as Overdetermination (Americanah, 2013)

05 Conflict • 271

Periphery Interrogating the Centre (Maps, 1986)

Map for the Future Drawn by Community Consciousness (Anthills of the Savanna, 1987)

Questions Never Asked to the Biafran to Know about Us (Half of a Yellow Sun, 2006)

A Single Story for the Child (Say You're One of Them, 2008)

〈아프리카지도〉

튀니지
모로코
세네갈
서사하라
알제리
리비아
이집트
모리타니
말리
니제르
차드
수단
에리트레아
지부티
감비아
기니비사우
기니
부르키나파소
가나
나이지리아
에티오피아
남수단
중앙아프리카공화국
카메룬
소말리아
코트디부아르
베냉
우간다
케냐
적도기니
가봉
콩고
콩고민주공화국
르완다
탄자니아
시에라리온
라이베리아
토고
브룬디
앙골라
잠비아
모잠비크
짐바브웨
나미비아
보츠와나
말라위
스와질랜드
남아공
레소토

〈수록작품〉

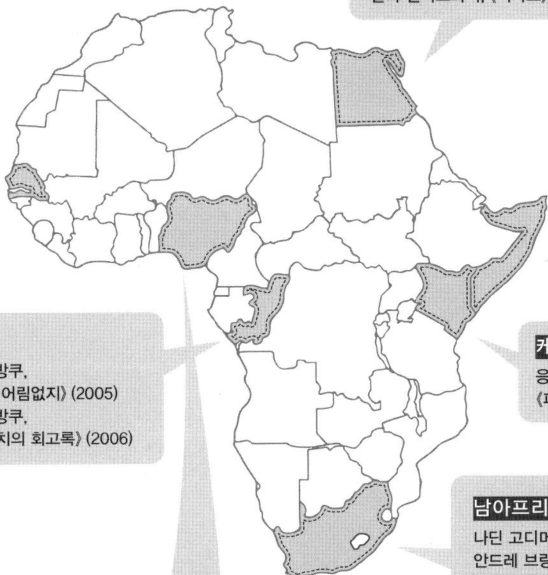

세네갈
마리아마 바, 《이토록 긴 편지》 (1979)

이집트
알라 알아스와니, 《야쿠비얀 빌딩》 (2002)
알라 알아스와니, 《시카고》 (2007)

소말리아
누르딘 파라, 《지도》 (1986)

콩고
알랭 마방쿠,
《외상은 어림없지》 (2005)
알랭 마방쿠,
《가시도치의 회고록》 (2006)

케냐
응구기 와 시옹오,
《피의 꽃잎들》 (1977)

남아프리카공화국
나딘 고디머, 《보호주의자》 (1974)
안드레 브링크, 《메마른 계절》 (1979)
존 맥스웰 쿳시, 《포》 (1986)
루이스 응꼬씨, 《검은 새의 노래》 (1987)
베시 헤드, 《마루》 (2008)

나이지리아
아모스 투투올라, 《야자열매술꾼》 (1953)
치누아 아체베, 《모든 것이 산산이 부서지다》 (1958)
치누아 아체베, 《더 이상 평안은 없다》 (1960)
치누아 아체베, 《사바나의 개미 언덕》 (1987)
월레 소잉카, 《사자와 보석》 (1963)
벤 오크리, 《굶주린 길》 (1991)
치마만다 은고지 아디치에, 《태양은 노랗게 타오른다》 (2006)
치마만다 은고지 아디치에, 《아메리카나》 (2013)
우웸 아크판, 《한편이라고 말해》 (2008)

제 1 장

전통

야자열매술꾼과 술 한잔을

아모스 투투올라, 《야자열매술꾼》(열림원, 2002)

기원의 땅, 이야기의 기원

문학은 언어를 매개로 한다. 언어란 말과 글의 형태로 나타나는데, 말을 글로써 모두 나타낼 수 없는 아프리카의 특성을 고려해본다면 비문자 문학의 영역은 무한히 넓어질 수밖에 없다. 실제로 구전문학은 아프리카에서 여전히 성행하고 있는 장르이다. 아프리카 문학의 범주는 신화, 찬가, 서사시, 민담, 수수께끼, 속담, 주문 등에 이르기까지 매우 광범하기 때문에 아프리카 문학의 특징을 한마디로 정의 내린다는 것은 매우 어렵고 조심스러운 일이 아닐 수 없다. 《야자열매술꾼(Palm Wine Drinkard)》 역시 그 특징을 하나로 정의 내리기엔 다소 복잡한 형태를 지니고 있는 소설이다. 구어체로 이루어진 소설 속에는 속담과 민담이 그대로 녹아 있고, 하늘과 땅 이승과 저승을 넘나드는 시공간의 확장도 보인다. 다양하고 새로운 형식과 낯선 내용의 전개를 따라가다 보면 '이것이 대체 무슨 소설인가, 과연 소설로 보는 것이 합당하긴 한 것인가' 하는 본질적 질문에 봉착하게 된다. 아프리카의 향을 잔득 머금은 이런 소설이 탄생하게 된 데는 여러 가지 배경이 깔려 있다.

작가는 1922년 서부 나이지리아 요루바족 도시인 아베오쿠타 출생의 흑인이다. 나이지리아에는 치누아 아체베(Chinua Achebe), 월레 소잉카(Wole Soyinka)를 비롯하여 벤 오크리(Ben Okri), 켄 사로위와(Ken Saro-Wiwa)에 이르기까지 주목할 만한 작가들이 많이 있는데, 이중 아모스 투투올라(Amos Tutuola)는 앞서 언급한 작가들과 달리 독특한 이력과 작가적 위치를 가지고 있다. 대부분의 작가들이 정규 교육과정을 거치면서 능숙하게 영어나 프랑스어 등을 구사하는 반면, 이 작가는 고작 6년간 미션스쿨을 다닌 것이 전부이다. 아버지가 돌아가시면서 고향에 돌아가 생업을 이어갈 수밖에 없었고 자연스레 작가의 길과는 다른 삶을 살게 되었다. 언어나 문학 공부를 깊이 하기에는 시간이 부족했다. 그러던 어느 날 우연히 잡지에서 민담과 설화를 모집한다는 광고를 본 아모스 투투올라는, 자신도 어렸을 땐 이야기꾼으로서 꽤 소질이 있었다는 것을 떠올리고 요루바족의 구전 신화와 민담을 재구성한 작품을 써보기로 마음을 먹는다. 막상 결심이 서자 단 이틀 만에 원고를 마쳤고, 그 후 석 달에 걸쳐 수정한 끝에 탄생한 작품이 바로 이 《야자열매술꾼》이다. 그러니까 이 소설은 처음부터 민담과 설화 속담을 바탕으로 구상된 소설이고, 그러다 보니 자연스럽게 아프리카의 문화와 정취가 듬뿍 담기게 된 것이다.

첫 작품이다 보니 아무래도 다소 서툴고 어색한 부분이 있을 수도 있지만, 소설을 단 이틀이란 시간 동안 구상하여 써 내려갔다는 것에서 작가의 천재성을 엿볼 수 있다. 비정규교육을 짧게 받았다는 점은 오히려 기존의 문학을 답습하지 않도록 했고, 특유의 독창적 언어를 구사할 수 있게 만들었다. 이런 사정들 때문에 독특한 아프리카 문학 작품이 나올 수 있게 된 것이다. 남다른 작가와 작품의 매력을 먼저 알아본 것은 서구의 문인들이었다. 1952년 발표된 이 소설은 서구 작가들이 새로운 모델의 작품에 관심을 가지면서 주목 받기 시작했다. 합리주의, 이성주의에 대한 반성과 성찰이 이어지고 새로운 세계에 대한 호기심과 학구열이 뜨거워지면서 아프리카 문학에 대한 관심이 높아졌다. 《야자열매술꾼》은 이러한 시대의 기대와 필요에 꼭 맞는 작품이었을 것이다. 이렇게 이 소설은 서아프리카 문학에 대한 관심의 시초가 된다.

이러한 상황은 민족주의 성향이 강한 당시 아프리카 작가들이 보기에 매우 굴욕적인 상황이 아닐 수 없었다. 그들 역시 아프리카의 문화적 유산에 관심을 보이고 민간에 전승된 것을 발굴하고 보존하는 일에 앞장섰지만, 이 작품에 대한 서구의 평가는 자신들의 행보와 다르다고 생각했던 것이다. 그저 이국 문화에 호기심을 지닌 서구 인종주의자들의 온정주의에 의해 과대평가되고 있는 것으로 보였다. 고등교육을 받은 대부분 작가들의 눈에는 맞지 않는 문법 체계 때문에 수준 낮은 작품으로 읽혔고, 더구나 같은 아프리카인들에게는 설화와 민담의 내용이 낯설지 않은 터였기에 창의적 내용으로 해석되지도 않았다. 때문에 "젊은 영어로 쓴 간결하고도 혼잡하고 섬뜩하면서도 매혹적인 엄청나고도 대단한 이야기", "세계 문학의 반열에 들어가는 첫 아프리카 고전", "독창성과 매력을 지닌 오염되지 않고 순수한 천부적 이야기꾼" 등의 예찬과는 상반되게 "기분 나쁜 유령 이야기, 구연 전통의 단순 차용, 엉터리 문법으로 이루어진 작품" 등의 혹평을 받게 된다. 당시 아프리카 문학 판의 분위기는 아프리카 문학의 규정에 대한 논쟁이 뜨거웠고, 대부분의 흑인들은 백인에 대한 쌓인 분노로 가득 차 있어 작가와 편집자들 사이에서 대립적 분위기가 끊이지 않았다. 이런 시기임에도 불구하고 아모스 투투올라는 '검은 작가 대회'에서 자신에게 혹평을 쏟아낸 이들에게 "아프리카 검둥이에게 자신의 작품을 읽힌다면 차라리 발행되지 않는 편이 낫다"(《경향신문》, 1962. 07. 30.)는 발언을 한다. 상황이 이렇다 보니 애국적 나이지리아인들은 이 작품을 수출해서는 안 된다는 입장을 취하게 된다. 서구에서 인정받는 아프리카 흑인 작가의 작품이 오히려 아프리카인들에게 비판 받는 독특한 상황이 전개된 것이다.

이후 아모스 투투올라는 문학 공부에 몰입하고 소설을 계속 집필함으로써 자기만의 문학 세계를 구축해 나간다. 또한 문인 집단에 가입하고, 예술 사교 단체 이바단 음바리 클럽을 만들기도 하는 등 작가로서 행보를 이어 나간다. 시대의 흐름에 따라 뜨거웠던 논쟁은 시간이 지나면서 점점 사그라지고, 작품 자체가 가지고 있는 의미와 가능성이 재해석되면서 《야자열매술꾼》은 재조명을 받게 된다. 이렇게 뜨거웠던 논쟁의 중심에서 오랫동안 회자될 수 있었던 것은 작품이 지닌 다양한 특징 때문이었다. 숱한 화제를 뿌리며 관심을 받을 만큼 독특한 이 작품은 읽으면 읽을수록 끌리는 묘한 매력이 있다. 이런 점 때문에 아프리카 현대 문학사에서 아프리카 문학을 서구에 알리는 데 기여한 작품으로 자리매김할 수 있었던 것이다. 《야자열매술꾼》은 아프리카를 잘 알지 못하는 사람들에게는 신비의 이야기를 전해주는 책으로 읽히게 된다.

작품을 둘러싼 여러 가지 평가를 소개했지만, 실은 그 모든 것을 떠나 "구연 문학의 전통을 살리고 있다는 점"만으로도 충분히 의미가 있는 소설이라 생각한다. 문자로 기록되지 못한 것들이 가진 힘을 간과할 수 없는 아프리카적 특징을 생각해봤을 때, 《야자열매술꾼》은 구전되는 문학을 어떻게 창조적 방법으로 현대화할 수 있는가에 대한 가능성을 충분히 보여주고 있다. 이는 구술 문학이 문자 문학으로 넘어올 수 있는 교량의 역할을 담당하고 있다고 평가할 만하다.

영어 문법의 미숙함이라고 지적된 부분 역시 영어와 현지 언어가 뒤섞인, 실제로 사용되는 토착적 영어 문장을 소설에서 구현하는 것이라고 관점을 바꾸어 접근해보면 이야말로 당대 모습의 생생한 반영이다. 제목을 'drunkard'가 아니라 'drinkard'라고 한 점이 특히 주목되는 부분이다. 작가가 제목을 바꾸지 않고 고집한 것에는 이유가 있었을 것이며, 번역자가 이를 표지에 그대로 살린 것 역시 작가의 의도를 헤아린 것이 아니었을까. 표준 영어만이 사용된다는 고정관념을 타파하면 세련되지 않고 다소 앞뒤가 맞지 않은 이 부분들이 훨씬 구전을 잘 살려내는 작가의 개성이라고 볼 수 있다. 구술 문학을 염두하고 이 소설을 읽는다면 문장과 문장 사이에 해석할 여지가 많아진다. 그 여백은 곧 독자의 상상으로 채워 넣을 공간이 된다. 일방향적이 아니라 쌍방향적이라는 점에서 구전 문학의 맛이자 정취가 살아나고 있는 것이다.

이런 점에서 《야자열매술꾼》은 어떤 소설보다 아프리카적이라 할 수 있다. 인류의 기원인 아프리카가 품은 태초의 이야기들이 오늘날의 문학으로 넘어오는 다리가 있다면, 이 소설을 읽는다는 것은 그 가교를 건너는 것이다.

낯선 문학 가깝게 보기

이 작품에서 다루는 내용은 아프리카 문학의 주요 소재들과는 거리가 있다. 서구 문화와 아프리카 전통 간의 충돌이나 갈등, 식민 통치 과정에서 파멸되어가는 개인과 사회의 운명 등이 아니다. 그저 열 살 때부터 야자열매술을 마시는 것이 일이었던 주인공이, 자신이 부리던 야자열매술 시중꾼이 죽자 그를 찾아다니는 과정에 대한 서술이다. 주인공은 "이 세상에서 할 수 없는 일이 하나도 없는 신들의 아버지"라 자신을 칭한다. 부적인 '쥬쥬'를 부리면서 여러 가지 모습으로 변신을 하고 분신술을 쓰기도 하면서 어려운 일들을 하나하나 해결해 나간다. 처음에는 자신을 위해 떠난 여행이었지만 이야기가 진행되면서 여러 사람들과 얽히게 되고, 사람들의 제안과 부탁으로 계획되지 않았던 모험을 하게 된다. 아무도 데리고 오지 못한 '죽음'을 마을로 가져오기도 하고, 신체 각 부위를 빌려 순간적으로 멋진 외모의 신사로 보이는 해골에게 잡혀간 처녀를 구해 와 아내로 삼는다. 여행에서 돌아온 후에는 기근에 싸인 마을을 친구에게 받은 선물인 달걀(알)로 구원하기도 하는 등 이야기 내내 영웅적인 면모를 뽐낸다.

한편 주인공에겐 허술한 점도 많아 여러 번 어려움에 처하고, 그럴 때마다 조력자가 등장하여 아슬아슬하게 위기를 넘기는 등 이야기의 묘미를 살리는 요소들이 빠짐없이 배치되어 있다. 그러나 모든 사건이 이러한 전형성에 얽매여 있는 것이 아니다. 때로는 논리적 서사가 무너지고 우연과 인연에 의해 이야기가 급작스럽게 진행되기도 한다. 이 때문에 온갖 고통과 환난을 극복하는 과정이 단순한 영웅 서사로 읽히기보다 가혹한 삶과 운명의 불가해성을 나타내는 것으로 해석할 수 있다.

하늘과 땅, 나무와 숲의 신과 같이 초자연적 존재들이 등장하고, 엄지손가락에서 자라다 종려나무 가시에 찔릴 때 태어난 아이가 무엇이든 끝도 없이 먹어치우는 어마어마한 식성을 가졌다는 설정과 같은 신화적 요소는 읽는 재미를 더해준다. 하늘과 땅이 사냥에서 겨우 쥐 한 마리를 잡고 서로 자기 것이라 다투다가 사이가 틀어져 영영 만나지 않게 되었다거나, 하늘이 땅에 비를 끝도 없이 내려 물바다로 만들어버렸다는 이야기는 여러 나라 고전에서 발견되는 내용과 비슷하면서도 다른 발상이다.

죽음의 세계로 가는 모티브는 다른 신화 속에서도 만날 수 있다. 에우리디케를 찾아 하데스를 만나러 가는 오르페우스 이야기뿐 아니라 아버지의 약을 구하기 위해 저승으로 가는 바리데기 설화나 아버지의 눈을 뜨게 하기 위해 인당수에 몸을 던져 죽음의 세계에 다녀오는 심청의 이야기에서도 같은 모티브를 발견할 수 있다. 그러나 죽음이라는 인간의 보편 관심사에 접근하는 방식만은 독특하다. 누구를 위해서가 아니라 자신을 위해서 기꺼이 죽음을 찾아가는 것부터 시작해서, 죽음을 의인화해서 가두거나 데려오기도 하고 심지어 사고팔기도 한다. 이처럼 경계를 넘어갔다 다시 인간 세계로 귀환하는 방식을 풀어내는 과정에는 삶과 죽음을 대하는 전통적 세계관과 생활양식이 자연스럽게 담기기 마련이다.

민담과 설화를 바탕으로 한 작품이다 보니 교훈적 요소도 발견할 수 있다. 끊임없이 제공되던 술이 떨어지면 구름떼처럼 모여들었던 사람들도 제각각 흩어져버리는 모습을 여러 번 보여주어 부가 사라지면 사람도 남지 않는다는 세상의 모진 이치를 일깨워준다. 완벽한 신사의 수려한 용모에 끌려 해골을 따라갔던 처녀에 관한 에피소드나, 몸집이 작다는 이유로 김매는 작업에 선발되지 못한 친구가 일이 끝난 밭을 다시 잡초로 무성하게 채우는 일화 등을 통해 외모만으로 사람을 판단하는 것에 대해 경고한다.

속담과 구전되는 관용적 표현 등에 묻어나는 생활상도 자연스레 엿볼 수 있다. 삶의 지혜나 생활의 보편적 요소가 담겨 있는 장면도 여러 부분이다. 끊임없이 먹어대는 아이를 머리에 얹고 다니다 보니 부모는 휴식을 취할 수도 없는 이야기에서는 아이를 먹여 살리는 것 때문에 자신들의 인생은 생각할 틈도 없는 부모들의 고충을, 한 번도 돈을 갚아본 적이 없는 채무자와 어떤 돈이든 받아내지 못한 적이 없는 채무 해결사가 죽음의 세계로 도망가고 쫓아가는 내용의 일화에서는 약속은 반드시 지켜야 하며, 빌리고 받은 만큼 돌려주지 않으면 끝나거나 용서되지 않는다고 생각한다는 것을 볼 수 있다. 이처럼 각각의 에피소드들은 내용과 재미를 전달하면서 동시에 생각해볼 여지를 남긴다. 명확히 권선징악을 나누어 옳고 그름을 주입하는 방식은 지루하고 따분해질 가능성이 높다. 그러나 이 소설에서는 주인공이 종종 실수를 저지르기도 하고, 때론 억지를 부리기도 하는 등 선한 자와 악한 자의 경계가 명확하지 않다. 이렇게 전형적인 것에서 벗어나 다층적 모습을 보여주는 방식이 훨씬 더 인간적인 모습을 잘 표현하는 것은 아닐까.

낯선 것을 만났을 때 호기심과 두려움은 동시에 생기는 감정이다. 불편하고 어색함을 떨쳐내고 들여다보면 익숙하고 친밀한 요소들을 찾을 수 있다. 동시에 독특한 것이 가지는 재미도 맛볼 수 있다. 원초적이고 생생한 상상력을 과장된 입담을 통해 들려주고 있는 이 소설은, 아프리카만의 전통적 세계관과 삶의 가치를 보여준다. 신과 인간의 영역과 삶과 죽음의 영역 등이 혼재되어 경계의 불명확성을 보여주고, 단순한 권선징악이나 영웅의 승리로 끝나지 않기에 정의와 인간적 가치에 대한 질문도 던져준다. 그러나 이 작품에서는 이러한 모든 메시지가 직접적으로 언급되지 않는다. 비유와 은유, 해학과 풍자 등 돌려 말하기 방식을 통해 절묘하게 균형을 잡아간다. 이것이 낯설지만 가까운 이야기를 또 다른 이야기로 만드는 이 소설만의 마력이라 해야겠다.

야자열매술꾼과 술 한잔을

《야자열매술꾼》은 이야기의 흐름에 따라 내용을 정리한 것이 목차를 대신하고 있다. 이야기 전달자가 본격적 내용을 펼치기에 앞서 지금부터 어떤 것에 관한 이야기를 할 테니 들어보라고 유도하는 일종의 예고편 같은 역할을 하고 있는 셈이다. 각 일화에 나오는 문장을 정리해 스토리 전개에 맞추어 나열한 목차를 따라가다 보면 전체의 흐름을 대강 유추할 수 있다. 하나의 에피소드가 마무리될 때 '지금까지가 ~ 경위라오', '이 사건의 ~ 전말이오'와 같은 표현을 자주 사용하는데, 이를 통해 하나의 이야기가 끝났고 이제 다음 사건이 전개될 것이라는 걸 알 수 있다. 특이하고 신기한 이야기를 듣겠다는 호기심으로 시작해 이야기에 빠져 있으면 어느새 하나의 사건이 정리되고 다시 또 다른 이야기가 펼쳐진다. 독자는 이 능숙한 이야기꾼의 솜씨에 이끌려 웃다 보면 어느새 페이지를 끝까지 넘기고 있게 된다. 이러한 구성은 이 소설이 처음부터 끝까지 이야기책이라는 본질을 잃지 않고 있다는 것을 보여준다. 이런 일이 가능한 것은 작가가 훌륭한 이야기꾼의 특성을 가졌기 때문일 것이다. 처음엔 다소 낯선 소재나 황당한 이야기 전개 방식 때문에 머뭇거리던 독자들까지도 작가의 입담에 매료될 수밖에 없다.

아프리카를 떠올릴 때 빠질 수 없는 춤과 노래가 소설 곳곳에 등장하는데 이를 통해 이야기의 흥은 더욱 오른다. 노동이 시작되기 전과 노동이 끝나고 난 후에 모여서 술을 나눠 마시고 함께 춤을 추고 노래를 부르는 것은 구성원들의 축제다. 일의 성공을 기원하고 개인과 사회의 구원을 기뻐하며 축하하는 것은 인류의 오랜 전통이었고, 어쩌면 인간의 원초적 본연의 모습이라고 할 수 있을 것이다. 술에 취해 리듬에 몸을 맡기고 노래를 부르다 보면 춤이 나인지 내가 노래인지 모를 정도로 완벽하게 몰입하게 되는 그 순간이야말로 완벽한 물아일체의 경지가 아니겠는가.

> 다만 그들과 함께 춤을 추는 동안 우리는 우리 자신을 통제할 수 없었기 때문이었소.
>
> 이 세상 누구도 '북' 자신보다 더 멋들어지게 북을 칠 수 있는 사람은 없을 것이고, 이 세상 누구도 '노래' 자신보다 더 멋들어지게 노래를 부를 수 있는 사람도 없을 것이며, 이 세상 누구도 '춤' 자신보다 더 멋들어지게 춤을 출 수 있는 사람도 없을 것이오.(51쪽)

이쯤 되면 이 유쾌하고 황당하며 매혹적이고 기발한 이야기책을 어떻게 읽어야 할지 충분히 눈치챘을 것이다. "술주정꾼이 두서없이 주절거리는 이야기 같기도 하고 엉뚱한 생각을 지닌 어린아이가 마음대로 지껄이는 이야기 같기도 한 유쾌한 작품"(182쪽)이라는 역자의 말처럼 이 소설은 문학적 상상력의 차원을 넘어서 인간의 본능적 유희의 영역에 닿아 있다. 때문에 논리와 구조를 꼼꼼히 따지기에 앞서 이야기에 동화되는 자세가 필요하다. 과장이 있을 수도 있다. 다소 실수가 있을 수도 있다. 아무렴 어떤가. 마술의 비밀을 풀기 위해 의심하고 집중하는 것보다 그 쇼 전체를 그대로 받아들이고 즐기라고 권해주고 싶다. 유희의 본능에 몸을 맡기고 호모 루덴스답게 흥얼흥얼거리고 들썩들썩하면 그만이다. 이제 독자는 둘러앉아 야자열매술꾼의 이야기를 기다리면 된다. 함께 술잔을 기울이고 얼큰하게 취해가면 그만이다. 함께 노래를 부르고 춤을 춰도 좋겠다.

산산이 부서진 조각 잇기

치누아 아체베, 《모든 것이 산산이 부서지다》(민음사, 2008)

나이지리아와 치누아 아체베

전 세계적으로 1,000만 부 이상이 팔린 《모든 것이 산산이 부서지다》는 아프리카 문학 작품 중 가장 널리 읽힌 작품이다. 치누아 아체베는 서구의 문학에 등장하는 아프리카인의 모습에 충격을 받아, 서구의 편견으로부터 아프리카인의 모습을 구해내고자 문학을 시작한 것으로 알려져 있다. 그래서인지 그는 아프리카가 물려준 유산에 관심이 많다. 아프리카의 전통 의식과 아프리카인들의 대화, 그들의 행동을 통해 우리는 아프리카인들의 사고방식과 세계관을 엿볼 수 있다. 아체베는 아프리카의 전통을 긍정적으로만 바라보지는 않는다. 전통을 계승하되 어떤 전통을 계승할 것인가라는 문제의식이 그의 작품을 관통하고 있다. 지켜야 할 전통과 사라져야 할 관습의 구별이 명확하다. 아프리카인으로서 아프리카로부터 한 걸음 물러나 아프리카를 바라보고자 하는 시선이 돋보이는 작품이다. 그래서 아프리카인이 드러내고자 하는 아프리카의 모습을 살피기에 적합한 작품이라고 할 수 있다.

아체베의 조국인 나이지리아는 북서아프리카 기니아만과 사하라 사막 사이에 있는 나라이다. 기원전부터 여러 부족들이 살았던 지역으로 알려져 있다. 포르투갈과 영국의 침략을 받았으며 1960년 영연방으로 독립했다. 1963년에는 나이지리아연방공화국을 선포했다. 독립 직후에도 영국의 식민지하에서 생긴 부족, 종교 간 분쟁은 계속 이어졌다. 1967년 이보족 출신 오두메구 오주쿠(Odumegwu Ojukwu) 중령이 나이지리아 동부 3개 주를 통합해 비아프라공화국의 독립을 선언했다. 그러자 나이지리아 정부는 선전포고를 하고 1967년부터 1970년까지 비아프라 전쟁을 일으킨다. 비아프라공화국은 전사자 200만 명, 아사자 50만 명을 내고 패망했다. 이후 몇 번의 쿠데타를 거쳐 지금의 나이지리아가 되었다.

나이지리아의 역사를 보면 한반도의 역사와 비슷한 점을 발견할 수 있다. 식민 지배를 받았고 독립 이후 같은 민족끼리 이데올로기 다툼으로 인해 한국전쟁을 벌였으며 쿠데타를 통해 정권이 바뀐 적이 있다는 점에서 그러하다. 이처럼 나이지리아를 비롯한 아프리카 대륙의 여러 나라들은 서구 제국주의의 식민지에서 벗어나 근대 국가로 독립한 이후에도 서구가 남겨놓은 상처를 극복하지 못했다. 아프리카의 대다수 민중들은 여전히 인종차별, 독재, 계급 간 불평등 심화, 부족 간 그리고 종교 간 분쟁으로 인한 내전, 기근, 기아 등으로 고통 받고 있다. 이러한 상황에서 아프리카 작가들은 서구가 강제로 이식한 근대성을 어떻게 받아들일 것인지에 대해 고민해왔다.

치누아 아체베는 이러한 고민을 문학으로 형상화한 나이지리아의 대표적 작가다.

아프리카 소설을 보면 아프리카의 과거와 현재를 살필 수 있다. 서구 제국주의 통치를 경험한 이후에도 여전히 아프리카는 분할되어 있다. 나라별 · 종교별 · 부족별로 분열된 아프리카는 지금 아프리카 대륙을 중심으로 '범아프리카주의'라는 상상을 통해 화합을 시도하고 있다. 아프리카 작가들도 한국 작가들과 비슷한 고민을 하고 있는 것이다. 일제강점기에서 벗어나 해방을 맞이한 후에도 미국과 소련의 신탁통치를 경험하고 남북으로 분단되어 있는 지금 여기의 우리들에게, 아프리카 작가들이 아프리카의 상황에서 분투하는 모습은 새로운 자극이 될 것으로 믿는다.

아프리카 특유의 서사와 공동체 의식

오콩코라는 남자가 있다. 그는 "아홉 마을과 그 너머까지"(11쪽) 알려진 씨름선수이다. 아버지로부터 물려받은 것은 없지만 타고난 근성으로 자수성가하여 부자가 된, "곳간 둘이 얌으로 가득했으며, 이제 막 세 번째 부인도 얻"(16~17쪽)은 농사꾼이자, "피를 두려워하지 않"(19쪽)는, "우무오피아가 가장 최근에 벌인 전쟁에서 적의 머리를 따온 첫 전사"(19쪽)이기도 하다.

> 그는 덩치가 컸고, 진한 눈썹과 넓은 코로 험상궂어 보였다. 숨소리

는 항상 거칠어, 잠잘 때도 별채의 부인들과 아이들마저 들을 수 있을 정도였다. 걸을 때면, 뒤꿈치로 땅을 세게 밟는 모습이 마치 용수철을 밟고서 누군가를 덮치려는 듯이 보였다. 그가 꽤나 자주 사람들을 덮친 것도 사실이었다. 그는 말을 약간 더듬었으며 화가 나 말이 따라가지 못할 때면 주먹을 쓰곤 했다. 그는 성공하지 못한 사람을 참지 못했다. 자신의 아버지에 대해서도 인내심이 없었다.(12쪽)

그의 아버지인 우노카는 "게으르고 대충대충 사는 사람인 데다가 내일이라는 것과는 무관"(12쪽)했던 사람이다. 아들 오콩코에게 남긴 것이라곤 많은 빚뿐이었다.

우노카는 맛있는 음식과 끈끈한 우정을 좋아했으며, 우기가 끝나고 매일 아침 눈부시도록 아름다운 해가 뜨는 바로 이 계절을 사랑했다. 이 계절엔 북쪽에서 시원하고 건조한 하마탄이 불어 내려오기 때문에 덥지도 않았다. 어떤 해에는 하마탄이 매우 심했고 온통 짙은 안개가 가득했다. 그러면 노인들과 어린이들은 통나무 화로에 둘러앉아 불을 쪼였다. 우노카는 이 모든 것을 사랑했고, 건기와 함께 돌아오는 첫 솔개들을 사랑했으며, 아이들은 이들을 맞이하는 노래를 불렀다.(12쪽)

소설의 도입부인 1장은 이렇게 오콩코와 그의 아버지 우노카라는 인물 설명과 묘사로 시작한다. 오콩코는 그의 아버지와 같은 사람이 되는 것을 두려워한다. 남자라면 가족들을 먹여 살릴 책임이 있는데 그의 아버지는 그런 책임으로부터 스스로 자유로웠던 까닭이다. 그럼에도 "세상은 아버지가 아니라 본인의 가치에 따라 사람을 판단"(16쪽)했다. 아프리카 사회의 합리적인 모습을 엿볼 수 있는 대목이다. 오콩코는 빚을 갚기 위해 마을의 유지 은와키비에로부터 얌 종자를 빌려 농사를 짓는다. 그해는 "최악의 해"였다. "모든 것이 적절한 시기에 있어주지 않아, 너무 이르거나 너무 늦었다"(34쪽) 가뭄이거나 폭우가 쏟아졌다. 오콩코는 이 참혹했던 때를 떠올리면서 "그해를 견뎠으니, 난 무엇에도 살아남을 수 있을 것이야"(36쪽)라고 말한다.

"우무오피아의 가장 훌륭한 남자 중의 하나"(243쪽)인 오콩코가 실패를 두려워하며 성공하기 위해 독한 성격을 가지게 된 요인은 크게 두 가지로 볼 수 있다. 첫째는 무능한 아버지이고 둘째는 아프리카의 기후 때문이다. 그는 평생 아버지와 같은 사람이 되는 것을 두려워했다. 대화 도중 무능한 자에 대한 이야기(31쪽)가 나오면 어색해했다. "애정을 보인다는 것은 나약함의 징후였고, 내보일 가치가 있는 유일한 것은 힘뿐"(40쪽)이라고 믿게 되었다. 또한 농사꾼에게 자연은 순응할 수밖에 없는 대상이다. "날씨의 이 엄청난 힘에 대항하는 데 필요한 한 개인의 주술은 인간의 능력을 훨씬 넘는 것"(46쪽)이며, "우기가 한창인 자연은 어떤 간섭을 받지 않"(46쪽)을 정도로 불가항력적이다.

《모든 것이 산산이 부서지다》에서는 오콩코를 중심으로 소설이 전개된다. 사건의 개연성에 따라서만 서사가 진행되는 것은 아니다. 전체 3부로서 1부는 우무오피아 마을, 2부는 음반타 마을, 3부는 다시 우무오피아 마을이라는 공간에서 진행되는데, 1부에 흐르고 있는 시간관은 독특하게도 농사의 절기와 접목된다. 2부와 3부는 백인들의 등장으로 인한 사건들로 서사가 전개된다. 1부를 살펴보자.

사건들은 커다란 순환적인 시간 속에서 우발적으로 일어난다. 이러한 흐름은 농사의 절기와 연관된다. 여기에 깔려 있는 것은 공동체의 시간관이라고 볼 수 있다. 공동체의 차원에서 파종, 경작, 추수라는 사건의 순환이 있다면 개인의 차원은 출생, 결혼식, 죽음 등의 사건이 순환한다. 아프리카인들의 시간관은 "출생과 결혼, 출산과 죽음의 리듬이 끝없는 것처럼 날과 달, 계절과 해도 리듬의 끝이 없다."• 이러한 사상은 삶과 죽음의 관계에도 그대로 이어진다.

> 산 자의 땅은 돌아가신 선조들의 영역에서 멀리 떨어져 있지 않았다. 두 영역은 서로 오갔으며, 축제 때와 나이 많은 남자가 죽었을 때는 특히 그랬다. 이런 이들이 선조와 가까웠기 때문이었다. 태어나서 죽을 때까지 남자의 일생은 자신의 조상에 점점 가까이 가는 일련의 통과의례였다.(145~146쪽)

아프리카인들이 두려워하는 것은 이 리듬에 어울리지 않거나 리듬에서 벗어나는 일탈이다. 대표적인 예로 일식과 가뭄, 쌍둥이의 탄생을 들 수 있다. 그러한 자연현상이 일어날 경우 이들은 신의 분노를 가라앉히기 위해 종교 의례를 벌인다.•• 오콩코의 경우, 대지의 여신에게 안정적이고 행복한 모습을 보여드려야 하는 안식주에

• 존 음비티, 《아프리카 종교와 철학》, 장용규 옮김, 2012, 지만지, 42쪽

•• 앞의 책, 43쪽.

셋째 아내에게 손찌검(4장)을 한다. 이 경우 대지의 여신이 노할 위험이 있다. 마을의 무당은 대지의 여신이 노하기 전에 제물을 바치고 제사를 지낸다. 그렇지 않으면 대지의 여신이 직접 공동체를 처벌할 수 있다는 관념을 모두가 공유하고 있다.

마을 공동체에 위해를 가하는 행동을 저지르면 어디선가 반드시 보복을 당한다는 관념은 곧 마을 사람들의 윤리와 직결된다. 호수(互酬)적 관계• 내에 있는 이들의 믿음은 강고해서 공동체의 화합을 깨는 행위는 용납하지 못한다. 이러한 믿음은 한편으로 공동체의 번영과 지속을 이끌기도 하지만, 다른 한편으로는 공동체를 강고하게 만들기 위해 누군가를 배제하는 힘으로 작동하기도 한다.

《모든 것이 산산이 부서지다》에서는 사건의 선형성에 따라 소설이 전개된다기보다 우무오피아 마을 부족들의 시간과 공간 속에서 일어나는 생활의 리듬에 따라 소설이 전개된다. 오콩코는 아들인 은워예가 자신의 아버지 우노카를 닮았다고 여긴다. "불은 타오른 후 식어 무기력한 재를 남긴다"(181쪽)는 말은 그가 바라보는 세상사를 요약하고 있다.

• 공동체와 공동체 사이에 증여를 통해 성립하는 우호적 관계. 그러나 주고받는 것 사이에 불균형이 생기면 전쟁이 일어날 수 있다. 가라타니 고진, 《제국의 구조》, 조영일 옮김, 도서출판b, 2016, 55~69쪽 참조.

남성성과 여성성의 관계

오콩코는 매우 남성성이 강한 인물로 등장한다. 자신이 보기에 성공하지 못한 남자는 남자로 인정하지 않는다. 그는 성공에 관한 집착이 그 누구보다 강렬한 인물로 그 때문에 많은 실수를 저지른다. 아체베는 오콩코를 그려낼 때에도 매우 균형 잡힌 시선을 유지한다. 먼저 오콩코가 그러한 인물이 될 수밖에 없었던 상황에 대해 보여준다. 소설에서는 오콩코가 자신에게 주어진 거부할 수 없는 조건들을 어떻게 받아들이고 극복해 나가는지 보여준다. 독자들은 오콩코를 이분법적으로 판단하기가 쉽지 않을 것이다.

오콩코는 그의 강렬한 남성성 때문에 성공을 거머쥐고 좋은 평판을 얻기도 했지만 한편으로는 편협하고 배타적인 성격 때문에 비극적 결말을 맞이한다. 그는 백인들에 맞서 싸우길 원하지만 결국 자살하고 만다. 아프리카 사회에서 자살은 "대지의 여신을 거역하는 것으로, 이를 저지른 남자는 동족이 묻어줄 수 없"(243쪽)다. 오콩코는 남성적 인물이 되기 위해 스스로 노력하면서 마을 사람들로부터 좋은 평가를 받았지만 한편으로는 많은 실수를 저질렀고 그로 인해 미움을 받기도 했다. 오콩코의 남성성 발현이 이러한 결말을 맞이했다는 점은 숙고해볼 여지가 있다.

2부에서 오콩코는 외가 쪽 마을인 음반타에서 생활한다. "슬프고 고통스러울 때 어머니의 땅에서 위안을 찾는다"(159쪽)는 생각처럼 오콩코는 이곳에서 예전처럼 농사를 짓는 생활을 영위한다. 또한 공동체 내에서 이야기나 속담을 통해 아이들을 교육하는 것은 언제나 어머니의 몫이다. 이러한 과정을 통해 아이들은 시간의 더께가 얹혀 있는 삶의 경험들을 체화하게 된다.

> "은둘루에와 오조에메나가 항상 일심동체였다는 것은 누구나 알고 있네. … 부인에게 말하지 않고는 남편이 아무 일도 하지 못한다는 노래였네."
>
> "그건 난 몰랐네. 난 그분이 젊은 시절에 단호한 남자인 줄 알았는데."
>
> …
>
> "어떻든 그 시절에 우무오피아의 전쟁을 이끈 분이지."(84~85쪽)

오콩코의 남성성은 공동체를 해칠 수도 있는 것처럼 보인다. 오콩코는 여성성이 강한 아버지에 대한 반발심 때문에 남성성이 두드러지게 된 것으로 묘사된다. 아버지 우노카는 "아그발라(아무 칭호도 없는 남자)"(23쪽)이지만 "맛있는 음식과 끈끈한 우정을 좋아했으며, 우기가 끝나고 매일 아침 눈부시도록 아름다운 해가 뜨는 바로 이 계절을 사랑"(13쪽)하는 인물이다. 오콩코의 아들인 은워예도 아버지에 대한 반발심이 가득하다. 그는 공동체를 나와서 기독교에 입문한다. 남성성은 여성성을 해칠 수 있지만 여성성은 남성성을 포용할 수 있는 것으로 보인다. 전쟁을 이끈 영웅이면서 아내와 일심동체였던 은둘루에의 이야기에서 알 수 있듯 공동체 내부에서는 공동체의 번영을 위해 노력하는 남성과 유지 및 조화를 이루려는 여성이 상호보완 관계에 있다. 어느 한쪽이 과잉이 되는 양상이 되었을 때 공동체 내부에서 자정 작용을 할 수 없다는 점 역시 한계라고 할 수 있다.

공동체에서 배제된 자들이 향하는 곳

오콩코의 무용담과 실수담이 교차하는 사이사이에 전통적인 아프리카 의식을 치르는 모습들이 등장한다. 새해의 얌 축제나 씨름 같은 민속놀이, 부족 전체가 관여하는 결혼식, 축제를 방불케 하는 장례식 등에서는 아프리카 특유의 활기와 리듬감이 느껴진다. 이 부분들은 서구의 리얼리즘 소설관에 입각해 살펴봤을 때는 필요 없는 부분처럼 느껴지기도 한다. 전통 의식들이 사건의 전개에 어떤 영향을 미치는 것은 아니기 때문이다. 그럼에도 우리가 이러한 의식들에 주목해야 하는 까닭은 아프리카에서 중요시하는 공동체 의식을 들여다볼 수 있기 때문이다.

아프리카는 전통적으로 공동체를 중시한다. '나'보다 공동체를 상위의 개체로 생각한다. '나'의 노동은 공동체의 부와 번영을 위한 것이며 친족을 위하는 것이 곧 '나'의 기쁨이라고 한다. "더 많은 돈을 갖기보다는 더 많은 친족을 갖게 해 달라고 기원하는"(195쪽) 것도 같은 맥락에서 살펴볼 수 있다. 공동체적 세계관에서는 죽음과 탄생이 한 몸이나 마찬가지다. 씨름 대회(1장과 6장)를 할 때마다 새로운 승자가 탄생하고, 젊은 부부가 결혼식을 올리는 장면 이후에는 마을의 연장자인 에제우두의 장례식이 이어진다. 공동체의 유지 및 번영이 이들에게 늘 과제로 주어져 있다.

그렇기 때문에 이들은 원인을 알 수 없는 죽음에 대해서는 매우 민감하게 반응한다. "오그반제"는 "죽으면 어머니 배 속으로 들어가는 아이"(95쪽)를 말하는데 매우 불길한 것으로 등장한다. 이에 대한 책임은 어머니와 아이가 전적으로 지게 된다. 주술사는 오그반제여서 "죽은 아이들은 애도하지 말 것을 명"(96쪽)하고 "면도칼을 꺼내 아이를 이리저리 자르"기까지 한다. 주술사가 "이이우와"라는 액운 돌멩이를 파낸 이후에야 이 과정은 멈추게 된다.

"내가 아이들을, 내 젊고 팔팔했던 시절에 낳은 아이들을 몇이나 땅에 묻었는지 아는가? 스물둘이야. 난 목을 매지 않고 아직도 살아 있네. 자네가 이 세상에서 가장 고통스러운 사람이라고 생각한다면, 내 딸 아케우니는 쌍둥이를 몇이나 낳고 버렸는지 물어보게나. 여자들이 죽으면서 부르는 노래를 들은 적 있는가?

'누구에게 좋다는 것인가, 누구에게 좋다는 것인가?
좋은 사람은 어느 누구도 없다.'

이게 내가 하고자 하는 말이다."(160쪽)

은네카는 이전에도 네 번 임신해 아이를 낳았다. 하지만 그녀는 매번 쌍둥이를 낳아, 애들을 바로 내다 버려왔다. 이미 남편과 시댁 가족들은 이런 여자를 큰 흠으로 여겼으며 그녀가 기독교도들에게 속하기 위해 도망갔다는 것을 알게 되었을 때도 크게 놀라지 않았다.(178쪽)

이들은 쌍둥이 역시 불길한 존재로 여긴다. 쌍둥이를 낳으면 으레 당연한 것처럼 내다버리곤 한다. 또한 이들 공동체에는 "오수"라는 집단이 존재한다. 그들은 "신에게 바쳐진 사람, 달리 말하면 제쳐놓은 존재로서, 영원한 금기이고, 그의 자손들 또한"(184쪽) 그러한 존재들이다. 이들은 공동체 외부에 위치한 자들인데 기독교 사회가 이들을 포용하게 된다. 배제된 자들은 기독교로 개종하게 된다.

"오그반제"나 "쌍둥이", "오수"를 통해 공동체 의식은 부족이나 집단 내부에만 허락된 것이라는 점을 알 수 있다. 공동체를 '나'보다 우선시하지만 공동체를 벗어난 자들에 대해서는 배타적 자세를 견지한다. 아체베는 지켜야 할 전통과 버려야 할 관습을 구별한다. 관습은 지켜야 하는 것이긴 하지만 바뀔 수 있다. 또한 잘못된 관습이 유지되는 경우도 있다고 인정한다. 이해할 수 없는 관습 앞에서 고민에 빠지는 인물들은 오그부에피 에제우두, 오비에리카, 은워예 등이 있다.

#1

"그들은 이런 시기에 남자가 죽으면 땅에 묻지 않고 악령의 숲에 버리지. 하지만 그네들이 고수하는 이런 관습은 현명치 못한 나쁜 관습이네. 그네들은 많은 남자와 여자를 묻지 않고 내다 버리는데, 그 결과 어떻게 되었는가? 그네 부족엔 배가 고파 산 사람을 괴롭히며 떠도는 악령들로 가득하지 않은가."(44쪽)

#2

오비에리카는 사려 깊은 사람이었다. 여신의 뜻이 이루어진 다음, 그는 자신의 오비에 앉아 친구의 불행을 슬퍼했다. 왜 본의 아니게 저지른 잘못으로 이렇게 심한 고생을 해야 하는가? 하지만 아무리 생각해도 그 답은 없었다. … 그는 내다 버린 자신의 쌍둥이들이 떠올랐다. 그 아이들이 무슨 죄가 있단 말인가? 대지의 여신이 쌍둥이는 대지에 대한 모독이므로 없어져야 한다고 명했었다. 그리고 만약 자신들이 위대한 여신을 거역하는 것에 대해 엄정한 벌을 내리지 않는다면, 여신의 저주가 명을 어긴 자들에게만이 아니라 온 땅에 퍼져 나간다는 것이었다.(149쪽)

3

그를 사로잡은 것은 삼위일체의 이상한 논리가 아니었다. 그는 그것을 이해할 수 없었지만 새로운 종교의 시, 뼛속으로 느껴지는 어떤 것이 그를 사로잡았다. … 숲속에서 울고 있는 쌍둥이와 죽은 이케메푸나에 대한 문제였다. 찬송이 그의 목마른 영혼에 쏟아지자 마음 깊숙이 어떤 위안을 느꼈다.(174쪽)

#1에서 마을의 가장 연장자인 오그부에피 에제우두는 "아니의 안식을 어긴 벌이 자신의 부족에서 너무 가벼워지고 있"(43쪽)기는 하지만, "평화를 지키고자 한 관습이 정작 평화를 깨뜨려 중단"(44쪽)된 관습이 있다고 말한다. 관습은 유지하되 그 정도를 조정하자는 의견이다. #2에서 오비에리카는 대지의 여신이 명한 바에 대해 의문을 품는다. 관습에 어떤 의미가 있는지 묻는다. 관습을 지키지 않으면 공동체 전체에 위해가 갈 수 있다는 어르신들의 말씀을 떠올리며 관습에 반하는 행동을 취하지는 않는다. 오비에리카는 이케메푸

나를 죽이라는 여신의 명령에도 따라나서지 않은 전적이 있다. 살아 있는 인간을 죽이라는 명 앞에서 고뇌하지만 그 역시도 쌍둥이들을 내다 버린 적이 있다. #3에서 은워예는 관습의 부당함과 잔인함 사이에서 기독교의 찬송을 듣는다. 친형제처럼 지냈던 이케메푸나의 죽음이 은워예에게는 기독교로 귀의하게 된 결정적인 경험이다. 기독교의 다른 논리 때문이 아니라 공동체에서 배제당한 자들을 품어주었다는 열린 자세가 아프리카 공동체가 지향해야 할 바라고 작가는 말하고 있다. 이와 관련해 주목할 만한 이야기가 있다.

4

"거북이가 죽었어요?"

"아니, 껍질이 산산이 부서졌지. 하지만 인근에 훌륭한 주술사가 있어서 거북이의 아내가 그를 불렀고 그가 껍질 모두를 주워 모아 붙였어. 그래서 거북이의 등이 울퉁불퉁하게 된 거야."(120쪽)

#4는 에퀘피가 에진마에게 들려주는 이야기의 일부이다. 아체베의 소설에서 거북이는 아프리카인들을 표상하기도 한다.• 여기서 거북이의 껍질은 그들이 보존해온 전통과 관습을 의미한다. 거북이는 높은 곳에서 떨어져도 죽지 않듯이 이들의 역사는 계속될 것이다. 다만 백인들의 무력과 문화와 만난 자리에서는 전통과 관습의 재편이 필연적으로 요구된다는 사실을 알레고리화한 것은 아닐까?

• 《사바나의 개미 언덕》에서도 거북이와 표범의 사례가 이야기로 등장한다. 여기서 거북이는 부득이하게 투쟁을 벌여야만 하는 캉안의 국민들을 표상한다.

《모든 것이 산산이 부서지다》는 우리가 그동안 서구적 시선으로만 바라봤던 아프리카인들의 모습이 아닌, 아프리카인이 직접 말하는 아프리카인의 모습을 보여준 작품이다. 오랜 세월 동안 쌓아온 전통과 관습을 깨기는 여간 어려운 일이 아닐 것이다. 아체베의 작품들을 보면 그 분투의 과정이 그려져 있다. 제3자의 자리에서 '나'를 지켜보고 평가하며 '나'의 목소리로 말하는 작품으로서 우리에게도 암시하는 바가 여전히 크다고 할 수 있다.

내일로 흐르는 강

벤 오크리, 《굶주린 길》(문학과지성사, 2014)

아프리카 정신의 중심

나이지리아는 1960년 영국으로부터 독립하는 과정에 혼란스러운 시기를 보내게 된다. 그 후에도 비아프라 내전, 숱한 종족 갈등, 쿠데타가 반복되었다. 이러한 시기에 나이지리아에서 태어난 벤 오크리는 전쟁에 대한 정신적 상처를 지닐 수밖에 없었고, 나이지리아 내전 당시 목격한 정치적 폭력을 고발하는 작품을 주로 쓴다. 그의 삶과 문학에 큰 영향을 미친 전쟁은 1991년 부커상 수상작인 《굶주린 길》이라는 작품을 통해 그를 세계적 작가의 반열에 올려놓는다. 《마법의 노래》(1993), 《무한한 부》(1998)와 함께 3부작 소설을 이루는 《굶주린 길》은 그 첫 번째 작품이다.

"아무리 고통이 심해도 정부나 경찰이 무서워 말을 안 하고 가족과 일자리가 걱정돼 참을 수도 있다. 하지만 한계점이 와서 더는 잃을 게 없다고 생각하게 되면 사람들이 목소리를 내게 된다. 문학 본연의 역할은 그들이 무엇을 느끼는지 표현하는 것이다. 그리고 고통 받는 사람들에게 세상의 진정한 주인공이 당신이라고 상기시켜야 한다. 나이지리아 내 부족 간의 갈등은 워낙 심각해 극복해내야 한다. 이 문제를 해결하기 위해서는 협력이 필요하다. 나이지리아 사람들은 협력하는 것을 서서히 배우고 있다."(서울국제문학포럼 인터뷰, 2011)

인터뷰에서 알 수 있듯이 벤 오크리는 나이지리아의 빈민층 현실이 변화되어야 한다는 것을 알리고자 했다. 치누아 아체베, 월레 소잉카 등 아프리카 문학 1세대 작가들은 리얼리즘 문학을 통해 아프리카의 식민지 현실과 독립에 대한 열망을 그렸다. 반면 독립을 전후한 시기 나이지리아에서 태어난 벤 오크리는 이처럼 독립 이후 벌어진 아프리카의 현실을 작품에 투영한다. 특히 그는 리얼리즘 기법보다는 신화와 환상을 통해 현실을 담는다. 등장인물들은 현실과 꿈, 현세와 혼령을 넘나들고 소설에는 신화적 요소가 자주 등장한다. 오크리는 "내가 본 현실을 전통적 문학 기법으로 묘사하기 힘들다는 것을 깨달았다"며 "리얼리즘은 현실의 풍부함을 완전하게 담아낼 수 없기 때문에 오랜 문학적 탐색을 경험한 끝에 다른 접근법과 톤이 필요하다는 결론에 도달했다"고 했다.

이 때문에 소설은 배경이 되는 장소와 시점, 인물의 이름과 나이 등이 모두 불분명하다. 장소는 나이지리아의 어떤 도시 빈민가, 시점은 독립을 전후한 때로 유추할 수 있을 뿐이다. 번역자 장재영 씨는 "세상은 여전히 폭압 정치와 쿠데타의 혼란, 가진 자와 못 가진 자의 갈등, 궁핍과 정신적 혼돈에서 벗어나지 못하고 있고, 굶주림 또한 사라지지 않았다"며 "작품 속 시공간적 모호함은 저자가 의도한 것인지도 모른다"고 설명했다. 벤 오크리는 외부 세력의 영향에서도 파괴되지 않고 남아 있는 아프리카 고유의 정신에 집중하였다. 그의 소설에서 드러나는 요루바 문화에 대한 자긍심은 아프리카가 피해자의 입장에서 출발해야 하는 식민주의의 틀을 거부하고 있다.

《굶주린 길》은 현실 세계와 영혼의 세계가 공존하는 아프리카의 세계관에 바탕을 둔 '아비쿠 모티프'를 바탕으로 한 소설이다. 혼령 아이는 요루바어로 '아비쿠', '죽기 위해 태어난 이'라는 의미로 탄생 · 죽음 · 재탄생의 반복되는 순환 속에 묶여 있다. 빈민가에서 고통스러운 일상을 이어 나가는 주인공 아자로의 가족은 폭력, 탐욕, 불신, 분열 등 독립 이후 나이지리아 사회의 혼란 속에서도 삶에 대한 희망을 잃지 않는다.

'아자로'의 시선

"아프리카 정신의 중심, 즉 신화나 전설의 밑바탕에는 더 나은 삶에 대한 희망과 바람이 있다"라고 말한 오크리는 《굶주린 길》에서 혼령 아이인 '아자로'를 등장시킨다. 혼령 세계와 인간 세계를 오가는 '아자로'를 통해 현실과 초현실을 넘나들며 나이지리아의 힘겨운 현실을 보여준다.

이러한 아자로의 시선은 벤 오크리의 시선이라고 볼 수 있다. 벤 오크리는 나이지리아에서 태어났지만 영국에서 어린 시절을 보내고 다시 나이지리아로 돌아온다. 영국에서의 삶은 그에게 각기 다른 두 세계가 아닌, 두 나라에 대한 객관적 시선을 갖게 해주었다. 이러한 성장 배경은 그가 조국 나이지리아를 혼령 세계도 인간 세계도 아닌 아비쿠를 통해 바라보게 한다. 삶과 죽음을 선택할 능력이 있는 '아자로'는 '아비쿠'들의 협정을 위반하고, 인간 세계에 머물기로 한다. "이 세계에서 나의 어머니가 된 여인의 상처 난 얼굴을 행복하게 만들어주고 싶다"는 마음이다. 하지만 세상은 굶주림이 만연하고, 힘 있는 백인이 힘없는 흑인을 지배하고, 가진 자가 없는 자에게 횡포를 부리고, 숲과 자연이 파괴되는, "불이나 강철보다 견디기 힘든" 것이었다.

아자로의 시각으로 두 세계가 그려진다. 폭력과 가난 속에서 신산한 삶을 살면서도 가족에 대한 사랑으로 견디는 어머니의 세계다. 또 하나는 노동자인 아빠의 세계다. 아자로의 아빠는 부패하고 폭압적인 정치인과 맞선다. "책략이 난무하는 세상, 흑인들이 고통 받는 세상, 가난과 굶주림과 가뭄과 피비린내 나는 전쟁에 빠져 허우적거리는 세상, 우리 국민이 강대국에 의해 침탈당하고, 서구 세계에 의해 조종당하고, 우리 역사의 업적들이 왜곡되는 세상, 부자들과 정치인들이 국가의 미래에 눈감고 부패한 세상"에 항거한다.

가진 자의 횡포와 굶주림이 만연한 인간들의 세상에서 빈민층인 어머니는 가난과 폭력, 정치적 압제에 시달린다. 그녀는 오직 가족에 대한 사랑으로 고통스러운 삶을 감내한다. 부패한 현실과 타협하지 않는 아버지는 사회 변혁을 위해 처절하게 싸운다. 그는 썩은 우유를 미끼로 가난한 사람들을 속이는 정치인과 깡패를 동원해 투표를 강요하고 힘없는 사람들을 짓밟는 폭압 정치에 맞선다. 정부와 정치가, 나아가 독재와 불의에 침묵하는 국민들을 공개적으로 비판한다.

도시 빈민가를 무대로 독립 이후 나이지리아 사회에 드러나는 폭력, 정치적 불신, 부정부패, 탐욕, 잔인성, 분열 등으로 인해 고통 받는 사람들의 슬픔이 드러난다. 작품 속에서 술집 여주인 '마담 코토'를 통해 독립 이후 나이지리아 사회에서 도시 빈민들을 통해 부정한 방법으로 부를 축적하고 권력을 획득한 인물을 제시한다. 작품 속 사건들은 대부분 정치적 활동과 밀접하게 관련되어 있다. 마담 코토의 술집 단골이었던 아자로의 아빠는 정치 깡패들 혹은 창녀들과 항상 격렬한 정치 논쟁을 벌인다. 아자로의 아빠는 투쟁을 통한 독립이 나이지리아 사회의 정치적 혼란 속에서 부정한 정치 권력에 맞선 도시 빈민의 저항이라는 점을 보여준다. 부자들 정당의 정치 깡패인 녹색 늑대와 대결한 시합에서도 승리를 거둔 그는 부자들, 정치가의 무리들이 얼마나 썩어 있는지, 얼마나 우리 미래에 대해 무관심한지, 얼마나 탐욕적이 되었는지, 우리 사회의 분열, 단결의 부재를 보며 선거에 출마할 계획을 세운다.

시장에서 행상을 하던 아자로의 엄마는 자신들 정당의 지지자가 아니라는 이유로 정치 깡패들에 의해 시장에서 쫓겨난다. 이때 소동으로 모여든 군중 속의 한 사람이 "이 독립이란 것이 혼란만 초래할 뿐이군"이라며 한탄한다.

'아비쿠'의 설화 속 혼령들은 산 자의 세계에서 막 돌아온 자들이 가지고 있는 슬픔과 고통을 보면서 다시 태어나기를 바라지 않았다. 혼령들은 행복한 시간을 보내고 있었는데, 다시 태어나야 할 경우에는 기회만 주어진다면 혼령 세계로 바로 귀환한다는 협정을 맺는다. 그 협정을 깨는 자는 혼령들에게 괴롭힘을 당했으며, 몸에 면도칼로 절개된 자상이 남아 영혼을 낙인찍었다. 혼령들이 다시 세계로 귀환할 때마다 부모들의 고통은 커지고 그들이 비통해하면 우리 영의 무게가 늘면서 재탄생의 순환 주기가 더 빨라진다. 하지만 혼령들은 더 빨리 세계로 돌아오기를 열망했다.

혼령 아이들이 현실 세계에 오래 머물지 않고 영혼의 세계로 돌아가려 하듯이, 나이지리아라는 나라도 이 세상에 정착하지 못하고 있음을 암시하는 것이다. 작가는 현실과 환상을 대조시키며 아자로의 시선으로 이것을 보여준다. 불안정한 상태에 있는 모든 일이 현실 세계에 지속적으로 머물지 못하고 탄생과 죽음의 과정을 반복하는 것을 통해 아프리카 신생 독립국 나이지리아의 혼란한 사회상을 드러낸다. 이러한 현실 속에서 빈민들의 가난과 고통은 더 비참하게 보인다.

운명의 '길'

'길'의 상징적 의미는 이 작품 전체에서 다양한 방식으로 나타난다. 아자로의 아빠는 아프리카 전통 사회의 사제가 되어야 할 인물이었다. 그의 아버지, 즉 주인공 아자로의 할아버지는 아프리카 전통 종교의 '길의 사제'였다. 도시로 이주하면서 아버지의 사제직을 이어받지 못했지만, 아자로의 아빠는 '길'에 대한 경외심을 가지고 있으며 아들 '아자로'에게 '길의 왕' 이야기를 들려줌으로써 '길'에 대한 두려움을 심어주려 한다.

> "너도 못된 짓 하면 저 꼴이 될 거야." "네에?" "숲이 널 삼켜버릴 거라고." "그러면 난 나무가 될래요." 내가 말했다. "그러면 사람들이 길을 내려고 널 베어버릴걸." "그러면 난 길이 될래요." "차들이 네 위를 지나고, 소들이 네 위에 똥을 싸고, 사람들은 네 얼굴 위에 제물을 늘어놓게 될 텐데." "그러면 나는 저녁에 비명을 지를 거예요. 그렇게 해서 사람들이 숲을 기억하도록 할 거예요."(322쪽)

'길'은 냉혹한 현실을 상징하기도 하고 인간의 여행이 가능하도록 도움을 주기도 하지만, 그 속에 커다랗고 굶주린 배가 존재하고 있어 여행자의 생명을 앗아 가기도 한다. 그럼에도 인간이 현실 세계에서 고통과 위험에 맞서 살아가는 것처럼 '아자로'는 항상 '길' 위에서 움직이려 하며, 그 위에 살아남기 위해 노력한다.

'아자로'가 자주 시간을 보내는 빈민가 술집의 여주인 '마담 코토'는 영혼의 세계를 이해하는 신비한 인물이다. 그녀는 아자로가 혼령 아이임을 잘 알고 있으며, 그 아이가 자신에게 행운을 가져다줄 것이라 믿고 있다. 길 위에서 움직이던 아자로가 납치되었다가 간신히 도망쳐 나오자 마담 코토는 아자로의 운명을 축복한다.

"길은 절대 너를 집어삼키지 않을 거야. 네 운명의 강은 언제나 악을 물리칠 수 있단다. 네 운명을 이해할 수 있기를. 고통은 절대 너를 파멸시킬 수 없고, 너를 강하게 만들 뿐이야. 성공은 절대 너를 혼란시키거나 너의 영혼을 뒤흔들어놓지 못하고, 너를 선량한 햇빛 속으로 더 높이 날게 할 거야. 삶은 항상 너를 놀라게 할 것이다."(46~47쪽)

권투선수인 아빠는 하얀 양복을 입은 혼령과 마지막 싸움을 벌인다. 치열한 사투 끝에 아빠는 이겼지만 집으로 돌아와 혼수상태에 빠지고 만다. 그는 꿈속에서도 악령들과 싸움을 계속했는데, 결국 이들을 모두 물리치고 나서야 자리에서 일어난다.

혼수상태에서 깨어난 아빠는 "길의 사제였던 아버지가 내게 나타나 문을 열어두라고 하셨다. 내 마음은 틀림없이 열려 있다. 우리의 길은 틀림없이 열려 있다. 열린 길은 절대 배고프지 않는 법이다. 낯선 시대가 오고 있어"(497쪽)라며 현실 세계의 고통과 두려움 없이 맞서는 삶의 의지를 강조하고 있다. 그는 식민 통치에 벗어난 이후 아프리카 사회의 혼란을 인식하는 데 그치지 않고 "우리가 무엇을 반드시 해야 하지? 가장 좋은 방법이 무엇일까? 무엇이 첫걸음이지?"라며 문제를 해결할 방안을 자문하던 중 자신이 살고 있는 나라의 실체를 깨닫게 된다.

벤 오크리는 어떤 목표를 성취하고 삶의 의미를 찾기 위해 항상 길을 떠난다는 사실을 상기시키고, 그 길의 끝에 도달하기 쉽지 않더라도 걸어 나갈 수 있는 의지를 가져야 한다고 말하고 있다.

강의 시작

이 소설의 처음은 성경의 〈창세기〉에 나오는 '길'을 통해 세상의 기원으로부터 시작하고 있다. "태초에 강이 있었다. 강은 길이 되었고, 그 길은 세상 모든 곳으로 확장되었다. 그리고 그 길은 예전에 강이었으므로 항상 배가 고프다."(3쪽)

소설의 배경이 되는 장소와 시점, 등장인물들의 이름과 나이 등이 모두 불투명하다. 장소는 나이지리아의 어떤 도시이고, 시점은 독립을 전후로 한 때로만 유추할 뿐이다. 현실과 초현실 그 어떤 곳에도 정착하지 못하고 끊임없이 세상의 경계를 오가는 유령처럼 끊임없이 변화하는 나이지리아를 보여주고 있다.

아자로의 아빠는 비인간화되어가는 이 세상의 현실을 직시하면서도 새로운 시대가 올 것이라는 생각을 가지고 있다. 빈민가 사람들이 자신의 환경을 돌보지 않는다고, 세상에 게으른 태도로 임한다고, 자신들의 가난에서 거의 동물적인 기쁨을 찾고 있다며 사고방식을 바꿔 스스로 고양시키라고 촉구한다. "생각을 바꾸시오. 그러면 여러분이 세상을 바꿀 것이고 여러분이 얼마나 자유인인지 기억하시오. 그러면 여러분의 굶주림이 권력이 될 수 있소!"(608쪽) 아자로 또한 절망적인 상황 속에서도 희망을 얘기하고 있다.

> "아빠가 구상한 나라는 자신이 보이지 않는 통치자로 존재하고, 모든 사람이 최고 교육에 음악과 수학과 최소 5개국 언어를 배워야만 하는 나라, 모든 시민이 온 세상사가 어떻게 돌아가는지 완전히 이해해

야 하는 동시에 종족적 · 국가적 · 대륙적 · 세계적 사건들과 역사, 시, 과학에 통달하는 나라, 남녀 마법사와 주술사와 비밀 종교 신관이 대학교수 노릇을 하고 버스 기사와 짐수레꾼과 시장의 여자 장사꾼이 자신의 현업을 유지하면서 강사 역할을 하는 나라, 아이들이 선생님이 되고 어른들이 학생이 되는 나라, 모든 빈민 대표단이 국가 수장과 정기적인 회의를 하고, 일정 기간 동안 자생적인 폭동이 다섯 차례 이상 일어나면 선거를 치르는 그런 곳이었다."(593쪽)

벤 오크리는 혼령 아이와 같은 불안정한 상태의 나이지리아가 불안하고 위태로운 현실을 극복할 수 있다는 희망을 말한다. 눈앞에 보이는 현실 세계의 부패와 타락에 절망하고 집착하기보다 눈에 보이지 않는 것까지를 포함해 모든 가능성을 열어놓을 때만이 그 갇힌 삶으로부터 벗어날 수 있는 것이다.

행상을 하던 아자로의 엄마에게 파란 선글라스를 낀 거북이가 나타나서 아프리카를 빠져나갈 수 있는 방법을 말해주면 선글라스를 주겠다고 한다. 아자로의 엄마는 아프리카에서 나가는 유일한 길은 당신에게서 아프리카를 내보내는 것이라고 말한다. 나이지리아의 부조리한 현실 속에서도 그들은 그곳에서 새로운 세상에 대한 희망을 가지고 있다.

"네 운명의 강을 발견하기까지 숱한 길을 여행해야만 한다"는 마담 코토의 말처럼 나이지리아 또한 운명의 강을 찾기 위해 더 많은 길을 걷게 될 것이다. 이렇게 강은 또 내일을 향해 흘러갈 것이다.

이집트 사회의 축소판 '야쿠비얀 빌딩'

알라 알아스와니, 《야쿠비얀 빌딩》(을유문화사, 2011)

'거리' 에서 이슬람 사회 들여다보기

이집트 작가 알라 알아스와니(Ala al-aswani)는 소설 《야쿠비얀 빌딩》 안에 도시 모습을 상세히 담아냄으로써 1930년대부터 1990년대까지 카이로의 모습을 보여준다. 이를 위해 그는 여러 장면들에서 길의 모습, 상가의 종류, 이전에 그 자리에는 무엇이 있었는지 등을 서술한다. 특히 주요 배경인 '야쿠비얀 빌딩'의 건물 구조와 주거인의 변화에 관한 설명은 장황하게 느껴질 정도다. 그러나 작가가 이렇듯 길게 서술하는 이유는, 그곳이 소설 속에서 단순한 배경이 아닌 이집트의 역사를 훑어주는 역할을 해야 하기 때문일 것이다.

야쿠비얀 빌딩이 지어진 1934년, 이집트에 남아 있는 오스만제국의 영향과 영국의 국정 개입과 친영(親英) 왕조의 상황은 '유럽풍' 건물에 '파샤'가 살게 되는 상황을 만들어냈다. 이후 1952년 군사 혁명이 일어나고 공화국에서 나세르 정권이 수에즈 운하를 국유화했을 때에는 외국인들이 떠나간 자리에 강화된 군부 세력의 사람들이 거주자로 입주했다. 그리고 다시, 나세르의 후계자인 안와르 사다트(Anwar Sadat) 대통령이 친 서방 정책을 펼칠 때 역시 건물 용도와 사용자의 모습이 바뀌•게 된다.

야쿠비얀 빌딩은 주거지일 뿐 아니라 사무실이자 창고이고, 누군가에겐 가게이며 술집이다. 야쿠비얀 빌딩의 지하에는 카페의 탈을 쓴 술집인 '셰누 바'가 있다. 작가는 이곳을 설명하기 위해 술집들의 상호가 카페로 바뀌게 된 이유를 서술하는데, 이 부분에도 역시 이집트 사회의 이야기가 담겨 있다. 거리는 "1960년대 초까지 시내는 그 순수한 유럽풍 특징을 간직"했다. 그러나 1970년대가 되자 "이집트 사회에 경건주의의 엄청난 파도가 들이닥쳤고 음주는 사회적으로 더 이상 용납되지 않"음에 따라 거리의 풍경이 급격히 변화한다. 작가는 이스라엘과의 전쟁에서 패전한 뒤 이집트 사회가 급격하게 보수화되고, 이슬람 복고주의가 대두되는 부분을 '금주'로 인한 풍경 변화를 통해 표현하고 있는 것이다.

• '야쿠비얀 빌딩'이 유럽풍의 거대한 10층 건물로 지어질 당시 아래층에는 "장관, 대지주(大地主) 파샤, 외국의 상공업자, 유대인 거부(巨富)들이" 살았다. 이들의 편의를 위해 지어진 옥상에는 문지기와 그의 식솔들의 주거 이외에 50개의 작은 방이 있었다. 그 '쇠방'들은 식품 자재 보관용, 개집, 빨래 보관소로 이용되었다. 이후 1952년 혁명이 일어나고 외국인들이 나간 자리에, 군 장교들이 거주하게 되었다. 그들은 '쇠방'을 집사와 요리사들, 시골에서 데려온 어린 식모들의 거주지로 사용했다. 또한 일부 장교 부인들은 쇠방에 가축을 키우기도 했다. 이어서 1970년대 개방의 시대가 도래하자 부유층은 막 대학을 졸업한 자제에게 방을 주어 사무실이나 개인 병원으로 이용하게 하거나, 아랍 관광객들을 위한 가구 딸린 집으로 임대했다. 이때부터 아래 건물의 삶과 '쇠방'의 사회는 분리되었다. 건물 대리인이 쇠방을 따로 대여하기 시작했으며, 옥상에는 일반 서민들의 삶이 형성되었다.(야쿠비얀 빌딩에 관련된 내용 요약, 26~32쪽)

1980년대에 이르자 시내에는 몇 개의 바만 제외하곤 대부분 바들이 남지 않게 되었다. 남은 바의 주인들은 종교적 조류(潮流)와 정부의 압력에 굳건히 버틸 수 있었는데 그것은 두 가지 방법, 곧 위장(僞裝)과 뇌물로 가능했다. … 뇌물 상납에 충분할 만큼의 수익이 생기지 않았기 때문이다. 바 주인들은 부득이하게 수익을 확충하기 위한 '또 다른 방법'을 강구했다. 그들 중 일부는 술을 팔 때 창녀를 고용하는 방법을 택했다.(56~57쪽)

즉 소설 도입부의 공간 묘사는 왕조에서 군부 독재 정권으로, 다시 또 다른 독재 시대로 이동하면서 이집트 사회가 정책에 따라 유럽의 문화와 이슬람 복고주의를 반복하는 것을 설명해주는 역할을 한다. 그것은 이집트 사회가 유럽과 이슬람주의 사이에서 흔들리고 있는 것, 이집트 사회가 '유럽풍'과 '이슬람주의'의 자연스러운 융합 또는 교체를 이루지 못하고 상충하고 있음에 대한 지적이다. 작가는 이러한 서술을 통해 그간 흘러온 역사와 정치적 상황을 제시한다. 억압과 규율의 강화로 인해 발생하는 새로운 '숨김'과 이면의 문제들에 대한 이야기를 시작하기 전에 공간 설명을 통해 전제를 깔아두고 있는 것이다. 우리는 이러한 공간을 상상하고 그 사회의 흐름을 파악하게 되면서 점차 소설 속 사람들 사이로 들어가게 된다.

'사람'의 문제에 대하여

'셰누 바'를 방문하는 인물들은 누구인가. 그곳은 야쿠비얀 빌딩의 거주자인 부유한 언론인 '하팀'과 그의 애인 '압두' 등 사람들의 눈을 피해 은밀한 시간을 보내는 사람들을 위한 공간이다. 술이 금지되었듯이 동성애가 종교적으로 금기시되는 무슬림 사회에서 그들을 위한 공간인 카페는 겉과 속이 다르다. 하지만 모두가 '카페'의 진짜 이름이 '바'라는 것을 알고 있듯이, 사람들은 하팀이 동성애자임을 알고 있음에도 그를 비난하지 않는다. 사람에게 '금기'와 '숨김'의 실질적 대상은 동성애가 아니기 때문이다.

> 압두는 이웃들에게 자기가 하팀 라쉬드 집에서 요리사로 일한다고 말했다. 하지만 그들은 하팀이 동성애자라는 사실을 알고 있었고 압두가 최소한 일주일에 두 번은 그와 밤을 보내곤 했기 때문에 그 말을 믿지 않았다. … 그들은 진실을 알고 있었고 그것을 수용했다. 그들이 정상에서 벗어난 사람을 대하는 태도는 그들이 그 사람을 얼마나 좋아하느냐에 달려 있었다.(226~227쪽)

시골 출신의 가난한 군인 압두는 하팀에게 가게와 거처를 선물 받고, 아내와 야쿠비얀 빌딩의 옥상으로 이사를 한다. 주민들은 그가 하팀의 애인인 것을 다들 알고 있으나 그들 가족을 배척하거나 비난하지 않는다. 그들이 사람을 판단하는 기준은 "그 사람을 얼마나 좋아하느냐"이며, 이것은 "그 사람이 얼마나 좋은 사람이냐"의 의미이기 때문이다. 야쿠비얀 빌딩의 옥상 주민들에게 규율이란 경전의 문제가 아닌, 그것을 해석하고 이행하는 '사람'의 문제이다. 이슬람에서 '금기'하는 것은 옥상 주민들의 삶에 큰 영향을 끼치지 않는다.

때문에 이 동성애 커플에게서 제시되는 문제는 이슬람 내의 금기인 동성애가 아니며, 그들의 관계를 파국으로 끌고 가는 것 역시 다른 요인이다. 야쿠비얀 빌딩의 상류층 방의 거주자인 하팀과 옥상의 방도 겨우 얻어 사는 압두의 관계에서 그들의 문제가 시작된다. 연인 관계라는 이름 뒤에 숨은 권력과 자본에 의한 상하 관계가 드러난 것이다. 하팀은 압두를 연인으로 곁에 두기 위해 끊임없이 권력을 행사하고 재력을 과시한다. 때문에 마지막에 이르러 하팀이 그들이 '하인'과 '주인' 관계라는 것을 외치는 부분에서 갈등이 극에 다다른다.

이러한 상하 권력 관계는 야쿠비얀 빌딩에 사무실을 둔 예순이 넘은 백만장자 노인인 '핫즈 앗잠'과 건물 7층에 숨겨진 둘째 부인인 수아드의 관계에서도 나타난다. 이 둘에 대한 서술은 '침실'이라는 장소에 한정되어 있다. 이는 수아드가 앗잠의 욕구를 해결하기 위한 대상임을 보여준다. 앗잠은 갑자기 생겨난 정력으로 인한 곤란함을 해결하기 위해 수아드와 결혼했으며, 따라서 첫 번째 아내에게 발각되어서도, 아이를 가져서도 안 된다는 조건을 내세운다. 여기서 그의 두 번째 결혼과 욕구는 '금기'의 대상이 아니다. 오히려 수아드의 임신이 '금기'이며 수아드 자체가 '숨김'의 대상으로 취급된다.

앗잠은 결혼과 낙태에 관한 질문을 위해 항상 이슬람 법리학자 셰이크 암살만을 찾아간다. 암살만은 《코란》에 입각하여 자신의 지식을 토대로, 자신들의 입맛에 맞춘 답을 앗잠에게 말해준다. 그것은 지극히 그들 편의 위주로《코란》을 해석하고 있음을 보여준다.

하느님께서는 자네에게 관대하시다네. 자네는 왜 죄를 범하도록 자네를 부추기는 사탄을 위해 문을 열려는 게지? 하느님께서 명하신 대로 자네는 스스로를 지켜야 하네. 하느님께선 자네가 공정할 거라는 조건하에 한 명 이상의 여자와 결혼해도 된다고 하셨어. 하느님께 의지하고 금지된 일에 빠져들기 전에 서둘러 허용된 바를 행하게.(82쪽)

나는 그 일에 대한 내 생각을 이야기한 것이 아니에요. 그렇게 하는 것은 하느님께서 허락하지 않으십니다. 나는 단지 고려할 만한 이슬람 법 해석과 견해를 전했을 따름입니다. 저명한 종교 법학자들이 참작할 만한 사정이라면 3개월 이전에 낙태하는 것은 살인으로 간주하지 않는다고 했습니다."(254~255쪽)

남성 위주의 사회에서 이슬람의 규율을 자신들의 입맛대로 해석하는 앗잠과 암살만의 모습은 이슬람의 문제가 아니다. 그것을 마음대로 해석하고 있는 그들 '사람'의 탓이다. 이들의 관계, 수아드와 앗잠, 조언을 구하는 앗잠과 대답하는 암살만 사이에서 우리는 이집트 이슬람 사회가 왜 병들고 있는가에 대한 질문의 답인, 문제적 상황을 목격을 하게 된다.

작가는 상황에 대한 자신의 의견을 피력하기 위해 설명이 아닌 보여주는 방식을 택함으로써, 인물들의 삶을 통해 사회 전반에 대한 이야기이면서 동시에 그 속에 있는 각 개인의 이야기를 전달하고자 한다. 그것은 공적인 것이며 동시에 사적이다. 그러기 위해 수많은 인물들이 제시되며, 아주 잠깐 등장하는 인물까지 그의 인생에 대한 간단한 서술과 설명들이 붙는다. 결국 알아스와니는 사회의 다양한 문제들을 제기하기 위해 여러 '사람'들을 나열하고 있다.

청바지와 짙은 색 질밥

각 인물의 등장 부분에는 그들의 옷차림이 자세히 나열된다. 하팀의 경우 그가 두르고 있는 스카프에까지 작가는 신경을 쓰고 있다. 이러한 섬세한 인물 설정은 작가가 인물을 드러냄에 있어 옷차림을 중요시 여긴다는 것을 느끼게 한다. 그것은 유럽적인 삶의 방식과 이슬람주의로 구별되는 인물의 삶의 방식을 보여주는 가장 확실한 방법이 옷차림에 대한 서술이기 때문이다. 때문에 작가는 인물의 변화와 갈등 부분에 항상 옷차림의 변화에 대해 묘사한다.

> 압두는 헐렁한 짙은 색 질밥을 입고 커다란 사이드식 터번을 쓰고 있었다. 순간 그는 상상의 세계에 온 마법의 갈색 정령처럼 우람하고 위풍당당해 보였다. 또한 자신의 본모습이자 근원으로 되돌아온 것 같아 보였고, 이전의 서양식 옷을 벗으면서 동시에 하팀 라쉬드와 함께 보냈던 이례적이고 우발적인 지난 시간까지 모두 벗어버린 것처럼 보였다.(322쪽)

하팀을 떠난 압두의 옷은 이전의 고향 옷차림으로 돌아가 있다. 타하와 부사이나의 관계에서 역시 작가는 이 표현 방법을 사용한다. 인물들의 옷차림과 삶의 방식들은 도시의 모습에서와 마찬가지로 이슬람 문화와 유럽 문화가 조화를 이루지 못하는 상황으로 진행된다. 각 인물들은 함께하는 연인의 자리에서 양쪽 측면으로 극명하게 갈라진다.

"부사이나는 상업고등학교에 다니며 미래의 꿈을 키우던 학생이었다. 그녀는 꿈의 실현 가능성에 대해 한시도 의심한 적이 없었다. 자신은 고등학교를 졸업하고 타하 알샤들리는 경찰 대학을 졸업한 후에 둘이 결혼하는 꿈이었다." 그러나 그들의 꿈은 사라져버린다. 경찰대 진학을 위해 모든 것을 참고 견디며 노력한 타하는 '문지기의 아들'이라는 신분 문제 때문에 탈락하게 된다. 이후 타하는 대학에 진학하여 '알라'에게 도피한다. 이슬람 운동 세력에 참여한 그는 정부에 끌려가 고문을 당하고, 그 치욕을 갚기 위해 이슬람 무장 단체에 들어간다. 그의 복수에 대한 갈망과 실현 과정은 자신이 세워둔 논리 안에서 정당한 죽음으로 도피하기 위한 방법으로 보인다. 그것은 변화시키지 못하는 사회 속에서 그의 선택이었다.

그는 파란색 진 바지와 흰색 티셔츠 차림이었다. 그는 집에서 나올 때까지만 해도 자신이 멋지다고 생각했다. 그러나 동료 학생들을 본 뒤 그는 자신의 복장이 별 볼 일 없음을 알게 되었다. 바지만 해도 그야말로 정품 진 바지를 모방한 형편없는 것이었다. 그는 아버지에게 잘 말씀드려서 싸구려 옷을 파는 '알리 다 와 알누르' 상점이 아닌, 알

무한디신이나 알자말렉 지역의 가게에서 옷 한 점이라도 사 달라고 해야겠노라 결심했다.(135쪽)

문제는 그가 서양식 옷차림 대신 이슬람식 옷을 입은 것이나, 또는 그가 기른 수염처럼 실제 나이보다 더 들어 보이게 하는 무섭고도 위엄 있는 인상을 주는 것에 국한되어 있지 않는다.(171쪽)

반면 부사이나의 경우 아버지의 갑작스런 죽음 이후 생계 문제로 인해 취업을 한 곳에서 사장들의 지속적인 성희롱과 겁탈을 경험하게 된다. 이에 대한 그녀의 고민은 주변 사람들이 그런 사회적 상황을 당연하게 받아들이고 오히려 기회로 이용하고 있다는 점과 어머니가 큰딸로서의 희생을 종용함으로 인해 대상들에 대한 조소로 바뀌게 된다. 점차 자극적인 옷차림을 즐기게 된 그녀는 풍만한 가슴을 내밀어 남자들을 시험하고 그들의 근엄함을 조롱한다.

타하는 부사이나가 상업고등학교 학생이었던 시절의 모습도 기억한다. 그녀는 하얀 셔츠와 파란색 치마를 입고, 검은색 구두에 짧은 흰색 양말을 신었다. 부사이나는 불룩해진 젖가슴을 가방으로 감추려는 듯 가방을 가슴에 안고 걸어갔었다.(41쪽)

타하는 부사이나가 몸매가 훤히 드러나 보일 정도로 몸에 달라붙는 빨간색 원피스를 입고 있는 것을 보았다. 넓게 파인 옷의 앞부분으로 부사이나의 토실한 가슴이 보였다.(39쪽)

그들의 옛 모습은 자신의 논리보다는 외부의 시선을 의식한 흰색 상의와 파란색 하의의 단정한 학생의 차림이었다. 그러나 그들은 각자 극단적 이슬람주의자와 고용인을 유혹하여 돈을 타내는 종업원으로 변해간다. 이러한 양극단의 차이에도 불구하고 이 둘을 각자의 길로 걸어가게 만든 이유는 같다. 그들은 부패한 사회로부터 부당한 대우를 받았으며, 그로 인해 각자의 방식으로 '썩은 사회로부터의 도피와 반항'을 감행한 것이다.

작가는 인물의 옷차림이 변화하는 것을 통해 그의 생각이 변화하는 것을 보여준다. 그러한 변화는 한 인물에만 그치는 것이 아니라 중요 인물들에 대한 설명에서 반복되며, 우리는 이 부분을 통해 삶의 태도가 바뀌는 이유에 대해 생각하게 된다. 그것은 이슬람 사회의 '자본주의' 논리와 자신들의 입맛에 맞게 해석하는 '규율'의 문제이며, '부패한 정부'에 대한 지적이다.

'부정교합'의 결혼식

이집트 사회를 '부정'하고 그곳에서 벗어나기를 원했던 부사이나는 '자키 베'를 선택하게 된다. 자키 베는 소설의 처음과 끝을 장식하는 인물로, 야쿠비얀 빌딩 내에 사무실을 두고 가장 오랜 시간 동안 그 거리에 머무른 노인이나. 그가 지면에 등장하는 첫 순간의 내용은 유쾌하다. 그는 길을 걸어가며 주변의 모든 사람들과 인사를 나누고, 음담패설을 즐기며, 멋을 내고 젊은 여인들과 데이트를 즐기기 위해 노력한다. 그가 중요시 여기는 것은 낭만적 분위기와 연애이기 때문이다. 그의 이러한 성격은 소설 초반, 한 에피소드에서 가장 극명하게 드러난다. 그는 암굴 같은 술집에서 여종업원에게 작업을 걸어 데이트 약속을 받아낸다. 그녀와의 성관계를 꿈꾸며 노쇠한 몸 상태를 극복하기 위한 주사를 맞는 등 일련의 준비 과정은 우스꽝스러우며, 한편으론 서글프다. 또 여종업원이 그를 기절시킨 뒤에 사무실에 둔 그의 누이가 맡긴 고가의 반지를 훔쳐서 달아남으로써 그가 누이와 함께 사는 집에서 싸우고 쫓겨나는 부분에선 혀를 차게 된다.

자키 베는 이렇듯 작가가 내세운 시대착오적이면서도 유쾌한 대상이다. 그럼에도 그는 사람을 위로하고 낭만적인 부분을 지닌 이집트에 남은 오래된 어른이다. 때문에 어른들을 비웃던 청년인 부사이나도 그의 이야기에 빠져든다. 부사이나는 자키 베의 사무실에 취직해 그의 곁에 머물게 되면서, 그가 들려주는 옛 이집트의 모습과 파리에 대한 낭만에 빠져든다. 이것은 현재 이집트 상황에 대한 도피적 욕망의 환상에서 시작된 것이다. 그러나 자키 베는 모든 사람들이 이집트를 떠났을 때에도 그곳을 버리지 않은 사람이었다. 즉 그들이 이야기에 빠져드는 행위 자체를 환상으로의 도피로만 보기는 어렵다.

때문에 책을 덮고 나면 작가 알라 알아스와니가 왜 나이와 계층과 성격이 전혀 다른 이들의 사랑 이야기로 소설을 끝맺는 것인지에 대한 의문이 남는다. 자키 베는 사회적 문제나 사건들에 대한 개인적 판단을 자제하면서 변화의 흐름을 언급하기에 적합한, 사회적 사건들과는 가장 멀리 떨어져 있으나 오랫동안 그들을 바라본 사람이다. 이러한 인물을 통해 작가는 정치적 부패와 이슬람 문제, 국제 정세로 인한 참전 반대 시위, 군부의 위력, 남녀 차별 문제, 계층 간의 문제를 모두 제시하면서도 한 걸음 물러선 자리에서 무거운 시선을 환기시킨다. 그는 이집트 사회 내에 있는 모든 경계와 형식을 지워버린다. 이러한 '부정'의 행위에서 앞서 언급했던 관계들과의 차이점이 생겨난다.

자키 베와 부사이나는 상류층 방을 사무실로 이용하는 사람과 옥상 주민이며, 이슬람 사회 속의 남성과 여성이다. 또한 고용인과 피고용인 관계다. 그럼에도 그들이 갈라지지 않고 소설의 끝을 맺게 되는 것은 자키 베가 그녀를 자신의 아랫사람이 아닌 대화의 상대로 여겼기 때문이다. 부사이나 역시 그를 돈 많은 노인이 아닌 그저 한 '사람'으로서 인식한다.

> 그는 이제 아버지나 삼촌처럼 그녀와 같은 피와 냄새를 가진 사람, 마치 오래전부터 알았던 사람처럼 그녀와 가까워졌다. 그녀는 두 팔로 허약한 그의 몸을 힘껏 끌어안고 그녀가 사랑하는 그의 투박하고 낡은 냄새를 실컷 맡고 싶었다.(272쪽)

그들은 모든 관계에서의 경계를 '부정'함으로써 결합을 이루고, '사람'이라는 본연의 살갗 냄새를 남긴 낭만 속으로 걸어 들어간다. 우리는 흔히 아래위 이빨의 아귀가 잘 맞지 않는 상태를 '부정교합'이라고 말한다. 그러나 여기선 잘 맞지 않는 두 사람이 오히려 잘 맞물려 이집트 사회를 함께 걸어 다닌다. 모든 관계를 부정함으로써 관계를 유지하고 앞으로 나아가게 된 자키 베는 더 이상 결혼을 거부하지 않고 그녀를 받아들이게 되고, 나이 든 남자들을 조롱하던 부사이나는 자키 베를 인정할 수 있게 된다. 이것이 작가가 나이와 시대, 계층의 구분을 부정(거부)한 커플인 자키 베와 부사이나의 관계로 소설을 마무리한 이유일 것이다. 우리는 그들의 관계 맺음을 통해 형식이 아닌 그 속에서 살아가는 사람들의 '삶'의 가능성을 보게 된다. 즉 '부정교합'은 맞물리지 않는 것이 아니라 오히려 맞물리게 되는 것을 의미한다.

수많은 사회적 문제에 대해 끊임없이 제시하던 작가는 소설의 마지막에 이르러 다시금 문제는 '사람'이며 그 사람 자체를 봐야 함을 지적한다. 또한 그 '사람' 자체를 통해서 앞서 언급했던 문제들에 대한 해결 방법이 있을 것이라는 희망도 함께 제시하고자 한다. 이는 마치 "그들은 결혼해서 행복하게 잘 살았습니다"라는 동화의 해피엔딩과 같으나 우리는 앞서 다른 수많은 인물들이 죽음으로 끝난 부분에 사로잡혀, 이것이 동화가 아니라는 것을 알고 있다.

아프리카 술집, 상처 받은 사람들의 말의 기록장

알랭 마방쿠, 《아프리카 술집, 외상은 어림없지》(랜덤하우스코리아, 2007)

소외된 자들의 안식처, '아프리카 술집'

이 소설은 아프리카 콩고의 한 술집과 그 술집 사람들에 관한 이야기이다. 24시간 열려 있는 술집 '외상은 어림없지'는 동네 단골 술꾼들이 한 자리씩 차지하고 앉아 술을 마시고 자신의 이야기를 늘어놓는 공간이다. 어느 동네에나 있을 법한 술집이라도 각기 다른 공간이 되는 이유는 그 술집을 채우는 사람들에게 있을 것이다. 살아온 이야기는 사람마다 특색이 있기에 술집들은 조금씩 다른 이야기들로 채워지지만, 한 시대에 태어난 사람들의 인생이란 또 엇비슷한 점이 많아서 어떻게 보면 다 같은 술집이기도 하다. 아프리카 술집 '외상은 어림없지'에는 낮이고 밤이고 할 것 없이 이야기를 안주 삼아 술을 마시는 술꾼들로 시끌벅적하다. 딱히 할 일 없는 인생의 실패자들에겐 이곳이 유일한 안식처이다. 그곳에 앉아 싸구려 술을 마실 때는 신분 인종 그 어떤 차별 없이 똑같이 술을 마시고 있는 자가 된다. 그것은 술집 주인 '고집쟁이 달팽이'의 가게 운영 철학이기도 하다. 덕분에 '외상은 어림없지'는 평범하지만 개성 있는 술집으로 자리 잡을 수 있었을 것이다.

'깨진 술잔'의 기록을 따라가다 보면 아프리카 국가 콩고의 생활상이 자연스럽게 그려지기도 한다. 프랑스 식민지를 겪었던 역사, 사회주의 체제를 따랐던 이념적 배경이 자연스럽게 녹아 있어 서구적 관점에서 바라보는 흑인들에 대한 시선이나 사회주의 국가의 분위기 등을 느낄 수 있다.

> 나는 내 앞에 우스만 소의 조각상처럼 거대한 한 흑인이 서 있는 것을 보았습니다. 하얀 셔츠를 입은, 약간 나이가 있어 보이는 흑인이었지요. 그는 미사라도 접전하려는 사람처럼 엄숙하게 와서는, 전능하신 하느님이라고 자기소개를 하는 겁니다. 나는 펄쩍 뛰었지요. 난 심기가 상했습니다. 이건 정말 신성모독이다. 용서할 수 없는 이단적 행위다. 이 남자는 하느님이 아니다. 하느님은 흑인이 아니다. 하고 말했습니다.(85쪽)

> 하루는 무예케가, "친애하는 친구들, 나의 흑인 형제들이여, 어째서 성서에 나오는 천사들은 모두 다 백인이거나 그 비슷한 부류로 되어 있단 말인가. 흑인 천사도 한둘쯤 끼워줄 수 있었을 텐데 말이야. 처음부터 그렇게 정해져 있었다고 해서, 전능하신 하느님께서 흑인의 피부를 검게 만드셨다고 해서 타고난 조건을 바꾸기를 거부하는 지상의 모든 흑인에게 참으로 와 닿는 이야기 아닌가. 그런데 《성서》에는 흑

인 천사가 없어, 그나마 이 책에 어쩌다가 나오는 흑인들은 모두 사탄의 무리야, 주로 악마들, 음험하기 이를 데 없는 인물들이라고, 게다가 예수의 제자 중에도 흑인은 한 명도 없지, 그것도 놀랍지 않은가, 믿을 수 없게도, 《성서》의 일화를 보면 전면에 등장하는 흑인 배우는 하나도 없지, 하나도, 하나도 없다고, 안 그런가, 그러니까 나는 불쌍한 백인들을 이해하고 용서하겠어, 백인들이 지상에서 살아가면서 흑인들에게 구두닦이나 시키는 것도 그들 잘못만은 아니라고, 저 위, 하늘나라에서 흑인들은 존재하지도 않는 것처럼 생각하게 내버려두는데 어떻게 백인들 탓만 하겠어"(117~118쪽)

하느님이 백인이 아닌 것은 신성모독이며 천사뿐 아니라 예수의 제자들 중에도 단 한 명의 흑인도 등장하지 않는 철저한 이분법적 세상에서 흑인들이 겪을 현실의 차별은 미루어 짐작할 만하다. 하지만 술꾼들의 호기란 그런 백인을 불쌍히 여겨 이해하고 용서할 수 있을 정도이다. 때문에 이 '눈물 없인 들을 수 없는' 밑바닥 인생들의 이야기는 하위 주체들의 현실 모습으로 읽힌다. 현실에서 맨 정신으로는 버틸 수 없는 사람들은 술을 마시고 사연을 털어놓기 좋은 이곳 '외상은 어림없지'로 모여든다. 그저 술을 마시는 것밖에 할 수 있는 일이 없는 무력한 사람들의 이야기가 넘쳐나는 아프리카 술집은 이들에게 일종의 고해의 장소이고 위안의 공간이다. 마치 무용담 내기라도 하듯 누가 더 슬프고 아픈 일을 겪었는지에 대해 저마다 거창하게 이야기를 늘어놓는다.

이야기라는 것은 하면 할수록 내용이 빠지거나 더해져서 확대되고 왜곡되기 십상인데 술에 취한 사람이 기억하고 말하는 이야기는 더더욱 그럴 것이다. 술집이라는 공간에서 술꾼들이 하는 이야기에는 으레 그러하듯 허풍과 과장이 섞여 있게 마련이기에 이야기는 점점 극적으로 변하기도 한다. 하지만 사실 여부를 따지는 것은 그다지 중요하지 않아 보인다. 이야기의 화자와 청자 그리고 기록자까지 모두 술집에 앉아 있는 취객이기 때문이다. 이 허름한 동네 술집에서 하는 토론이란 세상을 뒤바꿀 목적이 아니라 그저 자신의 인생을 말하고 위안 받는 과정인 것이다. 재기발랄한 입담으로 그럴싸하게 떠드는 이야기를 즐기면 그만이다. 술이 들어가면서 평소 하지 않던 이야기를 꺼낸다거나 매일 반복되는 이야기를 한다고 하여 그것에 그리 큰 의미를 부여할 필요는 없다. 사건의 진실이 무엇인지를 따져보는 것은 말을 하는 자도 글을 쓰고 있는 자도 모두 술집 안의 술꾼이라는 점을 간과하는 일이다. 어디까지가 사실이고 어디서부터가 허풍인지를 따지는 것보다 중요한 것은 같은 공간에서 함께 시간을 보낸다는 것이다. 현실에서 소외당한 사람들끼리 한 공간에 모여 그 시간을 위안 받는다는 것이 중요하다. 그러다 자신도 말할 수 있는 기회를 잡아 술김에 떠오르는 대로, 때론 애써 숨겨왔던 이야기를 꺼내면 된다. 어차피 '외상은 어림없지' 안에서는 모두가 공동 창작자이기 때문이다

말의 기록장, '외상은 어림없지'

이야기는 '외상은 어림없지'라는 아프리카 술집 사장이 단골손님 '깨진 술잔'에게 노트 한 권을 주고 내용을 채워 달라는 부탁을 하면서 시작된다. 구전의 시대는 끝났고 이제 기록의 시대가 왔다고 생각하는 사장은 "아프리카에선 노인 한 사람이 죽으면 도서관 하나가 불탄 것이나 마찬가지다"라는 말을 비웃으며 기록으로 보존하지 않으면 '외상은 어림없지'도 사라질 것이라고 생각한다. '깨진 술잔'은 '임무 완수'를 위해 사장이 '고집쟁이 달팽이'라고 불리게 된 사연과 '외상은 어림없지'가 탄생하게 된 배경을 시작으로 술집에 들락거리는 단골손님들의 이야기를 노트에 적어 나간다

대부분의 술집이 그렇듯 온갖 사연을 지닌 술꾼들이 술을 마시며 시간을 보내는 이곳에서 먼저 노트 한 자리를 차지하게 되는 인물은 '팸퍼스 기저귀를 차게 된 가엾은 사내'였다. 처음엔 자신의 인생사를 털어놓지 않을 것처럼 굴던 사내는 14년 동안 지겨워 죽을 지경이었지만 그래도 가장의 역할을 다했다고 생각했던 자신이, 골칫덩어리 원수 같은 마누라와 싸운 다음 한순간에 미친놈, 아동 성추행범, 사디스트 취급을 받으며 재판도 받지 못하고 감옥에 가게 되었고, 그곳에서 죄수들과 간수에게 뒷골목 횡단을 당하여 팸퍼스 기저귀를 차게 된 사연을 주절주절 털어놓는다. '깨진 술잔'이 노트에 이야기를 기록한다는 소문을 듣고 찾아온 '인쇄공'은 프랑스에서 괜찮은 남자였던 자신이 셀린이라는 백인 여성을 만나 사랑에 빠져 주변의 편견을 뚫고 결혼까지 하게 되었으나, 아내가 다른 여자 사이

에 있던 아들과 바람이 나서 본인을 미친놈으로 몰아 정신병원에 넣고, 급기야 이혼을 하고 본국으로 송환시켜버렸다는 이야기를 기록해 달라고 거듭 부탁한다. 한번 터져 나온 이야기는 멈추기 힘든 법이어서 저마다 자신들의 인생을 눈물과 한숨으로 늘어놓으면 '깨진 술잔'은 그 이야기를 노트에 써 넣는다.

때론 술집에서 일어나는 일들을 그대로 옮기기도 하는데 사내들보다 더 술이 세고 오줌도 세게 오래 누기로 유명한 로비네트가 어딘가에서 나타난 카시미르와 오줌 오래 싸기 내기를 벌이는 일화가 그것이다. '고집쟁이 달팽이'가 '깨진 술잔'과 이어주려는 로비네트가 얼마나 엄청난 여자인지, 그에게 도전한 사내가 오줌발로 프랑스 지도를 그리고도 중국 지도까지 그릴 힘이 남아 있어 '지리학자 카시미르'라는 별명을 얻게 된 사연 등을 유머러스하게 서술하고 있어서 읽는 이는 과연 어디까지가 사실이고 어디까지가 꾸며낸 이야기인지를 구별하기도 전에 이야기 자체에 매료되어버린다. 다음 이야기가 궁금해져 몰입해 있다가 다소 황당한 내용 전개나 결말에 피식거리며 웃다 보면 어느새 시간이 훌쩍 지나가 있다는 것을 발견하고, 그동안 자신의 상처는 잠깐 잊고 있었다는 것을 알게 된다.

이렇게 비틀린 봉합들을 통해 작가는 진짜 글쓰기에 대한 물음을 던지고 있는 것이다. 밑바닥 인생들에 대한 기록이야말로 지적 허영으로 만들어진 허구와 다르게 진짜 인생이고 문학이라고 믿고 있다는 것을 알 수 있다.

하지만 나는 그것들을 내 식으로 쓸 것이다. 비틀린 언어, 봉합한 언

> 어, 두서없는 언어로 쓸 것이다. 말이 나를 찾아오는 대로 써 내려갈 것이다. 서툴게 시작해서, 시작이 그랬던 것처럼 서툴게 맺을 것이다. 순수이성이니 방법이니 음성학이니 문체니 하는 것은 신경 쓰지 않겠다. 표현되지 못하리라. 딱 맞는 표현이 쉽게 떠오르지도 않으리라. 그런 게 글쓰기 혹은 인생이리라. 바로 그렇다. 나는 무엇보다도 이런 말이 듣고 싶다. '이 시장 바닥, 어중이떠중이, 아수라장, 굿판, 야만의 온상 같은 분위기는 뭐야. 이 기호의 제국, 수다 한 판, 문학의 일대 추락은 뭐냐고. 개 짖는 소리도 아니고. 뭐야. 이게 진지하게 쓴 글이야. 어디가 시작이고 어디가 끝이야. 젠장 맞을' 그러면 나는 악의에 차서 이렇게 대꾸하겠다. '이 시장 바닥이 바로 인생이거든. 그러니까 내가 사는 동굴에 들어오시지. 사방이 쓰레기 천지. 썩은 내가 진동할 테니까. 나는 인생이 그런 거라고 생각하거든. 네놈들이 지어내는 허구는 재주 없는 것들이 재주 없는 것들을 만족시키려는 개수작이야. 너희 책에 나오는 인물들이 우리가 어떻게 일용한 양식을 얻는지 이해 못하는 한 문학이란 없을 거야. 그저 지적인 마스터베이션이 있을 뿐이지. 문둥이가 문둥이 사정을 안다고. 너희는 너희들끼리만 이해할 수 있어'라고 말이다.(192~193쪽)

'깨진 술잔'은 비록 현재 글을 쓰고 있지만 자신은 작가가 아니라고 계속해서 부정한다. 둥근 안경에 넥타이를 매고 파이프 담배 혹은 시가를 피우면서 세련된 척을 하지만 그런 작자들이 쓴 글에는 인생이 깔려 있지 않다고, "시시껄렁한 글밖에 써내지 못하는 주제에 자기 자신을 천재라고 철석같이 믿는 부류"와는 다르게 "글쓰기란 단순히 내 생각을 표현하는 것일 뿐"이라고 말한다. 이것은 문학에 대한 본질적 반성이고 지식인들에게 던지는 날카로운 질문이다. 어쩌면 작품 속 곳곳에 등장하는 많은 문학 작품들보다 술집 손님이 들려주는 인생 이야기가 우리의 이야기일 수도 있다. 작가가 생각하는 진짜 글쓰기란 곧 인생의 기록이어야 한다. 그런 의미에서 이 책을 '말의 기록장'이라 부르고 싶다.

파편화된 일상, '깨진 술잔'

화자이자 기록자인 '깨진 술잔'은 그 별명처럼 채우고 또 채워도 다 차지 않는 어마어마한 주량을 자랑한다. 깨진 술잔처럼 상처를 가진 사람으로 "널리 받아들여지는 관념을 거부"하다 보니 온전한 삶에서 자주 미끄러진다. '깨진 술잔'은 원래 학교 선생 출신의 점잖고 지각 있는 사람이란 평을 들었다. 다만 술을 좀 좋아할 뿐인 그였지만 정부가 원하는 수업을 하지 않은 일을 시작으로 점점 비사회적 인물로 몰리게 된다. 현실이 답답할수록 더 술을 마시다 보니 언제나 술에 취해 있는 상태가 되고 급기야 학생들을 추행했다는 불미스러운 일에 휘말려 교직에서 쫓겨나게 된다. 파편화된 자신의 이야기를 조각 맞추듯 서술하면서 '깨진 술잔'은 점점 더 혼란스러워진다. 왜 그런 일이 발생하게 되었으며 어쩌다가 여기까지 흘러왔는지 도무지 알 수가 없다. 엉망이 된 일상과 조각 난 기억을 모두 복구할 수 없는 탓을 자신이 너무 늙었기 때문으로 돌리고 그래서 그만 떠나야

할 때가 되었다고만 생각한다

'깨진 술잔' 뿐 아니라 이야기에 등장하는 대부분의 인물들은 과거의 기억에 얽매여 오늘을 제대로 살아가지 못하고 있다. 한번 깨진 술잔은 원래대로 갈 수가 없기에 뒤틀린 기억들에 고통 받는 사람들은 흔들리는 일상을 살아간다. 그러나 술주정뱅이 주변의 그 어떤 사람들도 제대로 된 것처럼 보이지 않는다. '팸퍼스 기저귀를 차게 된 가엾은 사내'와 '인쇄공'의 아내와 가족, '깨진 술잔'의 직장 상사나 정부 요원 등 '외상은 어림없지'로 이들을 밀어 넣은 사람들의 모습도 불합리함투성이다. 감옥에서 팸퍼스 기저귀를 찬 남자에게 몹쓸 짓을 하던 죄수와 간수들이, 본인들은 그저 죄수를 벌주기 위한 행위를 하고 있는 중이라고 자신들의 행동을 합리화하는 모습은 이중적인 사람들의 위선을 그대로 보여주는 장면이다. 어쩌면 현실이 비틀려 있기 때문에 술에 취한 주정뱅이가 제정신일 수도 있다. 현실에서는 아무것도 할 수 없는 비정상적 인물이 하는 이야기가 오히려 비정상적 사회를 풍자하고 있는 것일 수도 있는 것이다

온전하다고 믿었던 것이 틀어지고 깨지면서 처음부터 완전한 것은 없었다는 것을 깨닫게 되는 것, 자신이 알고 있던 인물에게 틈이 생기고 금이 가면서 또 다른 사연이 숨어 있다는 것을 알아가는 과정, 그래서 이 비루한 인물들의 이야기가 어쩌면 숨기고 싶은 또 다른 나의 모습은 아닐까 생각해보게 한다. 동네 술집에 가면 만날 것만 같은 상처 받은 인물들과 어울려 함께 취해가는 것이 어쩌면 인생을 알아가는 일일지도 모르겠다는 생각이 든다

인생이 어디 정해진 대로 딱 떨어지게 살 수 있는 것이었던가. 그

렇다면 그런 인생이 담긴 글도 명확하기만 할 수는 없는 것이다, 기록되지 못한 개인의 삶의 흔적들은 시간 속에서 영영 사라지고 만다, 기록에 대한 집착은 자기 삶에 대한 애착일 수도 있다, 자신의 존재가 기억되고 이해 받기를 원하는 사람들은 아프리카 술집으로 가라, 이번엔 당신 차례일 수도 있다, 힘든 일을 술로 달래면서 누군가에게 자신의 이야기를 토로하면 된다, 이미 눈치챘을 테지만 이 글에는 마침표가 없다, 마침표가 존재하지 않고 오직 쉼표로만 이어진 이 책의 형식을 빌려와 본 것이다, 끝없이 이어지는 문장들은 다른 이야기가 동시에 하나의 이야기로 연결될 수 있다는 것이고, 개인의 이야기가 모두의 이야기가 될 수도 있다는 것이다, 책의 마지막 문장까지도 마침표 없이 끝나기 때문에 사람들이 살고 있는 한 이 글은 앞으로도 계속될 것만 같다.

또 다른 인간, 가시도치

알랭 마방쿠, 《가시도치의 회고록》(랜덤하우스코리아, 2007)

아프리카산 입담꾼

알랭 마방쿠(Alain MabancKou)는 '포스트식민주의 세대'의 작가로 콩고에서 태어났으나 프랑스에서 공부한 불어권 작가이다. 아프리카 1세대 작가들은 독재 정권을 피해 프랑스 등 유럽 각지로 떠나지만 그들의 작품에는 식민지와 독재 정권에서 고통 받는 아프리카에 대한 고뇌가 나타나 있다. 그러나 2세대들은 아프리카로 돌아가야 한다는 생각보다는 자신이 머무는 나라를 제2의 조국이라 여기며, 더 이상 식민지로 인해 받을 수밖에 없었던 고통과 피해 의식 속에만 머무르지 않는다. 즉 거대 담론에서 벗어나 개인적 내면으로 시선을 돌린다. 그들이 아프리카로부터 벗어난 것이 아니라 다른 방법으로 세상에 아프리카를 알리기 시작한 것이다. 특히 알랭 마방쿠는 민담을 통해 아프리카의 모습을 보여주고 있는 2세대 포스트식민주의의 대표적 작가이다.

그는 "아프리카산 입담꾼"이라 불리는 그는《가시도치의 회고록》의 첫 페이지에 "이 이야기를 들려준 나의 어머니 폴린 캉귀에게 바친다"고 써놓았듯이 어린 시절부터 어머니로부터 쉽게 듣고 접하던 아프리카 민담을 중요한 소재로 사용하고 있다. 작품 안에서도 마침표 없이 쉼표만을 사용하여 운율과 여운을 느끼게 하는 마방쿠만의 글쓰기는 마치 옆에서 이야기를 들려주듯이 서술되고 있다. 또한 가시도치의 영감님이 부족 가시도치들에게 훈계하는 이야기는 또 다른 한 편의 우화처럼 서술된다. 이처럼 민담을 소재로 한 마방쿠의 서사 전개는 아프리카산 입담꾼의 모습을 여실히 보여주고 있다.

민담은 구전으로 전해지는 초자연적이고 신비적인 특징을 지니고 있으며, 이를 통해 그 민족의 관습이나 문화 집단의 생활, 감정, 풍습, 신념 등을 살펴볼 수 있다. 구전된 민담은 과거의 시간에 멈추어 있는 것이 아니라 역사와 시간의 흐름에 맞추어 변용되어간다. 즉 민담은 현대 사회의 모습을 보여주는 또 다른 서사라고 할 수 있다. 한국 현대소설 중 황석영의《바리데기》는 '바리공주' 설화를 소재로 쓰인 소설이다. 바리공주는 아버지인 오구대왕을 살리겠다는 일념 하나로 생명수가 있는 서천 서역으로 향한다. 바리공주의 멀고 험한 여행은 온갖 시련과 고통의 연속이지만 결국 생명수를 찾아 아버지를 살리게 된다. '바리공주' 설화는 바리공주의 시련과 고난의 과정과 효의 의미를 강조하고 있다. 황석영의《바리데기》는 설화의 바리공주를 탈북 소녀 '바리'로 변용시켜 환상과 현실을 넘나들며 분열되고 상처 받은 인간과 영혼들을 용서하고 구원하는 이야기로 이데올로기를 넘어선 화합을 보여주고 있다. 이처럼 민담은 변용되어 역사와 함께 의미를 같이한다.

알랭 마방쿠의 《가시도치의 회고록》은 사람에 따라 평생 어떤 짐승을 '해로운 분신' 또는 '평화의 분신'으로 거느리고 산다는 아프리카의 민담을 바탕으로 '가시도치 느굼바'의 입을 통해 아프리카의 현재 모습을 보여주고 있다. '가시도치 느굼바'를 통해 인간 세상의 부조리함을 비판하기도 한다. 그러나 '가시도치 느굼바'의 이야기 속에서 아프리카의 민담을 통해 인간의 내면을 지배하는 초월적인 힘, 즉 그 원형인 주어진 운명에 순응하는 모습과 더 나은 삶을 살아가고자 하는 인간의 욕망을 나타낸다.

운명의 시간

《가시도치의 회고록》은 인간의 '해로운 분신'으로 살며 99건의 살인을 저지른 가시도치가 자신의 42년 생애를 바오바브나무에게 들려주는 형식의 소설이다. 마흔두 살이 된 '느굼바'는 바오바브나무에게 '평화의 분신'과 '해로운 분신'에 대해 들려준다.

> 인간이 중병에 걸리거나 재수 없는 일을 당하거나 할 때만 관여할 뿐이니, 평화의 분신들은 자율적인 삶을 꾸려가는 셈이지. 그들은 물렁하고 느려 터진 족속이라 말썽이 생기면 어찌됐든 회피할 생각밖에 없고, 어찌나 천치 같은 짓만 해대는지 제 그림자만 보고도 간이 오그라드는 놈들이란 말씀, 내 듣기로는 그들 중 대부분은 귀머거리에 장

님이라는데, 그래도 냄새 하나는 끝내주게 맡아서 경계심은 또 장난 아니라고 하니, 그냥 그들이 인간 존재를 보호하고 인도하며 삶의 궤적을 마련하고 우리들처럼 주인과 같은 날 죽는다고 해두자고.(13쪽)

부모가 입문을 장려하기도 하는 평화의 분신은 인간과 함께 태어나 평생 주인 앞에 모습을 드러내지 않고 대를 이어 영을 받아서 좋은 일만 하면서 지내게 된다. 그 영을 받은 인간은 자비심, 동정, 연민 같은 감정들을 가지고 살아가게 되는 것이다. 그러나 해로운 분신의 영을 받은 인간은 이러한 감정을 모른 채 밤을 희롱하며 보내게 된다. 평화의 분신이 자율적인 삶을 꾸려 나간다면, 해로운 분신은 단 한 번의 거절도 없이 주인이 맡기는 임무를 수행해야 한다. 해로운 분신인 느굼바는 평화의 분신의 삶을 구경꾼인 삶이라고 비웃는다.

처음으로 맡은 일은 루보토 영감의 딸 키미누였다. 키미누에게 구혼했다가 비웃음을 받고, 루보토 영감이 구혼을 핑계 삼아 대가를 요구하는 속셈을 알게 된 키방디는 좌절감과 반항심으로 그 집안에 앙갚음을 하기 위해 느굼바에게 명령을 내린다. "그녀의 오른쪽 관자놀이에 가시를 정통으로 박았지. 그리고 관자놀이에서 흘러내리는 피를 핥기 시작했어, 마치 마법에라도 걸린 듯 나의 가시 두 개가 남긴 상처는 감쪽같이 없어지더라고." 이렇게 시작한 살인은 아메데, 종려주(무웽귀에) 채취꾼 무디옹기 영감 그리고 사건의 전환이 되는 '율나의 갓난아기'를 죽일 때까지 계속 이어진다.

느굼바는 백 번째 임무가 분명히 목숨을 대가로 치르게 될 거라고 느끼지만 명령에 따를 수밖에 없는 분신의 운명에 따라 어쩔 수 없이 백 번째 임무인 '마 므포리'를 죽이러 간다. 하지만 그녀가 느굼바를 알아보면서 백 번째 살인은 실패를 하게 된다. 그리고 백한 번째에 시도한 문줄라 가족의 쌍둥이 아이들은 오히려 율나의 갓난아기 영과 함께 키방디를 죽음에 이르게 한다. 해로운 분신은 주인의 죽음과 함께 같이 죽게 되지만 율나의 갓난아기는 느굼바를 주인의 죽음으로부터 도망가게 해준다.

느굼바가 어린 키방디의 분신이 된 것은 꿈속에서 어린 키방디를 본 후로, 인간 존재와 융합될 운명을 타고났음을 느낀다. 해로운 분신은 다른 동물들과 무리를 이루어 살지 못한다는 운명을 받아들이고, 무리를 떠나 주인 키방디를 찾아온다. 키방디는 느굼바의 운명쯤은 자신이 결정한다고 생각했으며, 처음과 달리 습관적으로 살인을 요구한다. 느굼바는 해로운 분신의 운명을 타고났기 때문에 주인의 명령에 복종할 수밖에 없었고, 주인의 또 다른 분신의 계속되는 허기를 채우기 위해 계속 살인을 할 수밖에 없었다. 평화의 분신 운명을 가진 자들이 단지 주인의 곁에서 삶의 궤적을 만들어주기만 한다면, 해로운 분신의 운명을 가진 자들은 주인의 집행자로서 명령에 따라 분신의 역할에 자기 삶을 온전히 바치는 것이다. 이러한 가시도치 느굼바의 운명에 따른 삶은 당시 운명을 중요시 여기던 집단적 원형이라고 볼 수 있다.

성장하는 가시도치

민담에 등장하는 인물은 어떤 임무를 띠고 미지의 세계로 여행을 떠나 어려운 상황을 극복하고 성장하게 된다. 이러한 통과의례들의 과정에서 더 나은 삶을 살아가고자 하는 인간의 욕망이 나타나게 된다.

가시도치 느굼바는 해로운 분신의 운명에 따라 주인인 키방디에게 가기 위해 자신의 무리를 떠나게 된다. 느굼바는 가는 길에 달콤한 휴식과 명상을 하며 자신의 삶에 대한 관조적 태도를 가져보기도 하고, 다른 동물들의 일상적 삶을 보며 오지와 하나가 되는 기분을 느끼기도 한다. 이렇게 키방디의 해로운 분신으로 느굼바의 삶의 여정은 시작된다.

주인의 곁에서 99명을 살해하고 주인의 죽음을 목격한 느굼바는 바오바브나무 앞에서 그동안의 이야기를 들려준다. 스스로 해로운 분신이라는 운명을 받아들인 느굼바는 주인의 요구대로 살인을 하게 되지만 시간이 흐를수록 동물의 본능을 넘어서는 이성이 생기게 된다. 생각을 하고, 성찰하기도 하며, 고독과 죽음에 대한 불안과 두려움을 느끼게 된다.

> "너에게 이런 말을 하는 것도 내가 사색에 잠겨 이러한 생각, 이러한 관념 뒤에는 무엇이 있는가 이해하려고 곰곰 생각해보았기 때문이야. 이제 나는 사유가 뭔가 본질적인 것이고, 바로 그것이 인간들에게 번민, 동정 회한을 불러일으키며, 못된 마음을 먹게도 하고 착한 마음을 먹게도 한다는 것을 알고 있어."(23쪽)

그동안의 자기 삶을 돌이켜보면서 눈물도 흘리고 후회도 하게 된다. 용서 받을 수나 있을까 싶어서 힘도 없고 아무것도 할 수 없는 작은 인간이었을 뿐인 율나의 갓난아이의 장례식에 찾아가지만, 보잘것없는 놈, 비열한 놈, 가엾은 이기주의자라고 책망하면서 강물에 비친 모습을 보고는 부끄러움을 느낀다. 그리고 주인과의 관계에 주어진 의미를 돌아보면서, 괴상한 운명의 함정에 빠져 버둥거리는 미물이며 주어진 운명에 공포를 느끼는 존재일 뿐이라는 생각을 하게 된다. 주인 키방디의 죽음은 느굼바가 이제 이 세상에서 해야 할 일이 없다는 것이므로 분신의 운명에 따라 키방디와 함께 죽었어야 했다. 분신의 운명을 따라야 한다는 사실이 느굼바는 무섭고 충격적이었다. 느굼바의 두려움은 꿈속에서 그대로 나타난다. "아가리를 헤벌린 구덩이로 떨어지는 꿈을 꾸었지, 그리고 또 꿈을 꾸기를, 오지의 밀림에 불이 활활 타오르고, 내가 그 한가운데 서 있는데, 우리의 영원한 적인 사자, 표범, 얼룩무늬하이에나, 자칼, 치타, 호랑이, 재규어도 공포에 질려 제정신이 아니었어."

꿈에서 깨어난 느굼바는 자신이 살아 있음을 확인하고 삶의 의지를 가진다. "바로 여기, 지금을 살고 싶어, 오래오래 살고 싶어, 나는 내 삶의 나날을 끝내고 싶지 않아"라고 외치며, 마지막으로 자신의 죄를 씻기 위해, 불행한 사건에 대해 스스로 책임지기 위해, 고장의 해로운 분신들과 전쟁을 벌여 몰아내고자 한다. 그리고 고향으로 돌아가 자손들에게 인간들의 삶과 습성에 대해 말해주고, 비슷한 운명의 길을 걷지 않도록 미리 단속하면서 즐기며 살고 싶다고 말한다.

"나는 살아남기를 구하지 않았어. 그렇다고는 해도 죽기를 구하지도 않을 거야. 나는 그저 숨이 붙어 있고 장차 내가 무슨 쓸모 있는 일을 할 수 있을지 알면 그걸로 족해. 가시도치의 이름을 걸고 말하건대 내가 아직도 살아 있다면 그것은 나보다 높으신 이의 뜻으로 살아 있는 거야. 그런데 그분이 그리 결정하셨다면 필경 나에게는 이승에서 다해야 할 마지막 임무가 있다는 뜻이잖아."(198쪽)

느굼바는 남은 생을 좋은 일을 하면서 살 수 있다면 평화의 분신으로 바뀔지도 모른다는 생각을 한다. 그리고 마지막으로 말한다. 나는 가시도치다. 가시도치임을 너무나 자랑스러워하는 어엿한 가시도치란 말이다, 라고.

느굼바의 삶의 여정은 운명에 따라 움직였다. 그리고 그 삶에 대해 반성하고 부끄러워하며 더 나은 삶을 살고 싶다는 의지를 표현하고 있다. 또 다른 인간과 같은 가시도치 느굼바의 시련의 과정을 통한 성장은 민담을 통해 정해진 운명에서 벗어나 더 나은 삶을 살고자 하는 인간 내면을 보여준다고 할 수 있다.

전통 사회의 가치

아프리카에서는 '바오바브나무'를 숭상한다. 바오바브나무는 세상에서 가장 크고 오래 사는 나무로 6,000년 전에 생겼다. 전설에 따르면 신이 창조한 나무 중 가장 먼저 만들어졌으며, 가지가 모두 위쪽에 달린 모습 때문에 신이 바오바브나무를 거꾸로 심었다고 여겨진다. 이런 전설 탓에 원주민 마술사들이 귀신을 쫓는 용도로나 나무를 사용하거나 시체를 입관할 때 나무껍질을 사용하기도 한다. 바오바브나무는 영혼을 지니고 있으며, 마을을 보호해주며, 나무가 사라지면 이 고장에 엄청난 일이 일어날 징조로 여겨졌다. 바오바브나무의 수액은 마을 성당의 성수만큼이나 거룩한 수호신이었다. "너는 바오바브나무 아래 앉아라, 시간이 흐르면 너는 우주가 네 앞에 펼쳐지는 광경을 볼 것이다"라는 말이 전해져 내려오기도 한다.

> 네게 계속 말을 하고 있는 거야, 비록 네가 나에게 아무 대답도 안 할 줄 뻔히 알면서도 말이야, 그런데 이 말이라는 것이 죽음에 대한 공포를 덜어주는 것 같아, 말을 통해서 나 역시 그런 무서움을 밀어내고 떨칠 수 있다면 나는 세상에서 가장 행복한 가시도치가 될 거야.(34쪽)

가시도치 느굼바는 주인의 죽음을 목격한 후 바오바브나무에게 자기 이야기를 들려준다. 목소리는 들을 수 없지만 자신의 곁에서 끝까지 말을 들어주는 바오바브나무 덕분에 느굼바는 불안과 공포가 가라앉게 된다. 느굼바가 자신이 가장 고통스럽고 불안할 때 바오바브나무를 찾아간 것은 아프리카에서 바오바브나무를 수호신으로 여기는 것을 알 수 있게 한다.

아빠 키방디는 나이를 먹으면서 꼬리가 묵직하고 귀가 납작하며 다리가 흰 거대한 쥐로 변해갔다. 그 쥐는 친척을 막론하고 잡아먹기 시작했고, 모사카에는 숨 돌릴 겨를 없이 부고가 날아들었다. 결국 촌장이 선택한 무당 탕베에수카의 도움을 받아 열두 명의 장정들이 숲속에 숨은 늙은 쥐를 잡아 죽인다. 이렇게 아빠 키방디는 비참한 죽음을 맞이하게 된다.

또한 어린 키방디의 계속된 살인에 촌장은 무당을 통해 범인을 잡으려고 한다. 전통 의식에 의해 무당이 나무 꼬챙이를 잡고 관을 세 번 두들기면서 시체에 "우리에게 누가 너를 잡아먹었는지 말해 다오, 어느 집에 그 못된 자가 사는지 보여 다오, 복수도 하지 않고 이렇게 저세상으로 갈 수는 없지 않느냐, 그러니 움직여라, 뛰어라, 날아라, 산을 넘고 들판을 넘어라, 그 악당이 드넓은 바다 저편에 산다 해도 우리가 그놈이 너와 네 가족에게 끼친 해악을 반드시 되갚아주겠다"라고 말하면 관이 갑자기 움직이기 시작하면서 범인을 찾게 된다. 그리고 결국 어린 키방디도 문줄라 가의 아이들에 의해 죽게 된다.

아빠 키방디와 어린 키방디의 죽음은 인과응보라는 전형적 교훈과 함께 전통 사회에서 존중되는 가치, 즉 자신의 감정을 절제하고 마을 전체의 이익에 부합함으로써 존경 받는 지위를 획득하는 것에 반하는 행동이었다. 결국 마을 사람들에 의해 죽임을 당하는데, 이를 통해 전통 사회의 가치를 중요시 여김을 알 수 있다. "나는 콩디아 마마, 무킬라마상고, 캉귀에무킬라, 맘 소코, 느잠비 야 므풍기, 타타 느잠비를 떠올리며, 그분들이 나에게 새로운 심장을 주신다"(112쪽)라는 어린 키방디의 말을 통해 서구에서 유입된 종교를 비판하고 선조들을 통한 자신들 전통 사회의 가치를 중요시 여김을 확인할 수 있다.

우리는 민담을 통해 한 집단에서 나타나는 그들의 원형과 내면 의식을 살펴볼 수 있다. 알랭 마방쿠의 《가시도치의 회고록》은 인간은 '평화의 분신' 또는 '해로운 분신'을 거느리고 산다는 민담을 통해 운명에 순응하는 사고관과 함께 그 운명에서 벗어나 나의 삶을 살고자 하는 인간의 욕망, 그리고 과거로부터 전해져 내려오는 전통 사회의 가치를 전하고 있다.

제 2 장

근대

비극을 마주하는 또 하나의 자세

치누아 아체베, 《더 이상 평안은 없다》(민음사, 2009)

아프리카인은 타락했는가?

《더 이상 평안은 없다》의 배경은 영국 식민지하에서 독립으로 넘어가기 전까지, 1950년대의 나이지리아이다. 주인공 오비 오콩코는 《모든 것이 산산이 부서지다》에 등장했던 오그부에피 오콩코의 손자이다. 어려서부터 수재로 이름난 오비는 우무오피아 진보 연맹의 지원으로 영국 유학까지 다녀온다. 진보 연맹은 오비가 변호사가 되어 마을의 토지 분쟁을 해결해주길 바라지만 오비는 영문학을 전공한다. 유학을 마치고 돌아온 오비는 장학 위원회 사무관이라는 고급 공무원직을 맡는데 훗날 뇌물 수수 혐의로 재판을 받게 된다. 소설은 현재 재판에 회부된 오비의 모습에서 시작했다가 과거로부터 현재까지 시간순으로 진행된다. 영국 식민지하에서 독립으로 넘어가는 과도기적 시기에 오비라는 젊은 지식인이 몰락하게 된 과정을 상세히 보여준다. 작가는 독자에게 질문을 던지고 나이지리아의 현실을 보여줌으로써 답을 대신한다. 아프리카인은 타락했는가?

> "오랜 세기에 걸쳐서 아프리카 사람들이 지구상에서 최악의 기후와 생각할 수 있는 모든 질병의 희생자였다는 사실 말입니다. 결코 그들의 잘못이 아니죠. 그렇지만 그들은 점차 정신적으로 신체적으로 약화되었어요. 우리가 그들에게 서구 교육을 가져다주었는데 그게 그들에게 무슨 소용이 되었단 말입니까?"(13쪽)

전형적 서구인으로 등장하는 그린 씨는 아프리카인이 타락한 이유를 위와 같이 제시한다. 그린 씨의 말대로라면 그들은 환경적 요인 때문에 부패할 수밖에 없었다. 이것은 어디까지나 서구인 일부의 관점이다. 《더 이상 평안은 없다》(1960년) 이전 작품인 《모든 것이 산산이 부서지다》(1958년)를 보면 영국인들이 니제르 강 유역에 진출하기 전에도 토착 부족들은 공동체를 이루어 살아가고 있었다. 자연 환경에 적응하여 농사를 짓기도 하고 고유의 신앙도 가지고 있다. 서구의 종교와 문화가 들어오기 이전에도 그들은 이미 부족 단위의 공동체 생활을 영위하고 있었다. 아프리카인들이 천성이 게으른, 열등한 인종이라는 논리는 서구인들이 아프리카 노예무역을 합리화하기 위해 만들어낸 논리에 지나지 않는다. 현재 대다수의 과학자들은 생물학적 인종 개념을 폐기한 상태이다. 그렇다면 아프리카인이 바라본 아프리카인이 타락한 이유는 무엇일까. 부패는 어디서부터 시작된 것인가.

오비에게 닥친 세 가지 어려움

유학을 가 있는 동안 조국을 변혁시키겠다는 신념에 차 있던 젊은이가 조국 나이지리아에 당도한다. 그는 "숟가락에 놓인 악취 나는 동물의 시체를 맛"(31쪽)본 것처럼 부정부패에 물든 현실을 피부로 경험하게 된다. 현실은 절망적이다. 뇌물을 주고받는 풍경의 주인공들은 고위 공무원에서 동네 조무래기까지 혹은 노인에서부터 소년에 가까운 청년, 장학금을 받고 싶은 소녀까지 지위의 고하나 남녀노소를 가리지 않는다. 이러한 현실에 절망하면서도 분노하던, 현실을 개혁하고자 하는 의지를 갖고 있었던 오비는 왜 타락하게 되었을까? 작가는 이러한 사건이 일어나게 된 이면에 관심을 갖는다. 이를 통해 교육 받은 2세대 젊은이들이 구조적으로 처할 수밖에 없었던 어려움을 보여준다.

> '정말로 썩을 대로 썩었군!' 오비는 혼자 투덜거렸다. '어디부터 시작해야 하나? 일반 대중들로부터? 대중을 교육시켜서?' 오비는 고개를 절레절레 흔들었다. '그건 천만의 말씀이지. 수백 년은 걸릴 거야. 고위직에 있는 소수의 사람들은 어떨까. 아니면 비전을 가진 한 사람만 있어도 될지 몰라. 현명한 독재자라면 말이지. 요사이 사람들은 독재자라는 단어를 무서워하잖아. 하지만 어떤 민주주의가 이토록 많은 부패와 무지와 함께 공존할 수 있겠어?' 어쩌면 중간 지점으로 일종의 타협의 형태를 취할 수 있지 않을까?(69쪽)

오비는 고향인 우무오피아에 방문하기 위해 소형 트럭에 탑승한다. 운전기사는 경찰에게 2실링의 뇌물을 주려고 하지만 오비가 지켜보자 경찰은 뇌물을 거부한다. 경찰은 운전기사의 서류에서 결점을 찾아낸다. 트럭은 출발하는 듯하더니 곧 멈춰 섰고 보조 운전사가 다시 경찰에게 간다. 경찰은 이제 10실링을 요구한다. 운전기사를 비롯한 승객들이 "잘난 척하는" 젊은이들을 비난의 대상으로 삼자 오비는 고민에 빠진다. 유학 시절에는 "고령의 아프리카계 고위 공직자"들의 부패만이 문제라고 생각했다. 교육을 받았기에 "고결할 수 있는 여유"가 있는 제2세대 나이지리아 젊은이들은 부정부패를 저지르지 않을 거라 믿는다. 지식인의 자의식이 살아 있음을 엿볼 수 있는 대목이다. 나이지리아로 돌아온 이후에는 기층 민중들의 삶을 그대로 경험하게 된다. 오비가 겪는 첫 번째 어려움은 남녀노소, 지위 고하를 가리지 않은 나이지리아의 부정부패이다.•

오비는 자력으로 살 수 없는 노부모의 생활비와 학교를 다녀야 하는 남동생의 학비 등을 지원해야 한다. 고위 공무원의 월급만으로 보험료와 세금과 자동차 유지비, 생활비 등을 내면서 우무오피아 진보 연맹에 진 빚까지 갚아 나가기에는 턱없이 부족하다는 현실을 깨닫기까지 오랜 시간이 걸리지 않는다. 그렇지만 오비의 유학비를 지원하기 위해 없는 살림에도 각출했을 마을 사람들을 생각하며 오비는 아낄 것들을 최대한 아낀다. 그럼에도 오비의 경제적 상황은 점

• 재미있는 것은 오비가 타개책으로 "현명한 독재자"를 떠올린다는 점이다. 쿠데타를 통해 정권을 잡게 된 독재자는 《사바나의 개미 언덕(Anthills Of The Savannah)》에 등장한다.

차 악화된다. 아프리카계 고위 공직자의 자녀가 아닌 이상, 마을 공동체의 지원을 받아 유학을 다녀온 오비의 경우 마을 공동체의 이익을 위해 부역해야 한다는 심적 빚과 실질적으로 갚아야 하는 빚이 있다. 공동체의 일원으로서 해야 하는 역할과 한 집안의 가장으로서 해야 하는 역할 중 어느 하나도 포기할 수는 없다. 이런 상황에서 빚은 점점 늘어만 간다. 오비가 처한 두 번째 어려움은 교육을 받은 2세대 나이지리아 지식인이 처하게 된 경제적 어려움이다.

오비의 어려움을 이해할 수 있는 사람은 클라라뿐이다. 클라라는 오비의 사정을 듣고 "5파운드 지폐 다발"을 보낸다. 클라라의 호의에 눈물을 흘리면서도 오비는 그녀의 돈을 받을 수 없다고 생각한다. 이렇듯 사랑하는 클라라의 출신은 "오수". 조셉은 "기독교 집안의 양육과 유럽식 교육을 받으며 자라난 오비"(108쪽)가 "이방인과 같은 존재"라 "오수"가 어떤 존재인지 모른다고 소리친다. 오비의 부모님은 그녀가 천민 출신이기 때문에 결혼을 허락할 수 없다고 말한다. 전통적인 공동체에서 상처 받고 기독교에 귀의한 아버지도 늘 아픔을 어루만져주는 어머니조차도 오수라는 집단이 가진 상징을 극복하지 못한다. 지인들은 한결같이 클라라와의 결혼에 반대한다. 오비가 겪는 세 번째 어려움은 서구 문물을 받아들였지만 여전히 관습에서 벗어나지 못하는 세대의 사람들(공동체)로부터 기인한다.

> "앞으로 개화되면 누가 누구하고 결혼하는 건 아무런 문제가 안 되겠지. 하지만 아직 그런 때가 오지 않았단 말이야. 이 세대를 살아가는 우리는 단지 선구자에 불과하다고."(113쪽)

"사람들의 마음속에서 오수는 나병과 같은 거다. 애야, 제발 부탁인데 우리 집안에 수치와 나병의 표시를 끌어들이지 말거라. 만일 네가 그렇게 하면 네 자식들 그리고 삼사 대에 걸쳐 그다음 후손들이 너를 저주할 거다. 나를 위해 이런 말을 하는 게 아니란다. 내가 살아갈 날은 얼마 남지 않았다. 어째서 네 자신이나 네 후손들을 슬픔으로 몰아넣으려 하는 거냐. 어떤 사람이 네 딸들을 데려가겠니? 또 너의 아들들한테는 어떤 여자들이 시집오려 들겠니? 애야, 그런 점을 잘 생각해보렴. 우리는 기독교도지만 우리가 우리 딸들하고 결혼할 수는 없는 법이다."(194쪽)

"자넨 나보고 편협하다고 말할는지 모르지만 내 생각에 우리는 아직 우리의 모든 관습을 무시할 수 있는 그런 단계에 도달하지 못했어. 자네는 교육이니 뭐니 하고 떠들겠지만 나라면 오수와 결혼하지 않을 거야."(208~209쪽)

이후 오비는 클라라와 이별하게 되고, 얼마 후에는 어머니까지 세상을 떠나고 만다. 오비는 가진 돈을 털어 어머니의 장례식에 쓸 비용으로 보낸 뒤에 탈진한 상태로 잠들고 만다. 어머니의 장례식에 가지 못한 오비는 장례식에 다녀오는 대신 비용을 직접 보내는 편이 효율적이라고 생각한다. 어머니의 부음을 듣고도 장례식에 가지 않은 탓에 그는 마을 사람들로부터 온갖 비난을 받는다. 공동체의 일원으로서, 아들로서 그리고 한 여자를 사랑하는 남자로서의 역할에 모두 실패한다. 어떤 관계에서도 지금의 어려움을 이겨낼 수 있는 방법은 없었다. 오비는 상징적 죽음을 맞이한다. 그리고, 오비는 타락한다.

유학생 시절에는 자신을 기층 민중들과 분리할 수 있었지만 나이지리아에 도착한 순간부터, 오비는 자신과 그들을 분리할 수 없다는 사실을 깨닫는다. 오비는 세 가지 어려움에 묶여 있다. 첫째는 조국 나이지리아에 총체적으로 만연한 부정부패, 둘째는 서구식 교육을 받은 세대가 처한 경제적 구조 그리고 셋째로 사라져야 할 관습에서 아직 벗어나지 못한 사람들의 인식이다. 이러한 문제들은 한 개인의 잘못에서 비롯된 것이 아니며 개인의 노력만으로 해결할 수 있는 것도 아니다. 그가 속한 사회가 관계를 중시하는 공동체 사회이기 때문에 그가 직면한 문제들은 어느 한 개인이 감당하거나 바꿀 수 있는 차원을 넘어서 있다.

구술성, 문학적 응전의 한 형식 — 대화술, 속담, 시

작가는 과도기에 있는 나이지리아 사회 속에서 혼란을 겪는 개인을 보여준다. 사회의 구조 속에서 한 개인이 이 모든 것을 감당해내기에는 역부족인 것처럼 보인다. 아체베는 절망적 상황에 맞서는 방식을 문학적으로 형상화한다. 나이지리아 사람들이 살아가면서 어려운 문제를 만났을 때 어떤 방식으로 극복해내는지 주목할 만하다. 구술성이 공동체 문화에서 비롯된 것이라는 점을 상기하면 이는 우리에게도 낯선 것이 아니다. 이 소설에서는 구술성의 차원에서 이해할 수 있는 것들을 전면에 내세운다.

영국에서 영문학을 전공한 사람답게 오비는 문학에 대한 이해가 깊다. 그가 자랑스러워하는 이보족의 구술 전통은 문자가 존재하기 이전 사람들의 생활양식에서 비롯한다. 아프리카의 구술 전통은 아프리카가 자랑하는 공동체 의식과도 밀접하게 연관된다. 오랜 시간 응축된 삶의 경험과 지혜는 사람과 사람 사이 구술을 통해 보존되고 이어져 내려온다. 여기에는 어떤 사건을 마주했을 때 그것을 바라보는 관점이나 문제를 해결하는 방식 등이 드러난다. 공동체 내에서 전해 내려오는 이러한 전통을, 공동체의 구성원들은 공유한다.

이 소설에서는 아프리카의 구술 전통에 익숙한 사람들의 대화가 자주 등장한다. 그들의 대화법은 몇 가지 특징이 있다. 첫째, 해야 하는 말을 가장 나중에 한다. 해야 할 말이란 꺼내놓기 어려운 말이거나 누군가에게 부탁을 해야 하는 등의 껄끄러운 말이기도 하다. 그러므로 손쉬운 것부터 해 나간 뒤에 마지막에야 해야 하는 말이다. 혹은 그와 관련된 모든 기억을 꺼내놓고서야 마지막에 해야 할 말을 한다. 어려운 질문에 답을 할 때에도 마찬가지다. 오비는 이러한 대화법을 목욕법과의 유비(110~111쪽)를 통해 설명한다.

여러 해 전에 하르마탄이 부는 추운 계절에 아침 목욕을 해야 했을 때 오비가 선택했던 방법이 있었는데 이번에도 그 방법을 채택하고 싶었다. … 모든 신체 부위 중에서 찬 물이 등에 닿는 게 가장 싫었다. … 오비는 한 손가락으로 물을 휘저은 다음 발을 먼저 씻고 그다음에 무릎까지 씻었다. 그다음엔 팔로 가서 팔꿈치 부분까지 씻고 다음으로 나머지 팔과 다리를 닦은 다음 얼굴, 머리, 배 그리고 마지막으로 공중을 향해 뛰어오르면서 등을 닦았다.(110~111쪽)

친구인 조셉에게 클라라와 결혼을 하겠다는 이야기를 하기에 앞서 오비는 위와 같이 생각한다. 오수 출신의 클라라와 결혼을 하겠다고 말하는 순간 조셉은 반대를 할 것이다. 오비는 그런 오비가 마음의 준비를 할 수 있도록 클라라와 함께 있었던 일들을 농담처럼 나열한다. 충격을 받을 상대에 대한 배려이기도 하면서 대화 도중 다툴 수 있는 여지를 줄여주는 효과도 있다.

둘째, 노래나 시가 자주 등장한다. 홀로 부르기보다는 여럿이서 함께 부른다. 구술적인 노래나 시는 얼핏 듣기에 어떤 논리나 의미가 없는 것처럼 느껴지기도 한다. 오비는 우무오피아로 가는 소형 트럭 안에서 상인들이 부르는 노래를 들으며 이러한 노래에도 풍성한 의미가 들어 있다고 느낀다. 한 사돈이 그의 사돈을 만나러 가서 그의 사돈이 그를 붙잡아 죽였다는 가사를 듣고 "이보 사람들의 생각에 이런 일은 배신의 극치"(72쪽)이므로 일어날 수 없는 일이라고 생각한다. 주인인 어부도 모르는 언어로 노가 말하기 시작하는 것으로 보아 이 노래가 뜻하는 바는 "뒤집어진 세상"이라고 해석한다.

우리의 고귀한 조국을 신이시여 축복하소서.
태양이 빛나는 위대한 땅에서
자유를 위한 투쟁에서 승리하기 위해
용감한 백성은 평화의 길을 선택했도다.

우리의 순결함을 지키고 생명력과 유쾌함에 대한
우리의 열정을 유지하게 하옵소서.

우리의 고귀한 동포들을 신이시여 축복하소서.
여기저기 흩어져 있는 남자와 여자들을.
사랑하는 우리의 조국을 건설하기 위해
모두 함께 한마음으로 일하게 하소서.
지역, 부족, 언어의 차이는 잊게 하시고
언제나 한 사람 한 사람을 소중히 여기게 하소서.(151~152쪽)

인용한 시는 오비가 런던에 있으면서 지은 '나이지리아'라는 시이다. 이 시는 두 번 등장한다. 첫 번째는 오비가 초과 인출을 한 문제로 클라라와 다툰 뒤에 집에 와서 책을 펼쳤을 때(151~152쪽)이고, 두 번째는 클라라가 임신 중절 수술을 한 뒤에 만나지 못한 때 집에 와서 같은 책을 펼쳤을 때(218~219쪽)이다. 두 상황에서 모두 오비는 하인인 세바스찬에게 저녁 식사를 준비하지 말라고 말한다. 오비가 어려움에 처하고 심적 부담을 가득 지고 있는 상태에서 이 시를 보게 된다. 첫 번째 상황에서 오비는 이 시를 읽고 미소를 짓는다. 그리고 〈부활절 송가〉를 낭독한다. 절망적 상황에서 역설적으로 노래가 나오고 시가 나온다. 외부 요인으로 인한 어려움을 극복하기 위해 다른 외부 요인을 가져오지 않는다. 이 시는 오비가 과거에 자신의 미래를 예언한 것처럼, 상황과 맞아떨어진다. 자신이 지었던 시를 통해 자기 안에서 극복할 계기를 마련한다. 그런데 두 번째 상황에서 오비는 이 시를 뭉쳐서 마룻바닥에 던지고야 만다. 두 번째 상황은 오비에게 있어서 빠져나갈 길이 보이지 않을 만큼 절망적인 순간이라고 할 수 있다.

셋째, 그들의 대화술에는 속담이 자주 등장한다. 이 소설의 속담에 등장하는 동물들은 여우, 암탉, 두꺼비, 도마뱀, 집쥐, 양, 암표범, 뱀 등 다양하다. 가축으로 키우는 동물이거나 이보족 주변에서 흔히 볼 수 있었을 친근한 동물들일 것이다. 소설 속에서 속담이 하는 역할은 어떤 사건의 맥락을 이해하도록 도와주거나 인물의 성격을 보여주는 방식으로 활용된다.• 누군가가 자주 쓰는 속담이 있다면, 그 속담은 인물의 성격을 보여주는 데 도움이 된다. 그들은 대화 도중 자연스럽게 속담을 인용한다. 구술을 통해 이들은 삶의 경험을 전달한다. 어떤 문제가 생겼을 때 그들은 속담을 인용하며 문제를 해결하려고 한다. 속담 속에는 문제의 본질과 해결에 필요한 지혜가 동시에 들어 있다.

> 의심할 여지 없이 오비는 아주 어리석고 제멋대로 구는 젊은이였다. 그렇지만 지금은 그런 걸 따질 시기가 아니었다. 여우부터 먼저 쫓아내야 한다. 그런 다음에 덤불로 들어가려는 암탉에게 경고를 주든지 말든지 해야 한다.(16쪽)

그렇지만 우리 속담에도 만일 두꺼비가 먹고 싶으면 통통하고 윤기

• 박정경, 〈아프리카 소설과 민속 문학 : 치누아 아체베의 《모든 것이 무너져 내린다》에 나타난 속담, 민담, 민요〉, 《한국아프리카학회지》 제26집, 2007, 45~68쪽 참조.

나는 놈으로 고르라고 하지 않았습니까.(16쪽)

그는 도마뱀 친구와 수영하러 갔다가 추위로 죽은 집쥐에 대한 속담을 이야기했다. 도마뱀은 비늘이 있어서 몸이 축축하게 젖지 않았지만 털이 많은 쥐는 계속해서 몸이 젖은 상태로 있어야 했기 때문에 죽게 되었던 것이다.(16쪽)

위의 인용문은 모두 재판에 회부된 오비를 돕기 위해 모인 마을 사람들의 생각을 보여준다. 첫 번째 인용문에 따르면 일단 오비를 구해준 뒤에야 오비의 잘못에 대해 지적할 수 있다. 그래야 지적을 듣는 사람도 수긍하기가 수월할 것이다. 두 번째 인용문은 고작 20파운드 때문에 감옥에 가야 하는 상황을 이해하기 어렵다고 생각하는 사람이 말한 속담이다. 차라리 더 큰 금액을 받고 죗값을 치르기 위해 감옥에 가거나 아예 받지 말아야 했다고 말하고 있다. 세 번째 인용문을 보면 기왕에 받을 거면 잘 알아보고 받았어야 한다고 말한다. 이들의 대화를 윤리나 도덕으로 재단하지 않는다면, 오비가 재판에 회부된 심각한 상황임에도 이들이 옆에 있는 것처럼 느껴져 웃음이 나기도 한다.

문자 외의 전달 영역에 관한 부분이 구술성의 영역이다. 나이지리아를 비롯한 아프리카 전역에 구술 전통은 여전히 살아 있다. 구술 전통을 어떻게 계승할 것이냐는 문제가 남는다. 아체베는 이보족의 풍성하고도 장구한 구술 전통을 선보인다. 이는 서구의 교육 이전에도 아프리카에 생기 넘치는 문화가 존재했음을 말해주는 동시에 서구의 침략 이후에도 여전히 구술 전통이 살아 있음을 보여준다고 할 수 있다. 아체베는 서구의 침략에 맞서는 문학적 응전의 방식으로서 구술 전통을, 자신의 소설들을 통해 유감없이 드러내 보인다.

아프리카에서 '진정한 비극' 이란?

《더 이상 평안은 없다》는 서구와 아프리카의 문화가 혼재된 상태에서 아프리카인들이 느끼는 혼란과 소외를 그려낸다. 이 소설은 오비를 주인공으로 한 비극이라고 볼 수 있다. 재미있는 것은 오비 스스로 비극에 대해 말한다는 점이다. 고령의 아프리카계 고위 공직자인 영국인과의 대화에서 오비는 비극의 본질과 진정한 비극의 문제에 대해 이야기한다.

> "그분은 인생이란 영원무궁토록 한 번에 조금씩 홀짝이는 쓰디쓴 쑥국 한 사발과 같다고 말씀하셨어요. 그분이야말로 비극의 본질을 이해하신 겁니다."(63쪽)

> "진정한 비극은 결코 문제가 해결되는 법이 없지요. 영원히 절망적인 상황이 계속되지요. 전통적인 비극은 너무나 쉬워요. 영웅은 죽고 우리는 감정의 정화를 느끼게 됩니다. 진정한 비극은 W. H. 오든의 말을 인용하면 깨끗하지 못한 모퉁이 같은 곳에서 발생하기 때문에 다른 사람들은 알아채지 못합니다."(63쪽)

이 부분은 서구와 아프리카에서 말하는 비극의 개념과 기능을 대조하는 장면이다. 서구에서 말하는 비극은 문제가 해결되면서 독자들에게 카타르시스를 준다면 아프리카에서 비극은 끝나지 않는 인생 그 자체를 이야기한다는 것이다. 오비가 살아가야 할 사회는 전통과 근대의 가치관이 혼재된 사회이다. 공동체 내에서 오수를 배제하는 문제는 몇 사람만의 문제에 그칠 수 있는 것이 아니다. 완강한 관습의 문제로 사랑하는 여인을 포기해야 하는 오비의 모습은 일견 비겁해 보이기도 하지만, 전통 사회와 거리를 두고 자란 오비로서도 그가 속한 공동체의 현실에서 벗어날 수는 없는 일이다. 아체베는 이와 같이 나이지리아의 구체적 현실을 보여주고 나서 소설의 말미에 오비의 입을 빌려 다음과 같이 말한다.

> "모든 유럽 사람들이 자동적으로 고위직에 있고 모든 아프리카 사람들은 자동적으로 하위직에 있을 때 당신들을 위해 당신들이 너그러운 조건들을 만들어낸 거잖아요. 이제 겨우 소수의 아프리카 사람들이 고위직에 들어오게 되었는데 당신들은 돌아서서 우리 아프리카 사람들을 비난하는군요."(223쪽)

영국의 식민지 시기에 나이지리아의 경제 구조는 소수의 백인이 부를 독점하고 다수의 아프리카인을 착취하는 구조가 되었다. 영국인들이 떠난 자리는 고스란히 소수의 아프리카인이 차지하게 되었고, 착취 구조는 유지되고 있다. 대다수의 아프리카 사람들은 빈곤층이다. 일상을 유지하기에도 버거울 만큼 가난하기에 부족 공동체 내에서 고위 공무원이 배출되면 그들은 부족이나 가족, 친지를 위해 부정부패를 저지를 확률이 높다. 자기 자신만 속일 수 있다면 얼마든지 편안해질 수 있다. "대학 학위는 현자의 돌"(136쪽)로 대학 학위를 받으면 '유럽인의 자리'를 차지하게 된다. 그렇기에 부족 내에서 총명한 학생에게 지원을 해서 대학 학위를 받도록 하는 것이다. 아체베는 공동체 의식이 부정적인 차원으로 발현되는 모습까지도 날카롭게 짚어낸다.

아프리카인들은 부족 · 종교 분쟁이 해결되지 않은 채 근대 국가에 속하게 되었다. 현대 아프리카의 여러 지식인들은 아프리카의 단일성을 어떻게 회복할 것인지에 상상력을 모으고 있다. 그러니 서구인인 그린 씨의 주장은 어불성설이다. 아프리카인이 타락했다면 서구는 그 책임으로부터 자유로울 수 없다. 서구가 폭력적으로 아프리카에 침투하고 식민지를 건설한 이후의 후유증은 아프리카에 그대로 남아 있다. 오비의 몰락 역시 식민지를 경험한 나라가 필연적으로 겪게 되는 과정에서 발생하는 개인의 희생이라고 볼 수 있다.

아프리카 연극과 탈식민주의

월레 소잉카, 〈사자와 보석〉·〈길〉·〈여로의 변신〉

소잉카 연극의 탈식민주의적 자원

소잉카 연극의 특징을 한마디로 규정하기는 쉽지 않다. 그러나 단순화의 위험을 무릅쓰고 그 특성을 일별해보자면 대강 '근대성 비판' 정도로 가늠해볼 수 있을 것이다. 서구 정전에 대한 비판적 재해석, 전통의 현대적 전유에 대한 줄기찬 관심 그리고 아프리카의 탈식민화를 견인하는 방법에 대한 고민 등속에서 그는 서구식 '근대(성)'에 대해 일말의 거리감을 노골적 형태로 드러낸다. 월레 소잉카의 서구식 근대에 대한 비판은 궁극적으로 아프리카의 자발적 근대가 성취 가능한 과제인가 하는 물음과 맞물려 있다. 소잉카 연극은 여러 가지 층위에서 아프리카가 자발적으로 근대를 간취해내는 일이 지난하긴 하지만 결코 불가능한 것만은 아님을 역설한다.

소잉카가 서구의 근대를 비판하기 위해 동원하는 연극적 자원은 무궁무진하다. 과거, 현재, 미래로 이어지는 직선적 시간관의 파괴,

열린 공간에 대한 막역한 애정, 서구식 연극 내러티브의 해체, 나아가 아리스토텔레스 유의 연극 문법에 대한 강한 부정 등이 그 내용의 주종을 이룬다. 소잉카에게 연극의 선험적 형식으로서 시간과 공간은 고정되고 화석화된 사유 이전 혹은 그 너머의 세계가 아니라 즉물적으로 변주가 가능한 주물의 대상일 뿐이다. 소잉카는 이 즉물적 시, 공간의 자유자재한 주물을 통해서 과거, 현재, 미래로 이어지는 시간적 불가역성의 원칙을 거스를 뿐 아니라 공간적 불연속성도 의도적으로 방기한다. 동시에 주로 등장인물의 대사에 의존해 이야기를 이끌어 나가는 서구식 근대 연극의 내러티브보다는 삼라만상 모두를 내러티브의 주체로 호출하는 범신론적 세계관을 선보인다. 물론 소잉카의 범신론은 아프리카의 구전 전통에 크게 빚지고 있다. 게다가 연극의 삼일치론과 카타르시스론 등을 통해 서구 근현대 연극의 원형적 전통을 구축했던 아리스토텔레스 유의 연극 문법을 전향적으로 거스름으로써 아프리카 연극의 탈식민화 가능성을 진지하게 검토한다.

이 글에서는 나이지리아가 독립하기 한 해 전인 1959년에 초연되어 영국 왕실 극단의 주목을 받았던 〈사자와 보석〉을 통해 식민지 아프리카의 근대성 문제를 심문해보려 한다. 동시에 독립 이후에 쓰인 〈길〉(1965)과 〈여로의 변신〉(1973)을 통해서는 신식민지 아프리카의 탈식민화 내지는 탈근대화의 과제가 무엇인지를 궁구해보려고 한다.

전통과 근대의 길항 : 〈사자와 보석〉

〈사자와 보석〉은 〈늪지대 사람들〉(1958)과 더불어 소잉카의 초기 저작에 속한다. 〈늪지대 사람들〉이 늪이라는 운명적 질곡을 등 뒤에 두고 떠날 수도 남을 수도 없는 사람들의 처연한 파토스를 그린 작품이라면, 〈사자와 보석〉은 다분히 낭만적으로 그 비극적 파토스의 중심에 해학적 구멍을 뚫는 작품이라고 말할 수 있다. 식민주의라는 시대적 천형 하에서도 소잉카가 〈사자와 보석〉이라는 작품 속에 낭만성을 담보할 수 있었던 이유는 역설적이게도 서구의 근대가 인종적으로, 역사적으로, 문화적으로 타자화하고 엽기화한 아프리카의 전통적 가치에 대한 반역적 신념 때문이다.

〈사자와 보석〉이 식민지 체제하에서 공안 기관의 검열을 염두에 두고 쓰였음에도 불구하고, 소잉카의 요루바 전통에 대한 신념은 이 작품에서 묘한 형태의 자기 검열이 강화되는 후기의 그 어느 작품에서보다도 더욱 절절하게 드러난다. 실제로 이 작품은 식민지 치하가 아닌 독립 정부의 검열 기관에 의해 1966년에 나온 〈춤추는 숲〉, 〈여로 형제의 시련〉, 〈수감자〉 그리고 〈콩기의 추수〉와 같은 기타 소잉카의 저작과 함께 정치적 이유로 판금 및 상연 금지 조치를 당한다. 기타 소잉카의 저작에 비해 비교적 명료한 주제와 단순한 구성 그리고 소규모의 등장인물군과 잘 읽히는 문장 등으로 구성된 〈사자와 보석〉은 그 접근의 용이함과는 달리 미학적 측면에서는 대단히 독특한 미학적 장관을 연출한다. 물론 이 작품에서 소잉카가 구가하는 미학적 독특함이란 서구 연극의 전통 문법에 대한 전면적 부정에 다름 아니다. 소잉카는 아리스토텔레스가 원시적 제의와 연극을 구분하면서 서구 연극에 부여한 과학성이라는 특권적 지위를 박탈하고 연극의 '원시성'을 통해 형식적으로 무너지고 구부러진 전통과의 제휴를 모색할 뿐만 아니라 더 나아가서는 일천한 근대성 내지는 근대주의의 몰역사성을 희롱한다.

소잉카의 근대성 희롱의 한 장면을 보자. 소잉카는 〈사자와 보석〉의 시종을 '일루진레'라 불리는 한 벽촌의 학교 선생이자 스스로를 근대주의자로 자처하는 라쿤레에 대한 지문 묘사로 일관한다. 스물세 살밖에 안 되는 애송이임에도 불구하고 라쿤레는 "누더기는 아니지만 바느질은 좀 엉성한 그리고 깨끗하긴 하지만 다림질은 전혀 안 된, 대략 크기가 한두 사이즈 정도는 작은, 유행이 지난 영국풍 양복"•을 입고 다닌다. 소잉카는 작품이 시작하는 지점부터 그와 감정적 거리감을 유지함으로써 그가 대변하는 근대성 또는 근대적 윤리 의식을 다소 소극적(笑劇的)으로 그려낸다. 라쿤레의 근대성 혹은 근대적 윤리 의식이 가장 강력하게 환기되는 지점은 그가 자신이 사모하는 마을 처녀 시디와 결혼 지참금의 지불 여부를 놓고 한판 설전을 벌이는 장면에서 노골적으로 드러난다.

• Wole Soyinka, *The Lion and the Jewel in Collected Plays 2*, London : Oxford University Press, 1974, p. 3. 앞으로 본문 인용은 이 책의 쪽수로 표시한다. 참고로 이 작품의 마지막 지문에서까지도 소잉카의 라쿤레에 대한 해학적 거리는 줄어들지 않는다. 시디와 마을 족장인 바로카의 결혼식이 있기 바로 직전까지도 수그러들 줄 모르는 '근대적' 수사를 동원해 시디에게 열렬히 구애하던 라쿤레가 상황이 자신에게 유리하게 전개되지 않자 피로연 도중에 함께 춤추던 다른 처녀와 슬며시 종적을 감추는 모습을 소잉카는 다소 동정적으로 묘사하고 있다.

시디 : 물론 나는 당신과 오늘, 다음 주, 아니 지금 당장이라도 당신이 원한다면 결혼해드릴 용의가 있어요. 물론 그 대가로 결혼 지참금은 반드시 지불하셔야 해요. 아니면 날 포기하시든가요. 다시 한 번 말하지만, 결혼 지참금은 단 한 푼도 깎아드릴 수 없어요. 라쿤레, 날 동네 웃음거리로 만들 생각은 아니겠죠? 아무튼 맘대로 하세요. 나, 시디는 동네 사람들의 싸구려 입방아 감이 되고 싶지 않으니까요.

라쿤레 : 이런 야만적인 관습을 봤나! 원시적이고 구태의연해서 폐기 처분해버려도 모자랄, 게다가 악마적이고, 사멸된, 고리타분한, 저질의, 이루 말할 수 없을 만큼 쪽 팔린, 반동적이고, 퇴폐적인 관습 같으니라구!(8쪽)

몇 줄 뒤에 가면 소잉카는 라쿤레의 전통 혐오증이 결혼 지참금 지불을 거부하기 위한 속악한 경제적 책략에서 비롯한 것일 뿐 아니라 모터사이클을 "귀신이 타고 다니는 말"로 그리고 카메라를 "외눈박이 상자"(11쪽)로 이해하는 순진한 시디 같은 시골 처녀를 사취하기 위한 다분히 수사적인 명분에 기초하고 있음을 드러낸다.

라쿤레 : 이 바보 천치 같은 아가씨야, 아직도 이해하지 못하겠어? 지참금 같은 건 시골 장터에서 소, 돼지 같은 가축을 살 때나 내는 돈이라구. 넌 그런 소유물이 아니잖아. (아주 부드럽게 부른다) 시디! 우리가 결혼하면 넌 내 더러운 발꿈치를 따라다니거나 그 뒤에 쭈그리고 앉아 있지 않아도 돼. 우린 맨바닥이 아닌 식탁에 함께 앉아 우아하게 식사를 하게 될 거야. 지저분한 맨손가락이 아니라 깨지기 쉬운 접

시 위에 놓인 포크와 나이프로 말이야. 교양 있는 문화인들처럼 말이지.(9쪽)

라쿤레에게 근대란 "맨손가락이 아닌 포크와 나이프로 먹는 식사"요, "하이힐에 붉은 립스틱을 칠한 숙녀"이며, "잡지 사진에 나온 여자처럼 직모를 한 여인과 나이트클럽에서 추는 한 주말 밤의 왈츠와 폭스트로트"이고 "세련되고 낭만적인 키스"(9~10쪽)이다. 이런 낭만적인 선망 외에도 "결혼 지참금 제도가 없어지고, 마을 한가운데로 자동차 도로가 지나가며, 도시가 형성되고, 모든 아낙네들의 부엌에 편리한 주방 기구가 들어설 뿐 아니라 일부일처제가 뿌리를 내리는 것"(34쪽) 등이 라쿤레가 근대에 부여하는 혁명적 의미이다.

그러나 라쿤레가 보이는 근대를 향한 이토록 깊은 연모의 정과 충절은 역설적이게도 그가 사모하는 시디가 '귀신이 타고 다니는 말'을 달리다 자신이 살고 있는 마을에 불시착한 도시에서 온 한 외지인의 '외눈박이 상자'에 의해 《내셔널 지오그래픽》 유의 잡지에 표지 모델로 발탁이 되는 순간에 심하게 요동치게 된다. 다시 말해 순진한 시골 처녀 시디가 라쿤레보다 상대적으로 더 근대화된 근대인에 의해 근대화되는 순간 라쿤레의 근대에 대한 철학이 자못 심각하게 흔들리게 되었다는 것이다. 라쿤레의 근대에 대한 생각이 얼마나 취약한 토대 위에 뿌리를 내리고 있는가를 알려주는 대목이다.

한편 외지인의 표지 모델로 발탁이 됨으로써 '몸 값'이 한껏 오른 시디 역시 근대성의 수혜를 실감하며 주변의 세계를 달라진 눈으로 보기 시작한다. 결혼 지참금만 지불하면 언제라도 결혼을 해줄 것 같았던 라쿤레에게 "세상이 다 아는 이 몸이 시골 샌님과 결혼하여 이름에 먹칠을 할 수 있겠느냐"(12쪽)며 일거에 청혼을 거절하는 것은 물론이고, 심지어는 마을의 족장이자 권력자인 바로카를 향해서도 "이젠 시디가 바로카보다 더 중요한 인물이 되었답니다. / 나무 위의 판다 곰보다 더 유명해졌단 말이지요. / 그는 이제 나보다 한 수 아래라구요. / 여자를 등쳐먹는 그 후안무치의 늙은이보다 말이죠"(13쪽)라며 감언을 쏟아붓기에 이른다. 급기야 첫째 부인인 사디쿠를 보내 "바로카의 보석이 되어줄 수 없겠느냐"(20쪽)는 족장의 청혼에 대해서까지도 시디는 이렇게 대답한다.

> 시디 : 공연히 입 아프게 헛수고 마시고 돌아가세요. 그럴 걸 그 이방인이 사진첩을 들고 나타나기 전에 왜 진작 제게 청혼하지 않았대요? 제 얼굴이 온 세상에 알려지기 전에 그 사자 같은 위용을 왜 제 앞에서 굽히지 않았느냐구요? 그가 이제 와서 청혼하는 이유가 뭔지 아세요? 이제야 제 진가를 알게 된 거죠. 사람들의 입에서 자신의 이름보다 더 높게 울려 퍼지는 제 이름의 진가를 말이죠. 사람들이 왜 이 고졸한 시디를 위해 연가를 짓고 노래를 부르는지 그 이유를 이제야 알게 된 거란 말이죠. 사자 같던 자신의 명성은 날이 갈수록 땅에 떨어져가는데 말이죠.(21쪽)

시디는 바로카의 청혼이 높아만 가는 자신의 명성에 대한 질투에서 기인하는 것임은 물론이고 그 질투를 정당화하고자 하는 그의 고질적인 보수성에 착근하고 있음을 간파한다. 다시 말해 바로카가

"시디 자신의 아름다움을 굴복시킴으로써 스스로의 남성성을 회복함은 물론, 일루진레의 보석을 손아귀에 넣음으로써 새로운 명성을 얻겠다"(21쪽)는 의도로 자신에게 청혼을 했음을 주지하고 있다는 것이다. 사디쿠는 외지의 한 근대인과 내지의 근대인인 라쿤레에 의해 '갑자기' 근대화된 시디의 비정상적인 변화가 "성난 신에 의한 신들림"(22쪽) 때문이라며 그 탓을 라쿤레의 "그 쓰레기"(21쪽) 같은 근대 타령으로 돌리고 상고(Sango) 신께서 그녀를 하루 빨리 회복시켜주기를 기원한다. 한 시골 촌부의 입을 통해 근대(성)가 '신들림의 광기'와 '쓰레기'로 전복되는 순간이다.

사실 시디의 급작스런 변화는 얄팍한 근대적 성의 상품화와 밀접한 관련을 맺고 있다. 시디는 자신의 '몸'에 대한 새로운 '인식'을 통해 보수적 전통과의 길항을 시작한다. 그러나 시디의 '몸'에 대한 새로운 인식이란 것이 '몸'에 대한 기왕의 전통적 인식을 혁파할 만한 발본적인 것은 아니고 기실은 '몸 값'에 대한 새로운 '가치 매김' 따위의 협량한 세속적 깨달음에 준한다. "보석 같은 가시나무보다 더 찬란한 아름다움"(20쪽)이랄지, "보랏빛 피부"나 "풍만한 가슴"(21쪽) 등속과 같은 '몸'에 대한 시디의 깨달음이 궁극적으로 늙어빠진 바로카의 보수적 기지를 넘어서지 못하는 이유도 그 때문이다.

반면 바로카는 일루진레 마을의 보수적 전통을 대변하는 인물이다. 그는 근대를 "기찻길과 무역, 발전, 모험, 성공, 문명, 유명세 그리고 국제적 명성"(24쪽) 등과 등치시키는 라쿤레와는 달리 "헌 술은 새 부대에 담아야 제 맛"(49쪽)이라며 전통과 근대의 절합을 강조한다. 라쿤레에 의해 일루진레 마을의 근대화를 의도적으로 훼방하고 있는 반동적 인물로 낙인찍힌 바로카는 그러나 근대적 '발전'에 대해 라쿤레와는 다소 다른 견해를 피력한다. "나도 발전을 싫어하는 건 아니야. / 다만 모든 마을 사람들의 지붕과 모든 마을 사람들의 얼굴을 모두 똑같이 만들어놓는 그런 발전을 싫어할 뿐이지"(47쪽)라는 말에 타율적 혹은 일괴암(一魁巖)적 '근대화'에 대한 그의 반감이 잘 드러난다. 사실 엄정한 의미에서 보면 바로카는 보수주의자가 아니다. 단지 '근대' 내지는 '발전'에 대한 생각을 라쿤레를 비롯한 여느 근대주의자들과도 달리할 뿐이다. "그 학교 샌님과 나는 여러모로 비슷한 점이 많아"(48쪽)라든가, "나나 학교 샌님이나 서로가 서로에게 배울 게 많은 사람들이지"(49쪽)라는 등의 발언을 통해 그가 스스로를 라쿤레와 동일시할 때 그 점은 더욱 확연해진다. 절충주의의 혐의를 다소 풍기는 듯한 바로카의 이 '절합론'은 결국 라쿤레는 물론 시디까지도 어렵지 않게 굴복시키기에 이른다.

바로카 : 늙은 것들이 신선한 것들 속으로 흘러드는 것은 당연한 이치란다, 시디. 괜스레 중뿔나게 고집이나 피우며 유아독존 혼자 잘난 체나 하고 있으면 볼썽사나운 법이지. 그러니 너 같은 애송이도 늙은 이만이 알 수 있는 기적을 배울 필요가 있는 거란다. 그렇게 생각지 않느냐?

시디 : 지당하신 말씀이십니다, 어르신. 지당하고말고요.(49쪽)

결국 바로카의 기지에 넘어가 그와 하룻밤을 함께 보낸 시디는 그를 "영원한 젊음의 소유자" 그리고 "나무 위의 판다 곰"(57쪽)이라는 이름으로 칭송하면서 그와의 결혼을 결심하게 된다. 반면 처녀성의 상실까지도 눈감아줄 테니 제발 결혼만 해 달라고 애걸복걸하는 라쿤레에게는 "수염도 안 난 미숙한 인간"(57쪽)과는 결혼할 수 없다며 청혼을 거절한다. 시디를 사이에 둔 바로카와 라쿤레의 줄다리기 그리고 시디의 선택을 통해 소잉카가 제시하려 했던 주제는 '전통에 기반한 자율적 근대의 실현'이다. 이 주제의 실현 가능성을 소잉카는 묻고 있는 것이다.

근대, 그 밤으로의 긴 여로 : 〈길〉

소잉카 작품의 거개가 그러하지만, 〈길〉은 그중에서도 특히 난해하기로 '악명'이 높은 작품 중 하나이다. 〈길〉이 공연된 당시 한 문학 저널이 이 작품에 가한 품평을 보면 그 난해함의 정도가 어느 수준인지를 가늠해볼 수 있다. "〈길〉 근처에는 얼씬도 하지 마십시오."• 이 작품의 난해함은 형식적이면서 동시에 내용적 층위의 '낯섦'과 긴밀한 관련이 있다. 형식적 낯설음이라 함은 이 작품의 구성이 공연 형식으로서의 전통적인 '연극' 개념 자체를 철저히 전복하고 있다는 점과 관련되어 있다. 가령 주제를 전달하는 유용한 매개로 다소 진부하고 고답적인 '대사'보다는 마스크 춤이나 음악 그리고 침묵 등

• D. S. Izevbaye, "Language and Meaning in Soyinka's The Road", in *Critical Perspective on Wole Soyinka*, ed. James Gibbs, London : Heinemann, 1980. p. 90

을 사용한다든지 혹은 '죽음'이라는 형이상학적 소재를 형상화하는 수단으로 '아게모(agemo)'라는 육탈의 종교 의식과 요루바 신화를 입체적으로 전용한다든지 따위의 시도가 그것이다. 물론 침묵이나 의미 없는 제스처 등을 중요한 의미 전달의 한 내러티브로 양식화한 연극적 실험은 서구 연극의 전통 속에서도 어렵지 않게 찾아볼 수 있다. 사무엘 베케트(Samuel Barclay Beckett)나 헤럴드 핀터(Harold Pinter) 그리고 에드워드 올비(Edward Franklin Albee) 등으로 대표되는 부조리극이 그 모범적인 예에 속할 것이다. 그러나 부조리극의 형식 실험이 서구 연극의 진부한 내러티브 전통에 대한 반동으로 출현해 다시 그 전통의 뒤주 안에 갇히고 마는 한계를 드러내는 반면 소잉카의 실험은 그것이 실험의 차원이 아니라 '일상' 내지는 '리얼리티'의 연장선상에서 자연스럽게 이루어지고 있다는 측면에서 의미의 차이를 드러낸다.

한편 내용적 낯섦은 요루바 신화, 그중 특히 오군 신(Ogun)에 대한 선 지식과 관련이 있다. 〈길〉은 오군 신에 대한 기본적 이해가 수반되지 않고서는 "해석을 수행할 수 없는"• 텍스트라고 보아도 전혀 과언이 아니다. 앞에서 언급한 아게모와 뮤라노의 마스크 춤의 의미도 궁극적으로는 오군 신에 대한 선지식으로 귀결되기 때문이다. 요루바의 창조 설화에 의하면 조화와 질서의 신인 오바탈라(Obatala)가 운명의 신이자 협잡의 신인 에슈 신(Eshu)의 도움으로 천둥의 신인 샹고 신(Shango)의 손아귀에 갇히게 되고 그사이 오바

• D. S. Izevbaye, 같은 글, p. 103.

탈라의 평천하 속에서 미동도 못하던 전쟁과 파괴 그리고 창조의 신인 오군 신이 활개를 치면서 천지가 탄생하게 되었다고 한다.•

소잉카는 오바탈라와 오군의 대립을 적대적인 것이 아니라 순환적인 것으로 파악한다. 다시 말해 오바탈라가 승하면 오군이 쇠하면서 우주의 질서와 조화가 회복되는 반면, 오군이 승하면 오바탈라가 쇠하면서 우주의 창조적 파괴가 자행된다는 것이다. 소잉카는 창조적 파괴를 감행하는 오군 신이 바로 예술의 신이며, 그 창조적 파괴가 역사의 진보를 추동한다고 설명한다. 따라서 소잉카에게 조화의 한 전형으로서 삶은 미구에 전복될 순간의 질서요, 파괴의 한 전형으로서 죽음은 다시 삶으로 나아가는 필연적 수순에 다름 아닌 것이다.

〈길〉에서 오군 신의 존재 의미를 가장 철학적으로 그리고 예술적으로 간파하고 있는 극 중 인물은 '교수'이다. 교수는 한때 교회에서 주일 학교의 교사 일을 보다가 지금은 '길' 언저리에서 그 '길'을 달리다 사고가 난 차량들의 부품을 훔쳐와 중고 가게에 내다 파는 일뿐만 아니라 직업이 없는 부랑자들을 위해 면허증을 위조해주는 일을 호구지책으로 삼고 있는 인물이다. 그러나 기실 사고 차량의 부품을 내다 팔고 동시에 면허증을 위조해주는 일은 교수에게는 매우 부차적인 일이다. 그가 동이 희끄무레하게 터오는 새벽마다 사고 현장에 나가 진정으로 찾는 것은 오군 신의 '말씀'이다. 오군 신이 사고가 난 죽음의 현장 또는 주검을 통해서 계시하고자 하는 '말씀'의 알심을 찾고자 하는 것이다. 그의 '말씀'에 대한 집착은 "이건 거의

• Andrew Gurr, "Third-World Drama : Soyinka and Tragedy" in *Critical Perspective on Wole Soyinka*, ed. James Gibbs, London : Heinemann, 1980. p. 141.

기적이야……. 새벽은 항상 엄청난 기적을 선사하지. 그러나 오늘이 첫새벽의 기적과 비교하면 아무것도 아니야. 아무리 낯선 곳일지라도 신, 신, 신, 그래 신의 말씀은 무소부재하단 말씀이야"• 라고 처음으로 무대에 등장하며 중얼거리는 대사에서도 극명하게 드러난다. 물론 교수에게도 신의 말씀이 늘 "명백한 진리"로 나타나는 것은 아니다. 이해하기 힘든 "기호"(160쪽)로 나타날 때가 다반사이다.

교수의 말씀 찾기와 관련해 삼손, 코토누 그리고 살루비 등을 비롯한 기타 등장인물이 가장 곤혹스러워하는 것은 그 말씀이 생명 또는 삶과 관련된 말씀이 아니고 죽음과 관련된 말씀이라는 점이다. 말씀은 죽음을 통해 증거된다는 사실을 입증하기 위해 사고 현장에 함께 가보자고 백만장자로 변신한 삼손에게 제안하는 교수의 발언을 통해 그가 얼마나 엽기적 관심을 가진 인물인지를 알 수 있다.

삼손 : 싫수다. 난 그런 불쾌한 장면은 보고 싶지 않소이다.

교수 : 두려우신가 보군. 물론 뭔가를 찾는 일에는 항상 위험이 따르기 마련이오. 말씀 역시 아마도 삶보다는 죽음에 더 가까울 거요. 당신, 기억하지. 왜, 나무에 부딪혀서 죽은 세 명의 영혼 말이오. 당신은 아마도 그것이 자동차 사고 때문이라고 믿고 있을 게요. 밖에서 하도 성긴 소리가 나서 나가보니 차체가 엉망이 되었더군. 차 안에 있던 셋은 모조리 즉사했지. 마치 그 단단한 나무를 십자가 삼아 처형이라도

• Wole Soyinka, *The Road in Collected Plays 1*, London : Oxford University Press, 1973. p. 157. 앞으로 본문 인용은 이 책을 근거로 인용문 뒤에 쪽수만 표시한다.

> 당하는 듯한 포즈를 취하면서 말이야. 나는 그자들의 피가 홍건히 고여 들어 자동차 바퀴를 철퍼덕 철퍼덕 적셔가는 곳에서 말씀이 자라나는 것을 똑똑히 보았다오.(159쪽)

교수의 엽기성은 그 '길'의 의미를 다른 방식으로 찾아가는 삼손이나 살루비 그리고 세이 도오쿄오 키드 등과 같은 일종의 '근대주의자'들의 관점에서 볼 때 '엽기적'일 뿐이다. 삼손과 살루비 그리고 세이 도오쿄오 키드는 현실적으로는 부랑자 또는 시정잡배의 처지를 면하지 못하고 있지만, '길'을 통해 다시 화려한 근대적 생활인으로의 부활을 꿈꾸는 일종의 '근대의 그늘'과 같은 인물들이다. 반면 교수와 더불어 이 작품에서 가장 기형적인 인물로 등장하는 뮤라노는 자동차 사고로 거의 사경을 헤매다 교수의 지극정성 어린 치료를 받고 다시 살아난 벙어리이다. 교수는 '말'을 할 줄 모르는 벙어리 뮤라노가 "이 지상에 있는 인물 중 '말씀'이 가장 가까이 거할 수 있는 인물"(186쪽)이라고 말한다. 왜냐하면 뮤라노는 "죽음이라는 목구멍의 어두운 심연을 기어 나와 신을 그 안에 품고 있는 인물"(223쪽)이기 때문이다.

뮤라노의 아게모와 마스크 춤이 의미하는 것도 삶에서 죽음으로 그리고 죽음에서 다시 삶으로의 전이 과정과 밀접한 관련을 맺고 있다. 소잉카는 이 작품의 모두(冒頭)에 연출자를 위한 한마디 조언을 달면서 아게모가 "살이 용해되어가는 육탈의 한 종교 제식"임을 밝힌다. 동시에 뮤라노의 마스크 춤이 "죽음의 과정을 시각화한 극적 장치"임을 알린다. 소잉카는 교수와 뮤라노를 음산한 밤과 신산한 죽음을 대변하는 그리고 오군 신의 '말씀'을 가장 의미 있게 체현하는 인물로 묘사한다. 백주의 신작로는 "신기루"(183쪽)일 뿐이며 "한낮의 대리석은 거짓 계시자"(183쪽)일 뿐이라고 말하면서 말이다. 소잉카에게 '길' 가에 널린 죽음 혹은 주검은 사이비 근대가 양산한 비극적 망상의 한 결과물인 동시에 생명과 조화의 세계로 거듭 나아가기 위해 반드시 거쳐 가야 할 밤으로의 긴 여로, 그 고단한 자기 파괴적 여정의 한 부산물이다. 그러나 교수와 뮤라노가 걷는 밤으로의 이 긴 여로가 단순히 비극적이지만은 않은 것은 그것이 거짓 근대로의 "승천을, 승천을 멈추고 지상을 향해 추락하다가 어느 지점에선가"(187쪽) '말씀'의 속살을 그대로 드러내게 되리라는 믿음 때문이다.

상품화된 근대의 딜레마 : 〈여로의 변신〉

〈여로의 변신〉은 1960년대 이바단에서 초연된 〈여로보암 형제의 시련〉의 연작 형태로 쓰인 작품이다. 〈여로보암 형제의 시련〉이라는 작품이 나이지리아의 독립을 전후로 해 사이비 종교와 부패한 권력의 담합을 다소 맹아적 형태로 고발하는 작품이라면, 〈여로의 변신〉은 그로부터 십삼 년이 지난 완전한 독립 정부 나이지리아의 한 왜곡된 근대상을 아이로니컬하게 패러디하고 있는 작품이다. 재미있는 것은 십삼 년의 간격을 두고 쓰인 이 두 작품이 식민주의의 유제로 남겨질 혹은 남겨진 근대의 문제를 해석하고 수습하는 데 있어서 거의 차이를 드러내고 있지 않다는 점이다. 다시 말해 근대라는 부정적 유제를 해소하기는커녕 오히려 발전시키고 있다는 것이다. 그런 의미에서 〈여로의 변신〉은 독립 이후 진정한 탈근대로의 '변신'의 희망이 좌초된 신식민지 아프리카를 다소 자학적으로 심문하고 있는 텍스트라고 볼 수 있다.

여로의 변신이 부정적 의미의 변신임을 가장 단적으로 드러내는 대목은 여로보암이 바 비치(Bar Beach)에 있는 사교 교주들을 모두 한자리에 모아놓고 그곳의 위기 국면에 대해 일장연설을 늘어놓는 장면이다. 여로보암과 같은 사교 교주들이 들끓는 바 비치를 국립 공개 사형장으로 바꾸어 그 주변에 위락 시설을 유치함으로써 관광 세수를 늘리려는 꿍꿍이셈을 가진 시 당국에 대항해 생존권 사수를 내걸고 여로보암이 나선 것이다. 여로보암은 이 위기 국면을 '발전'의 한 계기로 바꿀 줄 아는 뛰어난 지략을 가진 인물이다. 그러나 그가 강조하는 '발전'이란 것도 그리고 그 '발전'을 도모하기 위해 사용하는 '지략'이란 것도 매우 속물적인 것임은 두말할 나위가 없다.

여로 : (돌아서서 군중들을 노려보며) 만장하신 동료 목자 여러분! 더 이상 시간 낭비하지 맙시다. 서로가 알 만큼 아는 사이들이므로 긴 말하지 않겠습니다. 여러분들을 모두 여기 한자리에 모이시라고 한 건 다 함께 '발전'에 대해 논의해보자는 뜻에서였습니다. 마침내 우리가 "발전"을 위해 서로 단합을 해야 할 때가 왔습니다. 물이 차면 땅이 젖듯 '발전'의 계기가 우리 성소의 문 앞에 그렇게 와 있는 것입니다. 아시다시피 이곳 바 비치는 지금 온갖 프로젝트들투성입니다. 도박장, 카지노 등을 비롯해 이곳에 위락 시설을 유치하기 위한 프로젝트가 진

> 행 중이란 말입니다. 돈의 노예들은 지금 이곳에 그 몹쓸 놈의 유흥업소 만들기에 여념이 없습니다. 그자들은 외국을 순방할 때마다 그놈의 잘난 '경제적 사명'이라는 이름을 내걸고 유흥업소들을 방문했습니다. 이곳에 유흥업소가 들어오면 우린 어떻게 됩니까? 여호와 하나님을 섬기는 우리의 종교적 사명은 어떻게 되느냔 말입니다. 아마 그 더러운 돈의 제단 앞에 제물로 바쳐지지 않겠습니까?•

바 바치의 사교 교주들을 모아놓고 여로가 논의하고자 하는 '발전'이란 "영적 카르텔의 결성"(202쪽)임이 이내 드러난다. 바 비치에 국립 공개 사형장을 건설한다는 명목으로 그곳의 사이비 교주들을 축출하려는 복안을 가진 시 당국을 대상으로 어떻게 하면 시 당국의 복안은 복안대로 지지하면서 자신들의 이권은 이권대로 챙길 것인가가 '발전'을 둘러싼 논의의 핵심 내용이라는 것이다. 여로의 묘안은 앞으로 국립 공개 사형장에서 치러질 대대적인 사형 장면의 상품화를 통해서 그 해프닝을 보러 오는 관객들을 대상으로 관광 세수를 늘리는 이권은 시 당국에 넘겨주는 대신, 그곳에서 스러져갈 망자들의 넋을 위무하는 일을 일임함으로써 축출의 위기를 모면함과 동시에 일말의 떡고물도 챙기자는 것이다. 죽음과 주검의 해프닝화 또는 상품화를 통해 권력과 종교의 세속적 담합이 매개되는 장면이다.

• Wole Soyinka, *Jero's Metamorphosis in Collected Plays 2*, London : Oxford University Press, 1974, p. 200. 앞으로 본문 인용은 이 책에 근거하며 인용문 뒤에 쪽수만 표기하기로 한다.

관리 : 당신이 원하는 게 뭔지 단도직입적으로 말해보시오.

여로 : 당신들의 비밀 문서를 입수해보니 바 비치를 독점하겠다는 계획이 있더군요. 그곳에 미용실, 슈퍼마켓, 레스토랑, 카페, 아이스크림 가게 등을 들이는 것은 물론이고, 해변에는 방갈로도 세우고 게임방, 도박장 그리고 주차장 등 이루 헤아릴 수 없이 많은 위락 시설들을 세워서 그곳을 완전히 새로운 관광 명소로 만들 준비를 하고 있더군요. 좋소. 단도직입적으로 얘기합시다. 우리의 전지전능하신 하나님, 그분을 대표하는 내가 관심이 있는 건 이 엄청난 이권을 좀 나누자는 것이오.

관리 : 좀, 조용히 얘기합시다. (초조하게 주위를 돌아본다.) 그래, 좀 더 자세히 얘기해보시오.

여로 : 시저에게 가면 시저의 법을 따르고, 하나님 앞에서는 하나님 법을 따르라는 말이오.

관리 : 무슨 뜻이오? 쉬운 말로 얘기합시다.

여로 : 영적 독점에 관한 것이오.

관리 : 뭐라고요?

여로 : 우리 사제들이 만든 구세군 교회를 인정해 달라는 뜻이오.

관리 : ……그게 전부요? 정말 종교 집회에 관한 독점적 권한만 인정해주면 된다는 거요?

여로 : 그거면 됩니다.

관리 : 아무리 작은 이권 사업이라도 절대 개입하면 안 됩니다.(210쪽)

죽음이나 주검의 상품화는 물론 영적인 것의 상품화까지도 언급되고 있는 형국이다. 이 물리적인 것과 영적인 것의 상품화는 바로 진정한 의미의 탈식민지로의 이행이 좌절된 신식민지 나이지리아의 총체적 파국을 의미한다. 이 점은 여로가 품은 변신의 욕망에서도 잘 나타난다. 여로가 처음으로 등장하는 지문(175쪽)에 보면 여로의 방 안에 마이크를 앞에 놓은 군인 복장을 한 사내의 사진이 걸려 있음을 알 수 있다. 지문은 여로가 이 사내와 자신을 동일시하는 욕망을 가지고 있음을 넌지시 드러낸다. 이 동일화의 욕망은 여로가 시 당국에서 나온 관리와 타협을 성공적으로 끝내고 제 방으로 돌아가 군인 복장을 한 사내의 사진을 제거하고 그곳에 군인 사진보다 더 큰 자신의 제복 입은 사진을 당당히 걸어두는 대목에서 완전하게 성취된다.(213쪽) 이것은 권력과 종교의 밀실 야합을 은유적으로 드러내는 상징이다. 소잉카는 이 변신의 욕망이라는 상징을 통해 거의 광신과 사교 수준에 이른 권력과 역으로 치유할 수 없는 독재 및 "영적 부패"(211쪽)의 수위에 다다른 종교를 대위법적으로 비판한다.

식민지 근대가 남긴 부정적 유제를 말끔히 청산하지 못한 신식민지 나이지리아에 대한 아픈 고발이다.

소잉카와 탈주의 상상 그리고 아프리카 연극의 가능성

소잉카에게 연극은 탈주의 상상을 즐기는 가장 완벽한 기제이다. 물론 그 탈주란 근대적 연극 문법으로부터의 탈주이고, 그 근대적 연극 문법이 알게 모르게 옥죄는 기계적 상상으로부터의 탈주이다. 소잉카에게 이 탈주의 상상은 그의 신화적 뿌리에 맞닿아 있다. 전통으로 화석화되지 않고 현재까지 살아남아 당대의 삶과 문화에 견결한 영향력을 미치는 신화적 뿌리에 말이다. 소잉카에게 근대란 일방적 수용의 대상도, 전면적 기피의 대상도 아니다. 〈사자와 보석〉에서 바로카와 라쿤레의 짝패처럼, 〈여로의 변신〉에서 "모든 백인들은 위선자다"(193쪽)라고 비판하지만 자신은 정작 그 백인보다 더 지독한 위선자가 되어가는 여로처럼 그리고 〈길〉에서 교수와 뮤라노를 비롯한 기타 등장인물들의 일거수일투족을 배후에서 조종하는 오바탈라와 오군처럼 순환적 사유의 대상이다.

그렇다고 소잉카가 근대의 문제를 방임하는 것은 아니다. 소잉카에게 근대는 분명 자율의 문제인 것이다. 그가 요루바의 전통으로, 오군 신의 신화 속으로, 바로카의 수구적 근대관으로, 여로의 부패한 근대적 카르텔로 잠입해 들어가는 것도 궁극적으로는 근대에 대한 자율적 개념화 그리고 자율적 통제의 가능성을 심문해보려는 의

도와 밀접한 관련이 있다. 소잉카에게 연극은 바로 이런 자율적 상상의 발동을 실험하는 장이자 동시에 그 의도를 공론화하는 마당이다. 이런 의미에서 그의 연극은 브레히트의 연극과 상당 부분 닮았다. 물론 소잉카가 연극이라는 매개를 통해 추구하려는 이른바 '이해'의 범주가 칸트의 '이성'과도, 브레히트의 '심오한 깨달음'과도 다른 차원의 것임은 사실이다. 다시 말해 소잉카에게 연극적 '이해'의 의미란 '인간이 스스로의 힘으로 빛을 찾는다는 식'의 다분히 서구의 근대적 이성관에 기초한 '이해'도 아니요, 그렇다고 헤다 가블레르(Hedda Gabler)의 자살까지 포함해 일련의 모든 행위 일반을 심문과 토론과 의심과 반문의 대상으로 삼았던 사회주의 리얼리즘식의 공격적, 전투적 '이해'도 아니라는 말이다. 소잉카에게 연극은 보다 우주적이고 숙명적인 세계와 인간 그리고 그 둘의 관계에 대한 보다 겸손한 '이해'의 한 방편인 동시에 이미 태어났다 구천으로 돌아간 인간, 현재 태어나 살고 있는 인간 그리고 아직 태어나지 않은 미래의 인간들 간의 원형적 교감의 제식인 것이다. 바로 이것이 작게는 소잉카, 크게는 아프리카 연극의 탈근대적 맹아이자 탈식민주의적 자원이다.

남겨진 꽃잎들의 목소리

응구기 와 시옹오, 《피의 꽃잎들》(민음사, 2015)

지금 여기에 일어나는 모든 일의 시작

《피의 꽃잎들》은 케냐 출생의 작가 응구기 와 시옹오(Ngugi Wa Thiongo)의 장편소설로 《한 톨의 밀알》과 더불어 그의 대표작으로 꼽히는 작품이다. 일반적으로 연구자들이 초기에서 중기로 넘어가는 변곡점에 위치시키는 이 작품은 식민지 시절 케냐의 독립 운동, 그와 관련된 비극적 사건 등과 관련된 인물들의 내면적 갈등, 독립 후의 혼란 등을 소설의 중심으로 삼은 초기 작품을 잇고 있으면서도 눈에 띠게 달라진 면모를 보인다. 무엇보다 1963년 독립 이후 케냐에서 벌어지고 있는 정치적, 문화적 상황에 대해 문제를 제기하면서 케냐 민중들의 저항을 옹호하는 저항적 글쓰기의 지평을 열고 있다. 응구기가 소설을 통해 제기하는 문제는 신식민주의라는 용어로 요약되는데, 식민 지배를 하던 식민지 종주국에서 유학하여 공부하고 돌아온 소수 엘리트들이 독립 이후 케냐의 새로운 지배층이 되면서 식민지 종주국의 거대 자본과 손잡고 케냐 민중들의 새로운 착취자가 되었다는 것이 이 용어에 압축된 의미이다. 응구기는 소설을 통해 이러한 문제를 구체적이고 극명하게 드러내면서 케냐 민중들이 어떤 억압 속에서 살아가고 있는지 그려냈던 것이다. 그러면서 케냐 민중들이 이에 굴복하지 않고 봉기할 것이며 그로 인해 더 나은 케냐를 만들 수 있다는 희망적 메시지를 담았다. 그러니까 작가는 저항적 글쓰기의 방식으로 케냐 민중들의 저항에 희망적 비전을 더해준 것이다. 이러한 응구기의 변화가 드러나는《피의 꽃잎들》은 아프리카 문학을 대표하는 뛰어난 작품으로 평가 받지만 당시의 케냐 정치인들에게는 그렇게 환영 받지 못했다.

응구기는《피의 꽃잎들》에 이어 희곡《내가 원할 때 결혼할게》를 발표하는데 이 희곡은《피의 꽃잎들》에서 제기한 문제의식을 잇는 작품이었다. 신식민주의에 대한 비판은 더욱 강화되어 묘파되었다. 이런 응구기의 작업은 케냐 기득권층을 더욱 불편하게 만들었고 그를 반체제 인사로 분류하게 만들었다. 그리고 마치 우리나라 민주화 시기 저항 시인 김지하 — 그 시기 김지하는 저항 시인이었다 — 에게 그랬던 것처럼 케냐 정부는 응구기를 체포하여 감옥에 수감시키고 그가 체제에 위협되는 글을 쓰지 못하도록 조치하였다(실제로 응구기는 투옥 중에 김지하의 작품을 접했고 그와 연대의식을 느꼈던 것으로 회자되고 있다). 물론 정부의 이러한 탄압도 응구기의 작가 정신을 꺾지 못했다. 오히려 응구기는 감옥에서 더 깊은 사유를 닦아낼 수 있었고 케냐를 비롯한 아프리카의 신식민주의 문제를 해결하는 방법에 대해 고민하도록 이끌었다.《옥중수고》등이 이러한 성과라고 볼 수 있는데, 아프리카가 독립된 주체로 당면한 신식민주의 문제들을 해결하기 위해서 필요한 것이 아프리카 민중들에 대한 입장이고 그것을 위해 무엇을 해야 할지 고찰해야 한다고 생각하게 된다. 그 과정에서 응구기는 아프리카어에 대한 작가적 성찰을 수행했다. 그러면서 응구기는 자신이 나고 자란 케냐 키쿠유족의 키쿠유어에 관심을 기울이고 키쿠유어로 작품을 쓰게 된다. 그가 최초로 키쿠유어로 된 문학 작품을 쓴 시기가 바로 이 시기이다. 대표적 작품이 우리나라에 1980년에 번역 소개되고 이번에 다시 출간되는《십자가 위의 악마》이다.

안타깝게도 그의 왕성한 문학적 탐구는 이후에 지속된 탄압과 생명의 위협 등으로 인해 고국 케냐에서는 더 이상 이어지기 어렵게 되었다. 그럼에도 이 시기 응구기 작품에 대한 세계적 평가는 매우 높아서 매년 노벨문학상의 유력한 수상자로 거론될 정도이다. 2016년 노벨문학상 관련 기사에서도 어김없이 응구기의 이름이 거론되었다. 그런데 우리는 이쯤에서 응구기가《피의 꽃잎들》을 통해 문제화한 신식민주의가 무엇이기에 이렇게 세계적 평가를 받는지 살펴볼 필요가 있다. 그러기 위해서는 먼저《피의 꽃잎들》이 어떤 소설인지 들여다보아야 할 것이다.

《피의 꽃잎들》은 뉴 일모로그에 일어난 살인 사건 — 뉴 일모로그의 주요 인물인 추이, 키메리아, 음지고 등이 살해당한 사건, 이어지는 장에서도 잠시 언급하겠지만 응구기는 이들 인물에 대해서는 작품에서 깊게 묘사하지 않는다. 오히려 그들의 삶은 전형적으로 묘사되는데 왜냐하면 이들의 전형성은 당시의 케냐 지배층 엘리트의 행동 양식을 대변해 재현하고 있기 때문이다 — 과 관련해 경찰이 무니라, 압둘라, 카레가란 인물들을 차례로 체포해 감옥에 수감시키는 장면에서 시작한다. 작품의 서두를 읽는 동안 독자들은 이 소설이 혹시 추리소설의 기법을 활용한 소설인가 하고 흥미를 가질 수도 있을 것이다. 하지만 우리는 곧 작품의 중심 서술자인 무니라가 자신의 진술서에서 모든 것이 사건이 벌어지기 12년 전에 시작되었다고 말하는 부분을 마주하면서 이 소설이 단순히 범죄소설로 흘러가지 않을 것임을 직감하게 된다. 우리가 마주하는 이야기는 이제 흥미로운 범인 찾기 게임이 아니라 어째서 이런 일이 우리 앞에 벌어지게 되었는지에 대해 회고하는 장중한 서사시이다.

이 이야기에 실려 오는 것은 늘 존재해왔지만 충분히 말해지지 않은 힘없고 평범한 케냐 민중들의 이야기이다. 그들이 존재하는 지금 여기에서 일어나는 살아 있는 역사의 이야기 말이다. 거기에서는 바로 그 역사의 시간이 펼쳐지고 이야기가 펼쳐지는 동안 그곳은 구체적 장소를 가진 곳이었음이 드러난다. 그 장소의 이야기는 역사를 볼 때 나라의 건국자가 누구이니 하는 입장에서는 결코 볼 수 없고 그러한 역사 기술이 누락하고 사람들의 이야기를 보여준다.

케냐의 경우, 케냐 민중의 이야기가 그 자리에 놓여 있다. 그렇기 때문에 이 이야기 속에서는 케냐 민중이라면 누구도 그 이야기의 이방인일 수가 없다. 소설의 중심 서술자인 무니라는 우리를 이 긴 이야기를 듣는 청자로 동참시킨다. 1부 〈걸으며〉, 2부 〈베들레헴을 향하여〉, 3부 〈태어나며〉, 4부 〈투쟁은 계속된다〉 등 총 4부로 구성된 웅장한 이야기 속에서 우리는 무니라의 이야기뿐 아니라 케냐의 민담과 시는 물론이고 그들의 독립 운동인 마우마우 운동, 케냐의 신식민지화가 진행되는 과정에 대한 이야기를 들을 수 있다. 이제 무니라의 손끝에서 시작한 장대한 이야기를 따라가 보도록 하자.

그 누구도 이곳에서 이방인일 수가 없다

일모로그, 그곳은 독립된 나라 케냐의 오지이다. 농민들의 땅, 굽이 높은 구두를 신는 여자들이 있고 상급 학교가 있고 밤에도 빛나는 전깃불이 있는 도시에 청년들을 빼앗긴 황무지, 그곳이 바로 일모로그이다. 그렇지만 처음부터 일모로그가 그렇게 황무지로만 생각되던 땅은 아니었다. 염소 등을 기르는 목동들이 있었고 옥수수를 기르며 가을의 풍성한 수확에 대해 신께 감사하던 케냐의 평범한 민중들이 살던 땅이었다.

비극은 이 땅에 백인들이 오면서 시작되었다. 케냐를 식민지로 삼은 백인의 영국은 이 땅에 기차를 놓고 그들이 필요로 하는 자원들을 마음껏 착취해 가고는 빼앗아 갈 것들을 다 빼앗아 간 후에는 철로까지 걷어 갔다. 일모로그 사람들은 이런 착취에 저항했지만 그럴수록 일모로그 민중들의 삶은 험난했다. 이제 케냐는 독립이 되었고 식민주의자들은 떠났다. 그렇지만 떠난 것이 백인들만은 아니었다. 그것에 대해서는 일모로그에 남겨진 것이 대신 말해주었다. 남겨진 여자와 아이들 그리고 황무지 같은 땅. 이제는 아무도 이 땅에 발을 들여놓고 삶을 가꾸려 하지 않을 것 같다는 절망이 거기에 더해 남겨진 것이었다.

무니라가 경찰이 요구하는 진술서를 쓰기 시작하면서 되돌아보게 되는 12년 전, 그는 일모로그에 왔던 날 그런 일모로그를 마주했던 것이다. 새로운 시작을 꿈꾸며 찾아온 그의 눈앞에 빈 학교의 허물어져가는 교사처럼 보였던 땅을 말이다. 그리고 그 땅에서 새로운 삶을 가꾸어보려고 온 압둘라, 완자, 카레가와의 만남이 떠올랐다. 어떤 비극적 조짐도 보이지 않았던 그때가 말이다.

모든 것이 시작된 12년 전, 그때의 케냐는 막 신생 독립국으로 첫발을 뗐다. 그때 무니라는 이전과는 다른 삶을 살기 위해 가족들과 떨어져 일모로그에서 새로운 생활을 시작했다. 빈 학교에 선생으로 가서 학생들을 가르치는 일을 하고자 했다. 대지주인 아버지와 관계가 악화되고 영국 식민지 시기 시리아나에서 시도한 학생 운동의 실패와 관련하여 자신을 실패자로 보는 가족들에게서 벗어나 새로운 삶을 시작할 도피처가 필요했던 것이다. 그래서 도시의 교육당국의 최고 담당자인 음지고가 학생이 단 한 명도 없는 일모로그에 발령을 내주었을 때 마다하지 않았다.

그가 일모로그에 부임해 갔을 때 그는 정말 모든 것을 처음부터 새로 시작해야 했다. 직접 아이들을 만나 학교에 나올 것을 설득하고 다니고 학교에 보내려 하지 않는 마을 주민들에게 신뢰를 얻는 것, 그 모두가 그의 몫이었고 심지어 학교 건물을 정돈하는 것도 그의 몫이었다. 마을 주민들이 그런 태도를 보인 것은 그가 곧 떠날지도 모른다고 생각했기 때문이었다. 일모로그 사람들은 이전에는 늘 그런 경험을 해왔던 것이다. 그가 음지고에게 가서 보조 교사를 뽑

아줄 것을 요청하고 다시 일모로그로 돌아갔을 때에야 사람들은 그가 일모로그를 떠나지 않으리라 믿고 그를 지원해주기 시작한다. 그때 무니라는 압둘라와 완자, 카레가를 차례로 만난다.

먼저 무니라가 이들 중 최초로 만나게 되는 압둘라는 한쪽 다리가 없어서 첫인상에서부터 뭔가 사연이 있어 보이는 사람인데 일모로그에 와서 허름한 술집을 열었다. 마을 사람들은 그가 가게에 필요한 물품을 싣고 오기 위해 기르는 당나귀를 압둘라보다 더 흥미롭게 생각했고 그렇게 생각한 이유는 무엇보다 당나귀의 왕성한 식욕에 대한 농민들의 농담 어린 걱정이 밑바탕을 이루었다. 또한 그의 일을 돕는 어린 조지프도 사람들의 눈길을 끌었다. 그의 술집은 알랭 마방쿠가 《아프리카 술집, 외상은 어림없지》에서 묘사하는 술집처럼 매력적이진 않지만 일모로그 사람들이 모여 앉아 자신들이 살아온 역사를 이야기하는 중요한 장소이다. 더불어 무니라와 완자, 카레가의 관계를 이어주는 장소이기도 하며 무엇보다 이후 일모로그의 변화로 인해 물리적으로 가장 크게 변모하는 장소이기도 하다.

완자는 일모로그의 중요 원로 중 하나인 응야키뉴아의 손녀이다. 그녀도 신생 케냐에서 무엇인가 새로운 삶을 시도해보기 위해 일모로그에 찾아왔다. 카레가는 한때 무니라의 제자였는데, 그 또한 깊은 상처가 된 어떤 사연을 숨기고 앞으로의 삶을 고민하다가 무니라가 있는 일모로그에 찾아온다. 무니라는 그를 보조 교사로 채용한다. 이들은 서로 각자의 사연으로 일모로그에 흘러 들어왔지만 바로 그로 인해 미묘한 연대감을 갖는다. 소설의 1부 〈걸으며〉는 바로 이들의 만남과 시작을 다룬다.

그렇지만 이들에게 새로운 가능성의 땅으로 보였던 일모로그는 사실 그러한 가능성을 펴 나가기엔 너무나 척박한 환경에 놓여 있었다. 황무지에 가까운 농촌 벽지인 일모로그는 케냐에서 잊힌 장소였다. 독립 이후 국회의원들이 찾아와 지키지도 않을 공약을 한 후 표를 얻어 돌아가고는 한 번도 찾지 않았다. 티 파티 등 정치와 관련된 신진 엘리트들이 가끔 일모로그의 주민들에게 회원이 될 것을 폭력적 방식으로 요구하기도 하지만 그에 대해 제대로 이의를 제기하거나 분노해도 그것은 그들에게 가 닿지 않았다.

잊힌 땅이며 존재 하나 보이지 않는 사람들이 있는 장소이며 늘 말하고 있지만 들리지 않는 말을 하는 사람들이 사는 땅, 그곳이 신생 케냐의 일모로그였던 것이다. 그리고 여기에서 새로운 시작을 하기 위해 온 무니라 등도 그들이 원하든 원하지 않든 이러한 맥락에 놓인 일모로그의 사람으로 취급되었다. 그러니까 그들이 원하던 새로운 시작은 그들의 바람일 뿐이지 그들이 살고 있는 세계가 허락한 시작은 아니었다. 식물처럼 뿌리내리고 새롭게 꽃을 피워 열매를 맺고자 열망하지만 그 열망이 무시되는 땅에 그들이 와 있었기 때문이다. 새롭게 뿌리를 내리고 꽃을 틔우지만 곧 훼손되는 꽃잎들, 무니라, 압둘라, 완자, 카레가는 스스로 자각하지 못했지만 "피의 꽃잎들"이었다.

흥미로운 점은 하나의 상징으로 읽히는 이 "피의 꽃잎들"이란 표현이 일모로그에서 자라고 성장한 아이들이 쓰는 언어에 있는 말을 통해 말해진다는 점이다. 이 소설에서는 언급하지 않지만 케냐의 공교육 언어는 독립 이후에도 영어로 규정되어 있었다. 아이들은 자라면서 마을 공동체에서 배운 키쿠유어 등을 학교에서는 사용할 수 없었다. 그러니까 무니라가 학교에서 가르치던 영어와 수학 등은 아프리카의 언어가 아니라 영어로 전달되고 있었다는 얘기다. 이 말은 영어로 가르칠 수 있는 사람이 학교의 선생이 될 수 있었다는 얘기다. 무니라는 학생 운동을 했을지언정 식민지 시절 엘리트 코스인 시리아나에서 공부했던 경력이 있었다. 그래서 초등 과정을 가르치는 선생으로 임용될 수 있었다. 그러니까 케냐는 영국에서 독립했지만 그들이 활용하는 표준어는 영어였던 것이다.

우리나라 역사를 대입해 생각해보면 일본에서 독립해서도 표준어로 일어를 쓰는 형국과 같다고 생각할 수 있는데, 실제로 그랬으면 하고 상상해보면 이 상황이 아프리카인들에게 얼마나 고통스러운 상황일지 짐작할 수 있다. 응구기는 이 문제를《탈식민주의와 아프리카 문학》에서 깊이 있게 다루면서 아프리카적 소외라고 정의하였다. 소설에서 "피의 꽃잎들"이란 말이 등장하는 장면은 그런 점에서 의미심장하다고 할 수 있다. 아이들은 자신들이 학교에서 배우는 언어인 영어에 자신들의 언어 의식을 투영해 이러한 표현을 해낸 것이다. 이 장면은 소설의 1장에서 무니라가 학생들을 데리고 나와 현장 학습을 하는 중에 등장한다. 무니라는 학교에 아이들이 모이고 수업을 할 수 있게 되면서 자신의 내성적 성격에 비하면 상당히 적극적으로 임한다. 야외에서 실제로 식물들을 보면서 공부하는 현장 학습을 하게 된 것도 이런 맥락에서였다. 거기에서 무니라는 아이들이 발견한 꽃을 보게 되고 왜 꽃이 그런 모습을 띠고 있는지 알게 된다. 그리고 그 과정에서 아이들이 그 꽃을 어떻게 부르는지도 듣게 된다. 바로 "피의 꽃잎들"이다.

그는 아이들을 데리고 들로 나가서 자연을 공부하게 했다. 꽃을 꺾어서 암술머리, 암술, 꽃가루, 꽃잎이 어떤 것을 가리키는지 알려줬고 수정에 대해서도 약간 얘기해줬다. 아니 하나가 소리쳤다.

"저기 보세요. 피의 꽃잎들이 달린 꽃이에요."

들에는 백색, 청색, 보라색 꽃들이 대부분이었는데, 그것만 특별하게 붉은색을 띠고 있었다. 어떻게 보아도 피가 흐르는 듯한 느낌을 주었다. 무니라는 몸을 기울여 떨리는 손으로 그 꽃을 꺾었다. 빛 때문에 그렇게 보였던 건지 지금은 그저 붉은 빛일 따름이었다.

"피라고 불리는 색깔은 없다. 네 말은 붉다는 뜻이겠지. 알겠니? 너희들은 무지개의 일곱 가지 색깔을 외워야 해. 꽃은 종류도 다양하고 색깔도 다양하단다. 자, 각자 꽃을 한 송이씩 꺾어서 꽃잎과 암술의 수를 세어보고 나한테 꽃가루가 어떤 것인지 보여주렴……."

그는 자신이 꺾은 꽃을 바라보며 서 있다가, 시든 꽃잎들을 버렸다. 그런데 다른 이가 소리쳤다.

"여기 또 있어요. 피의 꽃잎이 달렸어요. 아니, 붉은……. 그런데 암술머리도 없고 암술도 없고…… 안에도 아무것도 없어요."

그가 아이한테 다가갔다. 다른 아이들이 그를 둘러쌌다.

"아냐, 네가 틀렸다." 그가 꽃을 잡으며 말했다.

"이 색깔은 붉은색도 아니야……. 다른 꽃처럼 색깔이 완전하지 않잖니. 이것은 누르스름한 붉은색이다. 안에는 아무것도 없다고 했지? 줄기를 보렴. 뭐가 보이니?"

"네." 아이들이 소리쳤다. "벌레가 있어요. 다리가 여러 개 달린 녹색 벌레에요."

"맞다. 이 꽃은 벌레가 먹었다……. 그래서 열매를 맺지 못하는 거야. 이래서 우리가 벌레들을 죽여야 하는 거란다……. 빛이 닿지 않아도 꽃은 이런 색깔이 된다."

무니라는 붉은색 꽃잎을 지닌 꽃을 아이들이 "피의 꽃잎들"이 달린 꽃이라고 말하는 것을 듣는다. 그가 관찰해보니 그 꽃은 "피가 흐르는 듯한" 느낌을 주지만 붉은색 계열의 꽃으로 봐야 했다. 그가 꽃의 모양을 더 집중해 관찰할 것을 요구한다. 그런데 아이들은 무니라가 그렇게 가르쳤는데도 다시 "피의 꽃잎들"이란 표현을 쓰면서 이번엔 암술과 수술이 없는 꽃을 내민다. 무니라는 그 꽃은 "붉은색도 아니야"라고 말하면서 완전한 붉은색을 띠지 않은 그 꽃을 보고 아이에게 왜 그런지 살펴보라고 한다. 아이가 무니라의 말대로 꽃의 줄기를 보니 거기엔 벌레가 있다. 그 꽃이 그러한 핏빛을 띠고 제대로 된 꽃의 모습을 갖추지 못한 것은 벌레 때문이었다. 우리가 여기에서 놓치지 말아야 할 것은 아직 아프리카 마을 공동체의 문화와 언어 감각을 잊지 않은 아이들의 시선에서 드러나는 꽃잎의 색깔에 대한 표현이다. 아이들은 살아 있는 생물을 살아 있는 생명체의 느낌으로 바라보고 그 느낌에 따른 색깔을 발화한다. 그 발화가 설령 막 배우기 시작한 영어라고 하더라도 말이다. 아이들의 이런 표현은 무니라에게 불편하게 들린다. 그것은 표면적으로 틀린 지식이라서 그런 것으로 나타나지만 실상은 그렇지 않다. 아이들의 생동하는 감각은 그가 배운 식민지적 지식에 일종의 균열을 내고, 바로 그런 이유로 그의 무의식에 자리한 이방인 의식을 공격하고 있기 때문이다.

무니라는 사실 주변 사람들이 보기에 부족한 것이 아무것도 없는 집안의 아이였다. 그의 아버지 에제키에르는 대지주였고 영국 백인 지주에도 밀리지 않을 정도의 재력을 지녔다. 그의 아버지는 대농장을 경영하기 위해 동족을 고용했고 백인 지주보다는 조금 나은 대우를 해주었지만 농민들의 열악한 삶을 개선하는 데는 무관심하였다. 무니라는 이에 대해 막연한 불만을 가지고 있었다. 다른 가족들은 식민지 종주국에 유학 가서 엘리트 코스를 밟는 동안 그는 심리적으로 방황하며 시리아나에서 추이라는 여러 학생들의 추앙을 받는 인물이 영국에 반대하는 기치를 걸고 학생 저항운동을 일으키는 데 참여하게 된다. 이를 계기로 아버지와 사이가 벌어진다. 케냐 독립 무장투쟁 마우마우에 의해 아버지가 공격당해 상해를 입는 와중에도 무니라는 이러한 케냐적 상황에서 이방인이고자 하는 태도를 가져왔다. 그는 이것을 내세우지는 않았지만 들키고 싶어하지 않았다. 그래서 자신과는 아무런 연이 없는 일모로그에서 생활하고자 한 것이다.

그런데 아이들의 언어는 그의 이런 무의식에 드러나지 않는 작용을 한다. 그는 자각하지 못하지만 어째서 아이들이 발견한 꽃이 "피의 꽃잎들"을 틔우게 되는지 보면서 그것의 해결책에 대해 말한다. "벌레는 그래서 죽여야 하"는 것이라고 말하는 것이다. 그는 여기에서 분명히 이는 자연 현상이고 이러한 일에 대해 더 과학적인 관찰자의 입장에서, 다시 말해 이방인의 시선에서 자연을 보라고 가르쳐야 한다. 그것이 그가 배운 서구의 학문이기 때문이다. 그런데 그는 여기서 "벌레"를 죽여야 한다고 말한다. 물론 그가 단지 아이들에게 이 벌레는 해충이라고 가르치고 싶었던 것일 수도 있다. 하지만 그의 말에는 어떤 맥락이 숨어 있다. 자연스럽게 자랐다면 핏빛일 수 없었던 꽃잎을 그렇게 만든 것에 대한 비난이 서려 있는 것이다. 그리고 거기에는 벌레 먹힌 채 그저 시드는 꽃이 아니라 핏빛으로 물들어가면서 꽃잎을 틔우는 꽃에 대한 애정도 담겨 있다. 볕이 잘 닿지 않고 벌레가 먹은 핏빛 꽃잎과 같은 땅, 그 땅은 바로 일모로그 자체가 아닌가. 잊혀 있지만 스스로는 늘 일모로그에서 자랑스럽게 삶을 가꾸는 농민들이 있는 바로 그 거대한 대지 말이다.

그런데 아직 "피의 꽃잎들"에 대한 자각이 없던 일모로그의 이 새로운 거주자들에게 자신들이 이곳의 이방인일 수 없도록 이끄는 사건이 찾아온다. 그것은 참을 수 없을 정도로 가혹한 가뭄이었다. 모든 식물이 말라 죽어갔다. 그리고 이 위기로 말미암아 그들은 일모로그의 이방인에서 일모로그의 민중으로 변모하게 된다. 그들은 일모로그 사람들의 대표단이 되길 자처한다. 대표단을 보내자는 아이디어를 낸 것은 카레가였는데, 그는 일모로그의 표를 가져가 도시에서 국회의원을 하는 사람이 있다는 것을 상기시킨다. 그 국회의원은 표를 받아간 만큼 일모로그가 당면한 가뭄 문제를 해결할 책임이 있었다. 농민들의 생존에 필요한 원조라도 해주어야 했다. 이제 그들에게 더 이상 일모로그는 잊힌 땅이어서는 안 되었다. 이에 일모로그 주민들은 무니라, 완자, 압둘라, 카레가를 비롯해 마을 원로를 포함한 대표단을 꾸린다. 대표단은 변변한 이동 수단이 없었던 터라 압둘라의 당나귀가 끄는 수레에 의지한다. 이러한 모습 때문에 그들은 마치 순례자의 모습을 띠게 된다. 소설의 2부 〈베들레헴을 향하여〉가 약간의 풍자적 어조를 함의하는 느낌을 주는 이유가 여기에 있다. 그리고 이는 이들이 겪게 될 사건들이 결코 순탄치 않을 것임을 암시하기도 한다.

〈베들레헴을 향하여〉는 그 암시가 틀리지 않았음을 보여준다. 일모로그 사람들이 꾸린 대표단이 케냐의 수도 나이로비로 가는 여정과 그 과정에서 겪은 사건들은 치욕적이다. 거대한 도시는 그들을 환대하지 않는다. 오히려 배척과 무시, 힘없는 자에게 가하는 치욕적 폭력이 그들을 맞이한다. 이 과정에서 완자는 자신을 범하고 이렇게 망가지게 만든 키에리아를 만나게 되는데, 그는 이전보다 훨씬 부유하게 나이로비에서 살고 있었다. 그는 오랜만에 만난 완자에게 여전히 부당한 성적 요구를 하고 일모로그 대표단 일행에게 폭력을 가하는 등 막무가내의 행동을 보인다. 또한 한때 무니라와 카레가에게 영향을 미친 추이의 모습도 볼 수 있다. 그는 백인 식민주의자들에게 한때 저항했지만 변절하였고 그 대가로 부유한 위치에 있다. 그뿐 아니라 흑인주의를 옹호하던 소시민 엘리트 국회의원 및 종교인들의 변절을 곳곳에서 눈으로 확인할 수 있다. 백인 식민주의자들과의 새로운 결탁을 통해 경제를 장악한 이들의 모습이 일모로그 대표단의 눈을 통해 사실적으로 나타난다. 나이로비는 케냐의 신식민주의가 어떻게 케냐를 벌레 먹고 있는지를 가장 잘 보여주는 땅이었던 것이다.

신식민주의의 도시는 일모로그 대표단을 환대해주지 않았지만 그들은 포기하지 않았고 그 결과 일모로그를 케냐 전체에 알리게 된다. 물론 이는 하나의 소동극 수준이었다. 잠시 사람들이 일모로그에 관심을 가지고 이들에게 어떤 일이 일어날지 시선을 모았지만 때마침 내린 비를 통해 일모로그의 가뭄이 해갈되자 사람들의 관심은 급속히 식었다. 그러니까 나이로비에 대표단을 보내서 일모로그가 실제로 얻게 된 도움은 없었다. 하지만 일모로그의 이방인이었던 무니라, 압둘라, 완자, 카레가는 자신들이 일모로그에서 떨어질 수 없는 운명임을 깨닫게 된다. 그들은 일모로그의 공동체 일원이 된 것이다. 피의 꽃잎들이 피는 대지의 꽃잎들인 그들은 이 땅에서 이방인일 수 없었다.

벌레들과 싸우기 위하여

베들레헴일 수 없었던 도시 나이로비, 그 도시에서 돌아온 이후 벌어지는 이야기가 3부 〈태어나며〉에서 이어진다. 이 장에서는 도시로의 순례 이후에 벌어진 일모로그 사람들의 변화를 중심으로 주요 등장인물들의 갈등과 결별 등을 다루고 있다.

대도시에 다녀온 이후 일모로그에 큰 변화는 없었다. 케냐의 관심은 잠시뿐이었고 하늘에서 비가 내림으로써 가뭄은 해갈되었다. 그리고 풍년이 찾아온다. 무엇보다 일모로그의 대표적 작물인 셍게타가 큰 수확을 거두었다. 일모로그의 모든 이들은 이 풍년의 결실에 감사하고 나름대로 작은 축제를 연다. 전통적 방식으로 생게타로 술을 담가 마시고 풍년을 기리는 시간을 가진 것이다. 그러나 이 풍년의 결실은 예상치 못한 결과를 낳는다. 무니라, 완자, 압둘라, 카레가가 그동안 숨겨온 가슴속 이야기를 풀어내면서 그들 사이의 유대감에 변화가 생긴 것이다. 특히 카레가의 고백은 무니라에게 결정적이었다. 카레가는 무나라가 사랑하던 여동생의 남자친구였고 무니라가 집을 떠난 사이 여동생이 자살했던 이유가 카레가와 연애 때문이었다는 것을 알게 되었기 때문이다. 이들의 이야기는 독립 이전과 이후 케냐의 민중사라고 할 만한 것이나 동시에 개인적인 것이기도 했다.

관계의 변화는 일모로그의 물리적 변화를 예비하는 이야기로 보인다. 그 변화는 일모로그에 불어닥친 개발의 바람과 관련이 있다. 대표단의 방문 이후 일모로그에 아무런 관심이 없던 케냐 정부가 일모로그 개발을 시작하고 아프리카 횡단 도로가 놓이게 된다. 산업화가 이루지기 시작하면서 신일모로그가 들어서고 이전의 일모로그는 박제화되어 사라진다. 흥미로운 점은 이렇게 산업화를 통해 변두리로 밀려난 기존의 일모로그 지역에서 케냐의 전통 가옥이나 생활 양식이 빠르게 문화 상품화된다는 것이다. 일종의 민속촌의 모습을 띠게 되는데, 이로 인해 기존의 케냐 민중의 생활 양식은 급속히 쇠퇴하게 된다. 그들의 삶이었던 것이 순식간에 삶이 아닌 "전시되는 전통"이 된 것이다. 이전 것은 가고 새로운 것이 되었다.

그런 점에서 "태어나며"라는 말은 이중적이다.

제4부 〈투쟁은 계속된다〉는 일모로그의 이러한 변화를 다루면서

이 소설의 주요 사건 중 하나인 살인 사건의 전말이 밝혀지는 것으로 이어진다. 절망적 이야기로 끝날 것 같던 소설은 말미에 일모로 그 민중들이 새로운 세계에 대한 열망을 가지는 이야기로 끝이 난다. 이러한 결말을 통해 소설은 이야기를 이끌어간 주요 인물들의 삶이 아직 시작인 새로운 세계에 대한 도전을 위한 실패들이었음을 이야기한다. 4부에서 피의 꽃잎들은 기존의 것을 불태우는 불의 모습으로 그려지기도 하는데 그런 점에서 추이, 키메리아, 음지고의 죽음은 그 방화를 시도한 무니라의 의도와 관계없이 상징적 사건으로 변모한다. 이것이 《피의 꽃잎들》이 이야기하고자 하는 것이라 할 수 있다.

그런데 무슨 일인가가 일어났어요……. 할머니가 돌아가셨어요……. 나는 땅을 되찾아야 했어요……. 당연히 그래야 한다고 생각했어요……. 그래서 집을 팔았어요……. 그리고 계속 셍게타를 만들었어요……. 그러던 어느 날 나는 그들이 관광 마을을 조성하는 곳에 간 적이 있어요. 거기 가, 봤어요? 가봐야 해요. 여자들이 거기에서 백인 관광객들을 위해 노래를 하고 춤을 춰요……. 물론 돈을 받고요……. 그건…… 그건 다른 얘기네요……. 여하튼 거기에 갔다가 응데리 와 리에라를 봤어요……. 그리고 내가 나이로비에서 만났던 그 독일인을 봤어요. … 그 자는 이 관광 마을의 소유주 중 한 사람이에요. 유럽인들이 오기 전에 있었던 우리의 오두막들을 상상해서 조성한 관광 마을의 소유주라고요. 그들이 보기 위한…… 우리의 문화…… 박물관……. 나는 이 낯선 만남을 생각하며 돌아왔어요. 나는 나중에 음지고를 보러 갔어요. 모든 양조업자들은 면허가 있어야 한다는 조례가 선포되었기 때문이죠. 우리가 그에게 건물을 팔았으니 그가 나를 도와줄 거라고 생각했어요. 어차피 일모로그에는 두 개의 양조장이 있을 수 있으니까요. 그런데 그는 곤란해했어요……. 딴전을 피우는 것 같았어요. 그리고 서류를 주며 읽어보라고 했어요……. … 음지고, 추이, 키메리아가 케냐 지부의 중역들이었어요. 나는 이 운명의 장난을 받아들일 수 없었어요……. 이곳으로 어떻게 돌아왔는지도 모르겠어요……. 나는 생각하기 시작했어요……. 영국인들한테 죽은 마우마우 단원들의 시신을 운반하는 의용군으로 일하며 부자가 된 키메리아가 아직도 승승장구하고 있었어요……. 내 인생을 망치고 나중에는 우리가 도시로 갈 때 잠자리를 강요하면서 나에게 치욕을 안겨준 키메리아가…… 그런 놈이 일모로그의 경제 발전으로부터 이득을 보고 있었어요. 왜? 왜? 나는 묻고 또 물었어요. 왜? 왜? 그놈은 나처럼 죄를 많이 지은 인간이 아닌가? 어느 날 밤, 나는 이 법을 완전히 깨달았어요. 먹거나 먹히거나, 둘 중 하나다.

응구기의 이 소설이 흥미로운 점은 아프리카 문학의 특징으로 자주 언급되는 구술성을 역사의 차원에서 그리고 증언의 차원에서 다루면서 개인과 집단의 역사가 밀접하게 연관되어 있다는 것을 서사를 통해 풀어낸다는 점이다. 더불어 고백과 증언이 케냐의 민담과 전승과 어우러져 떼려야 뗄 수 없는 이야기로 서로 얽히어 나타나는데, 이러한 서사적 특성이 진술서라는 텍스트 지평과 얽히면서 미묘한 울림을 불러일으킨다. 일모로그의 역사는 3부에서 일모로그가 개발되며 신일모로그에 의해 추방되는 맥락과 마찬가지로 이미 잊히고 박제화된 역사로 주어져 있다. 일모로그의 역사는 그런 점에서 비역사화되고 공식화되지 않은 역사였다. 이것을 역사화하는 것은 오직 힘없는 민중들의 개별 발화를 통해서이다. 문제는 법적 차원에서 본다면 이것이 공식화되지 않는 역사, 그러니까 법적 역사가 아니라는 것이다. 이는 식민주의 시대에도 신식민주의 시대에도 케냐 민중의 역사가 어느 지평에 놓여 있는지 보여주는 것이라고 하겠다. 그런 점에서 작가는 텍스트적 지평을 흔들고 거기에 민중적 역사성을 놓기 위해 진술서라는 형식을 빌리고 있다고 할 수 있다. 이 지점에서 텍스트 지평은 응구기에게 있어서 이미 법적으로 규제될 수 있는 문제점이 있는 것을 나타낸다.

텍스트성을 넘어 피는 피의 꽃잎들

이러한 응구기의 비판 의식은 구술성을 적극적으로 텍스트성에 불러오게 하는 시도로 이끈다. 구술성은 텍스트성이 은폐하는 것을 고발하는 지평에서 말의 주술적인 힘을 돌려주고 있는 것이다. 아이러니하게도 그것은 문학 텍스트를 통해서만 우리에게 현현할 수 있다. 그렇지만 바로 그렇게 늘 새롭게 도래하는 언어의 성사 — 구술의 텍스트적 반복 — 인 문학으로서만 응구기 와 시옹오는 새로운 세계를 여는 민중의 힘을 우리 앞에 제시할 수 있는 것이다. 왜냐하면 구술적 역사성의 소설적 반복이야말로 우리가 믿음을 증명하려고 선언하는 맹세로서 우리에게 사건으로 주어지기 때문이다. 우리는 이 사건을 어떻게 마주해야 하는가. 그 마주함을 통해 미래는 우리가 있는 바로 여기에서 흘러와 도래할 것이다. 이런 미래를 위해 우리는 응구기의 소설을 읽을 필요가 있다.

이야기 너머에 있는 침묵의 표류기

존 쿳시, 《포》(책세상, 2003)

표류기와 함께 온 근대적 개인

배 한 척이 있다. 그 배는 아직 측량사의 손 아래 놓인 해도에 막 그려지고 있는 날짜변경선 사이로 이제 막 갈라지기 시작한 시차 속에서 태어나고 있는, 근대와 전근대라는 구분하기 어려운 분기점을 실어다 준 배이다. 놀랍게도 이 배는 난파선으로 우리에게 도착했다. 난파선이 실어다 준 이 시차는 적어도 문학에서는 사실적 모험담이라는 이야기 형식으로 우리에게 주어졌다.

표류기와 모험담, 탐사와 생존이 어우러진 흥미로운 이야기 속에서 표류자이며 새로운 세계의 정복자인 인간의 모습이 태어났다. 여기서 그려지는 개인은 자기에게 주어진 자연을 있는 그대로 인식하고 거기에서 도구화할 수 있는 것을 직접 제작하고 독립해 생존하는 강인한 개인이었다. 이러한 개인의 대명사는 대니얼 디포(Daniel Defoe)의 《로빈슨 크루소》에서 묘사된 주인공이다.

《로빈슨 크루소》의 주인공인 크루소는 부유한 상인의 아들이다. 그의 아버지는 크루소에게 자신의 사업을 물려받아 안락한 삶을 추구하라고 권하지만 크루소는 모험에 대한 열망과 자신만의 사업을 개척하고자 하는 욕구 때문에 아버지의 제안을 거부한다. 크루소는 신대륙으로 향하는 배에 몸을 싣고 아메리카에서 자신의 새로운 사업을 진행시켜보려는 구상을 실행에 옮긴다. 아메리카에서 새로 농장을 구입하고 사업의 기초를 닦은 크루소는 영국으로 돌아오는 항해 중에 난파되고 만다. 그는 가까스로 무인도에, 올랐는데 그 이외에는 살아남은 사람이 아무도 없었다.

우리에게 잘 알려진 로빈슨 크루소 이야기는 바로 여기에서 시작된다. 크루소는 난파 이후 무인도의 자연 속에서 필요한 물건들을 스스로 만들고 바위 동굴에 의지해 성벽을 쌓고 작지만 자기만의 성을 세운다. 식량을 해결하기 위해 땅을 개간한 다음 난파선에서 겨우 구해 가지고 나온 옥수수를 뿌려 곡식을 수확하는 등 고군분투 끝에 무인도에서 생존해낸다. 그리고 섬에 침입한 식인종들을 격퇴하고 프라이데이를 구해내 그와 함께 섬에서 지내게 된다. 이 이야기는 소설의 중반부로 소설에 쓰인 것에 따르면 약 28년 시간이다. 바로 이 무인도에서의 표류기가 잘 알려진 로빈슨 크루소 이야기이다.

물론 소설은 여기서 끝나지 않는다. 로빈슨 크루소는 지나가던 상선에 의해 극적으로 구조되어 스페인을 거쳐 모국인 영국으로 돌아가는 데 성공한다. 그리고 그 과정에서 자신이 신대륙에 투자한 사업이 성공하여 부자가 되어 있는 것을 확인한다. 무사히 살아 돌아온 그는 자신이 살아 있다는 것을 증명하고 이 재산을 되찾는 데 성공한다. 그가 무인도에서 표류하는 동안 근대적 자본주의 금융 시스템과 보험 시스템이 성공적으로 자리 잡고 그로 인한 자본의 지배가 가능해졌기에 가능한 일이었다.

대니얼 디포가 의도하든 의도하지 않았든 그가 쓴 《로빈슨 크루소》라는 사실주의 소설이 그린 모험적인 백인 부르주아 주인공의 모험담은 당시 태동하던 근대적 출판 시장에서 큰 성공을 거두었다. 나아가 서구에서 근대적 개인의 전형적 모습으로 인식되기에 이른다. 당시의 독자들은 크루소가 근대적 자본주의 시스템의 수해자라는 것보다 그가 불모의 자연에서 자기 힘으로 생존해내고 강인한 정신력을 보여주었다는 것을 더 높이 평가한 탓이다. 장 자크 루소(Jean Jacques Rousseau)가 《에밀》에서 주장한 것도 이러한 맥락이다. 루소는 자연 상태에 있는 인간의 전형을 로빈슨 크루소라고 했는데, 자연 상태에 있는 크루소의 모습은 서구적 합리성과 이성의 승리를 보여주는 것으로 받아들여졌다.

《로빈슨 크루소》라는 작품이 사후에 얻게 된 이러한 담론적 지위는 이후 세대의 작가들에게 많은 영향을 주었다. 개척자 정신(또는 프론티어 정신)이라는 서구의 근대 신화를 긍정하거나 그에 대해 비판하려 하거나 할 때 로빈슨 크루소는 지속적으로 하나의 참조 지점으로 주어지게 되었다. 때문에 로빈슨 크루소 이야기는 이후에 로빈슨 유의 작품들을 양산해내게 된다. 본격 소설은 물론이고 SF 소설에서도 로빈슨 유의 작품들이 나타났고, 만화와 애니메이션까지 다양한 장르에 걸쳐 생산되었다. 우주 개발 시기 미국의 인기 애니메이션이었던 〈우주 가족 로빈슨〉 등도 로빈슨 크루소 이야기를 모티브 삼아 만든 작품이었다. 이 선상에서 《로빈슨 크루소》에서 로빈슨이 구해주고 노예로 삼은 프라이데이와 관련된 이야기도 재생산되었다. 대표적인 것으로 미셸 트루니에(Michel Tournier)의 《방드르디, 태평양의 끝》을 들 수 있다. 여기서는 프라이데이의 야생적 삶을 강조하면서 프라이데이가 로빈슨 크루소가 난파선에서 가지고 나온 것으로 만들려고 하는 작은 영국을 무화시켜 나가는 모습을 그려낸다. 원시적 삶의 생명력을 강조하면서 그 전형으로 프라이데이를 내세우고 있다. 이들 작품들 외에도 현재에도 로빈슨 크루소를 모티브로 한 작품들은 많다.

여기에서 살펴보려고 하는 작품 《포》도 이러한 로빈슨 유의 이야기들 사이에 놓여 있다. 일견 수많은 로빈슨 유의 작품들 가운데에 하나 더 보태지는 것으로 보일 수도 있다. 하지만 이 작품이 다른 점은 마치 마르크스가 《포이어바흐에 관한 테제들》의 제11번 테제에서 말한 바를 수행하는 것 같은 인상을 준다는 점이다. 이 작품을 쓴 존 쿳시(John Maxwell Coetzee)는 우리에게 이렇게 말하는 듯하다. "지금까지 소설가들은 '로빈슨 크루소' 이야기를 다양하게 썼을 따름이다. 그러나 문제는 '로빈슨 크루소' 이야기를 변혁하는 데 있다"라고 말이다. 그만큼 쿳시의 《포》는 기존의 로빈슨 유의 작품과는 다른 차별점이 있다.

로빈슨의 표류기에서 수전의 표류기로

2003년 노벨문학상 수상 작가인 존 쿳시는 서구의 이성주의가 지닌 허구성을 비판해왔다. 특히 포스트모더니즘의 장에서조차 충분히 고려되지 못한 비서구적 시선을 담아내고 있다는 평가를 받고 있다. 쿳시는《포》에서 외관상 패러디의 방식을 통해《로빈슨 크루소》를 다시 쓰고 있다.

패러디는 포스트식민주의 문학의 장에서 자주 활용되는 창작 기법으로 서구적 시선에서 소외되거나 은폐된 지평을 드러내기 위해 서구 문학의 서사를 뒤틀어 활용하는 방식으로 쓰였다. 대표적 작품이 진 리스의《광막한 사르가소 바다》이다. 이 소설은 샬럿 브론테(Charlotte Bronte)의 소설《제인 에어》에서 묘사된 다락방의 미친 여인에 주목하고 그녀의 이야기를 통해 여성 억압과 식민지 여성에 대한 억압이 어떻게 결합되어 있는지 이야기한다. 쿳시는 이러한 패러디 기업을 도입하되 원작에서 억압되거나 은폐된 인물의 이야기를 하려고 시도하지 않는다. 그는 다시 쓰기를 통해서 로빈슨 크루소 이야기의 근원인 표류기 자체를 해체하려고 시도한다. 이러한 지점에서 보면 쿳시의《포》는 우리에게 이미 익숙해진 로빈슨 크루소 이야기 자체를 근본적으로 흔들려고 한다는 것을 알 수 있다. 쿳시가 이를 위해 사용하는 전략은 원작에는 존재하지 않았던 새로운 인물을 로빈슨 크루소의 이야기에 표류자로 기입하는 일로 나타난다. 쿳시는 수전 바턴이라는 여성 서술자를 작품에 등장시킨다.

수전 바턴은 영국계 하층민 여성으로 신대륙으로 납치된 딸을 찾기 위해 아메리카로 왔다가 영국으로 돌아가는 중 선상 반란이 일어나는 바람에 표류자 신세가 된 여성으로 그려진다. 그녀는 이 표류를 통해 로빈슨 크루소 — 수전이 묘사하는 크루소는 로빈슨 크루소의 이름 크루소(Crusoe)에서 'e'가 빠진 크루소(Cruso)이다. 쿳시가 이런 방식으로 크루소를 묘사하는 이유는 기존의 크루소를 해체하고 그 안에 이미 존재했던 어떤 결여를 드러내 보이려는 시도로 보인다 — 와 프라이데이가 살고 있던 섬에 오게 된다. 로빈슨 크루소가 죽기 2년 전 정도로 설정된 수전 바턴의 표류에 의해서 《로빈슨 크루소》의 이야기는 우리가 알고 있는 로빈슨 크루소의 이야기로부터 벗어난다.

수전이 묘사하는 바에 따르면 크루소의 섬은 바람이 거세 나무들이 비틀려 자라는 바위투성이 섬이다. 크루소는 성격이 괴팍하고 섬의 삶에 안주한 나머지 탈출하려는 의지조차 잃어버린 표류자의 무력한 모습을 지니고 있다. 그러면서 곡식을 기를 수 없는 밭을 만드느라 프라이데이의 노동력을 빌려 불모의 밭을 만들고 섬의 원숭이들을 잡아 가죽으로 쓰면서도 원숭이를 적으로 보고 적대시한다. 그는 무능하지만 섬의 지배자로 군림하려고 하며 새로 표류해온 수전이 자신의 이러한 자리를 혹시라도 위협할까 걱정하며 수전의 행동에 제약을 가하는 등 가부장적 태도를 보인다. 더 나아가 수전을 성적 대상으로 다루려는 태도까지 보인다.

여기까지 이르면 개인이면서 남성이었던 로빈슨 크루소의 모습은 찾을 수 없다. 이제 소설은 여성의 표류기로 전환된다. 수전은 크루소의 말에 의지하지 않고 크루소에게 적대시되더라도 자신의 눈으로 섬을 보려고 시도한다. 그녀는 자신의 발로 섬을 탐험하고 그 과정에서 크루소의 권력 범위 밖에서 벌어지는 프라이데이의 행동들도 발견하게 된다. 수전의 표류기는 자연 속에서 펼쳐내는 개인의 힘과는 아무런 상관이 없지만 크루소의 시선 안에서 그려지던 표류기가 수전의 시선 속에서 진행된다는 점에서 가치가 있다. 수전의 표류기는 매우 현실적이며 그러기에 초라하다. 특별할 것 없이 반복되는 섬의 일상이 이어진다. 큰 사건이라면 폭풍과 같은 자연 재해 정도이다. 크루소가 성이라고 부르는 작은 오두막은 이러한 자연의 힘에 위태로울 정도로 큰 손상을 입는다. 2년 후 그들은 지나가던 상선이 물을 구하기 위해 배를 정박하면서 섬에서 구해지게 된다. 흥미로울 것도 없고 대단한 모험도 없는 이 섬의 표류기는 크루소가 선상에서 죽음을 맞이하면서 수전이 써야 할 몫으로 남겨진다. 아무것도 없이 영국으로 돌아온 수전은 프라이데이와 자신이 살아가기 위해 이 이야기를 출판하기로 결심하고 이를 실행에 옮기려고 하지만 쉽지 않다. 그래서 수전은 자신의 이야기를 더 생동감 있게 써줄 작가를 구하여 이 이야기를 출판하기로 한다. 수전이 이때에 찾아가게 된 작가가 바로《로빈슨 크루소》의 원작자인 대니얼 디포이다.

소설에서 수전이 찾아간 대니얼 디포는 그가 필명으로 '디포(Defoe)'를 쓰기 전의 모습으로 그려진다. 그래서 수전은 그를 "포(Foe) 선생님"이라고 부른다(우리는 이 지점에서 이 소설의 제목이《포》인 것을 기억할 필요가 있다). 그런데 포는 곧 채권 문제로 빚이 생겨 당국으로 쫓기게 된다. 수전은 그에게 자신의 이야기를 써주길 부탁했지만 이 일로 포가 이야기를 써주지 않을까 걱정한다. 그녀는 그에게 이런 마음을 편지로 전하려고 여러 번 시도하지만 채권단에 쫓기는 포에게 편지를 보내는 일은 쉽지 않다. 런던에서 하녀 생활로 근근이 살아가며 프라이데이를 돌보는 것이 쉽지 않았던 수전은 프라이데이를 데리고 포의 집에 들어가 살게 된다. 그 시간 동안 그녀는 이야기를 쓴다는 것에 대해 진지하게 생각하게 된다. 그녀는 자신이 쓰려는 이야기가 크루소의 이야기나 수전의 이야기만이 아니라 프라이데이의 이야기이기도 하다는 점을 인식하며 기이하고 모험적이지도 않은 이 표류기를 어떻게 이야기해야 하는지에 대해 고민하게 된다.

수전은 이런 고민을 하는 와중에 프라이데이를 더 깊이 관찰하고 프라이데이의 생각과 자유에 대해 고민하게 된다. 그녀가 프라이데이를 고향으로 돌려보내기 위해 항구 도시로 여행을 떠난 이유도 이런 맥락에서였다. 물론 수전은 이 과정에서 대부분의 선원들이 프라이데이를 다시 노예로 팔아치울 유색인으로 바라보는 것을 알고는 프라이데이를 배에 태울 생각을 포기한다. 수전 자신도 그렇고 프라이데이도 당대의 영국에서 자유롭게 살기는 쉽지 않은 상황이었던 것이다. 그녀와 프라이데이는 다시 포의 집에 들어가 포의 물건들을 팔면서 생계를 겨우겨우 꾸려 나간다. 그러면서 수전은 프라이데이가 어떻게 크루소의 노예가 되었는지, 프라이데이가 자신의 이야기를 어떻게 들려줄 수 있을지에 대해 고민하며 프라이데이와 소통하려 하지만 계속 실패한다.

그러는 와중에 수전은 자신을 수전 바턴이라고 주장하는 소녀를 만나게 된다. 소녀는 자신이 수전이 잃어버린 딸이라고 주장하는 것이었다. 소녀가 말하는 이야기는 자신이 포에게 알려준 이야기를 바탕으로 꾸며진 이야기였다. 수전은 포에게 왜 이런 일을 하는지 궁금해한다. 얼마 후 수전은 프라이데이와 함께 포를 만나게 된다. 그 자리에서 포는 수전에게 이야기를 잘 쓰기 위해서는 "표지"를 잘 남기는 것이 중요하다고 얘기한다. 이 "표지"란 이야기 속에 이야기를 그럴듯하게 만들어주는 장치들을 말한다. 포에 따르면 수전의 이야기에서 이것은 수전이 찾던 딸과 재회한다거나 식인종과 해적이 등장하는 모험적이며 극적인 이야기와 같은 것을 의미한다.

이제 포는 크루소가 수전이 표류해 왔을 때 섬에서 그랬듯이 자신에게 표류해 온 수전과 프라이데이 그리고 크루소의 이야기의 주인처럼 굴려고 한다. 수전은 이런 포에게 저항한다. 그녀는 포에게 자신이 "이야기의 아버지가 되겠다"고 주장하고 "자기 자신의 작가"가 되겠다고 말한다. 물론 포는 이런 수전의 말에 귀 기울이지 않는다. 그는 수전이 말한 프라이데이의 침묵의 소중함에 대한 대응으로 프라이데이에게 글을 가르친다. 프라이데이는 수전이 대화를 시도했을 때 그랬던 것처럼 글을 배우는 것 같지 않다. 그래도 포는 곧 배울 거라고 수전에게 말한다. 수전이 보고 있는 프라이데이의 노트에는 끝없이 "O"의 행렬이 이어진다. 여기에 이르면 소설 《포》는 로빈슨 유의 소설이 아니라 이야기하기란 무엇이고 그것의 주인은 누구인지 그리고 이야기할 때 지켜야 할 윤리가 무엇인지 묻는 소설임이 드러난다. 그리고 이어지는 소설의 마지막 장에서 《포》는 아직 이야기되지 않은 것을 우리에게 보여주려 시도한다.

소설의 마지막 장인 4장은 3장에서 포와 수전의 논쟁이 끝난 후 모두 잠든 모습에서 시작한다. 그리고 이내 프라이데이의 목구멍 속으로 시선을 옮긴다. 그 안에 프라이데이의 세계가 있다. 놀랍게도 그 안의 세계에는 크루소와 수전이 난파되었던 섬이고 프라이데이가 그들과 함께 보낸 섬이 있다. 우리는 이를 통해 아무래도 수전의 이야기로도 이 섬의 이야기가 다 말해지지 않았음을 알 수 있다. 더불어 수전과 크루소의 표류기, 포가 쓸 소설에서도 이 섬이 말해지지 않은 채 남아 있음도 알 수 있다. 그 섬의 물속에 프라이데이가 있다. 난파된 배 안에 말이다. 그러나 그 프라이데이는 죽은 것이 아니라 잠들어 있다. 그것은 말해지지 않은 채 가능성으로 우리에게 남아 있는 그런 프라이데이이다. 이 모습을 쿳시는 환상적 필치로 그려낸다.

《포》는 이러한 지점에서 기존 로빈슨 유의 소설이 아니라《로빈슨 크루소》라는 이야기 자체를 해체하려는 시도라고 말할 수 있는 것이다.《로빈슨 크루소》 이야기에서 어떤 인물이 은폐하고 있는 것이 무엇인지에 착안해 인물이 강조하는 지평을 다르게 쓴 것이 아니라 소설이 이야기하고 동시에 그 이야기를 통해 남겨진 것 자체가 무엇인지 그리고 그 이야기의 주인이 누구인지 묻는 것이 왜 중요한지에 대해 우리에게 말하고자 하기 때문이다. 이는 한 편의 소설《로빈슨 크루소》를 다르게 보려는 것을 넘어 서사 내부 자체에 난파된 이야기의 지평, 수전이 이 이야기의 아버지가 되고 싶어한 프라이데이의 침묵이 있는 지평이다.

조금 어렵게 느껴지지만 쿳시가《포》를 통해 우리에게 제시하는 질문은 우리가 서구의 소설을 읽을 때만이 아니라 하나의 거대한 서사 담론인 서구가 창출한 근대의 패러다임을 읽을 때에도 감안해야 할 문제이다. 왜냐하면 아직도 세계에 막대한 영향력을 미치고 있는 서구의 근대 식민성이 우리가 살고 있는 이 시대에도 존재하고, 그것에 대항하기 위해서는 이것이 야기하는 문제가 무엇인지 사유할 필요가 있기 때문이다. 이것을 위해 우리는《포》에서 쿳시가 제시하는 문제들을 좀 더 면밀히 살펴볼 필요가 있다.

우리가 표류하고 있는 이야기라는 섬

우리가《포》를 읽기 시작하면서 바로 만나게 되는 수전 바턴이라는 여성 서술자는 영국 출신의 하층민 여자로 그려지고 있다. 앞서도 잠시 살펴보았듯이 바로 이 여성 서술자의 등장에 의해 표류기가 중심에 있던《로빈슨 크루소》의 주요 이야기는 천천히 해체되기 시작한다. 이것이 가능한 것은 여성 서술자라는 매개 항을 기입한 것에 의해 발생한다. 물론 단순히 여성 서술자를 등장시키는 것만으로는《포》가 로빈슨 크루소의 다른 버전으로 진행되지 않은 것을 설명하기 힘들다. 쿳시가《포》라는 소설을 쓰면서 제목으로《수전 바턴의 기이한 표류기에 대하여》와 같은 제목이 아니라《포》라고 지은 것에서 우리는 이 의도를 찾아야 한다. 우리는 소설의 이야기를 통해 쿳시가 수전을 통해 문제 삼으려고 하는 것이 크게 두 가지 정도임을 알 수 있다. 첫째, 정전인《로빈슨 크루소》의 서술자 크루소가 지닌 근대적 개인의 허구성을 드러내는 것이다. 둘째, 표류기의 경험 주체인 수전과 그것을 이야기로만 받아들이는 포와의 갈등을 통해 이야기의 주체가 누구인지 묻는 것이다.

먼저 크루소에게 덧씌워진 근대적 개인의 판타지 해체는 소설의 1장에서 수전의 표류 일기를 통해 이루어진다. 쿳시는 이를 수전이 포에 보내는 것을 전제로 쓴 표류 일기의 특성을 드러내면서 해체하기 시작한다.

> 저는 기꺼이 당신에게 크루소가 살아온 이야기를 그의 입을 통해 들은 그대로 전하려고 해요. 하지만 그가 입으로 한 이야기들은 너무나 다르고 또 서로 꿰맞추기도 어려워서, 나이가 들고 난 뒤에 오랫동안 고립된 생활을 한 것이 크루소의 기억력에 심대한 영향을 주어 더 이상 무엇이 진실이고 무엇이 환상인지 확실하게 구분하지 못하고 있다는 결론에 이르지 않을 수 없었지요. 그는 어느 날은 아버지가 부유한 상인이었고 자신은 모험을 찾아 아버지의 회계 업무를 저버렸다고 했어요. 하지만 다음 날은 가난한 고아로 자라 객실 사환으로 배를 탔는데 무어인들에게 붙잡혔다가 탈출하여 신세계로 왔다고도 했어요. 가끔 그는 배가 가라앉을 때 아무도 살아남지 못하고, 오직 자신과 프라이데이만 살아남아, 지난 십오 년 동안 이 섬에서 살아왔다고 말하기도 했죠.

위의 인용문은 1장의 초반부 일부인데, 여기서 수전은 이미 "당신"을 호명하고 있다. 이는 다름 아니라 이 표류기의 최초 독자이자 이 표류기를 제법 읽을 만한 작품으로 만들어줄 작가 포를 말한다.

그런데 이 짧은 단락에서 수전 바턴이라는 서술자가 행하는 것은 "당신"이며 이후 이 표류기의 작가가 될 포를 호명하는 것만이 아니다. 수전은 이 표류기를 쓰는 이유를 크루소와 그의 섬에 대해 이야기하기 위해서라는 점을 가정하고 있는데 그런 점에서 이 표류기의 주인공은 수전 자신이 아니라 크루소임을 밝히고 있다. 더불어 그의 이야기를 제대로 전하고 싶어도 그것이 쉽지 않음을 토로한다. 그녀는 크루소가 그의 섬에서 고립된 삶을 살아온 것에 비하면 짧은 기간만 크루소와 함께했을 뿐이다. 그래서 그녀가 크루소에 대해 말하기 위해서는 크루소의 이야기를 정돈하고 기억해야 하는데 자신의 이야기를 전해야 하는 크루소의 기억이 온전하지 못하다. 크루소는 자기 자신에 대해 정확히 이야기하지 못하고 매번 다른 이야기를 수전에게 들려준다.

수전은 그런 크루소에게 섬을 탈출할 시도나 난파된 배에서 가져나올 수 있는 도구가 없었느냐며 여러 가지를 물어보지만 크루소는 그런 수전의 질문에 흥미를 가지지 않는다. 수전이 관찰한 바에 따르면 크루소는 난파된 섬에서 제대로 된 도구를 하나도 가지고 나오지 못했고 그런 까닭에 크루소가 성이라고 부르는 처소에는 제대로 된 가구도 없고 탈출을 위한 배를 만들 시도조차 할 수 없었다. 뿐만 아니라 크루소의 섬에 있는 나무들은 거친 해풍에 휘어져 배를 만들 재료로도 적당하지 않았다고 기술한다.

이러한 수전의 기술은 기존의 크루소 이야기를 완전히 허구적 차원으로 해체해버린다. 수전의 이야기에서 우리가 알고 있는 크루소의 이야기를 찾는 것은 거의 불가능에 가까운데, 인용문을 통해 보면 알 수 있듯이 심지어 프라이데이를 크루소가 자신의 섬에서 구해 주고 노예로 삼았는지조차 불분명하다. 여기서 묘사되는 크루소는 표류에 의한 정신적 고통과 기약 없는 구원의 손길에 의해 좌절한 노인에 가깝다.

거기서는《로빈슨 크루소》에서 묘사되는 영웅적으로 자연을 다스리고 섬에 군림하는 크루소는 보이지 않는다. 근대를 연 개인의 힘, 종교가 주는 구원의 약속을 믿고 기다리기보다 과학으로 자연을 개발하고 다스리는 근대적 인간의 승리라는 신화의 등장을 예고하는 크루소는 보이지 않는다. 오히려 수전에 의해 묘사되는 크루소는 어떠한 종교적 구원의 약속도 보장되지 않는다는 것을 알게 된, 그리하여 이러한 파국 앞에서 자기 파괴적 전쟁을 수행하게 된 서구의 근대적 개인이 지닌 어두운 면을 예비하는 그러한 크루소가 보인다. 이렇게 하여 크루소라는 서술자는 믿기 힘든 서술자가 되어버린다. 그에게는 여러 개의 다른 서사가 자기 내부에 기입되어 있기 때문이다. 이를 통해 우리는 소설 이전에 이야기라는 은폐된 기원이 우리 앞에 나타나는 것을 보게 된다. 허구성의 차원이 바로 그것이다.

소설의 매개 항인 여성 서술자와 그 서술자를 통해 쿳시가 우리에게 돌려주는 허구성은 이야기하기의 차원에서 보면 늘 근원적이다. 이야기하기라는 행위는 언제나 그것이 사실인가 허구인가라는 질문에 늘 심문당한다. 소설에서 수전이 수행하는 질문들은 바로 이 지평에서 이루어진다. 여기서 말하는 허구성은 이 이야기가 꾸며낸 것이냐 그렇지 않느냐는 질문에 의해서만 판별되지 않는다. 이것은 실존적 차원까지 가리키는 허구성이다. 마치 근대의 여성 주체가 그동안 남성 주체에 의해 규정되어왔다는 것을 깨닫게 되면서 여성 주체의 지평이 허구성 위에 있다는 것이 밝혀지는 것과 마찬가지의 지평에서 나타나는 그러한 허구성이다. 이야기는 자기 내부에 이 허구성을 타자화하는 것을 통해 이야기된다. 그런 지점에서 모든 이야기는 이야기하는 것에 의해 언제든 자신의 이야기가 허구적이게 될 수 있는 위험에 처해 있음이 드러난다.

수전이 표류기를 쓰는 이유로 소설에서 제시되는 것도 이러한 차원을 더욱 강화시켜 나타낸다. 수전이 크루소의 이야기를 쓰고자 마음먹게 되는 계기는 그녀와 크루소, 프라이데이를 섬에서 구해준 배의 선장과의 대화를 통해서이다. 크루소는 섬에서 구조된 뒤에 배에서 병으로 누워 있었는데 그런 까닭에 스스로에 대해 말할 기회가 없었다. 수전이 크루소와 그의 섬, 프라이데이와 자신에 대해 배의 선장에게 말할 수밖에 없었는데, 이때 선장이 이 이야기를 출판하는 것이 좋겠다고 권유하는 것이다. 기이한 이야기를 좋아하는 대중에 맞게 잘 정리된 이야기로 출판한다면 대중들의 관심을 끌 수 있다고 의견을 낸 것이다. 이에 따라 수전이 표류기를 쓰고 이를 포에게 보내는 일이 이어진다. 그런데 바로 이 지점에서 수전은 포에 의해 타자화되면서 하나의 이야기로 취급 받게 된다. 여기에 이르면 수전은 표류기의 서술자이며 동시에 표류기의 사실성은 아무것도 보장 받지 못한 채 허구화되는 존재가 된다.

2장에서 수전이 포에 의해서 허구적 존재로 변모하는 과정이 수전의 편지 속에 등장한다. 2장에서 수전은 채권자에 쫓겨 도망자 신세가 된 포의 집에 거주하면서 포가 자신들의 이야기를 써줄 것을 기다리며 도달할 수 없는 편지를 쓰며 보낸다. 그러는 과정에서 수전은 자신을 수전 바턴이라고 소개하는 소녀를 만나게 된다. 수전은 그녀를 보고 포가 자신을 시험하려 한다고 느낀다. 그 소녀는 자신이 수전이 잃어버린 딸이라고 주장한다. 수전은 그녀가 자신의 딸이 아니며 소녀가 말하는 모든 이야기가 허구적이라고 말한다. 그리고 이러한 시험을 하도록 시킨 것이 누구인지 묻는다. 소녀는 수전이 말하는 것이 결코 사실이 아니라고 주장하지만 수전은 자신을 이렇게 시험하는 것이 포라는 확신을 가지고 그에게 이러는 이유에 대해 항의한다. 그녀는 이러한 사건을 통해 크루소에게 자신이 그러했듯이 끊임없이 허구적 차원이 기입되고 질문되는 것을 재현해 나가고 있다.

3장에서 포와 만나 수전은 바로 이 지점에 대해 항의한다. 그때 포는 어떤 이야기가 더 사실적으로 들리느냐에 대해서 생각할 때 그럴듯하게 꾸며진 이야기가 필요하다고 얘기한다. 그래서 수전에게도 이야기에 등장하는 인물로서 필요한 것을 시험해볼 필요가 있었던 것이다. 이를 위해 포는 수전과 소녀 수전을 한자리에서 만나게 한다. 더 이야기다운 이야기는 포에 따르면 기이하고 흥미로운 이야기여야 한다. 그것이 사실적으로 느껴질 만큼 기이해야 한다는 포의 주장은 수전이 끝없이 요구하는 사실성과 배치된다. 놀라운 점은 수전이 자신의 이야기가 사실이라는 점을 강조하면 강조할수록 그 사실은 더욱 취약한 토대로 내몰린다는 점이다. 수전이 역설적으로 우리는 언제쯤 기이한 이야기 없이 이야기할 수 있게 될까에 대해 질문하는 것은 바로 이러한 이유 때문이다.

쿳시는 수전이란 여성 서술자를 통해 이렇듯 이야기가 지닌 근본적 취약성을 드러낸다. 그리고 이러한 허구적 지평을 통해 우리에게 질문한다. 그렇다면 우리가 이야기하면서 누락하고 은폐하는 이야기, 그래서 이미 혀가 잘리고 그로 인해 끝없는 침묵의 지평에서 웅성거리고 있는 이야기가 무엇인지 질문한다. 수전은 이를 2장과 3장에서 프라이데이를 관찰하고 그에 대해 질문하는 것을 통해 우리 앞에 도래시킨다. 그녀가 포에게 자신의 침묵과 프라이데이의 침묵은 다른 것이며 포가 그 차이를 인식하지 못하고 있다고 비판하는 것을 통해 말이다. 그리고 포와 이야기하면서 자신이 지금까지 이야기해오면서 잊었던 것에 대해 깨닫는다. 사실임을 주장하는 이야기가 허구적 이야기라는 위험에 처할 때, 한 이야기의 주인으로 불리는 작가라는 말에 사로잡혀 그녀 자신이 보지 못하던 것이 무엇인지 깨닫게 된다. 그리고 그녀는 포 앞에서 이 깨달음을 선언한다. 자신이 자기 이야기의 주인이 될 것이라고 선언하는 것이다. 그리고 바로 이러한 수전의 선언에 의해 아직 이야기하기의 주인으로 받아들여진 적이 없는 프라이데이의 이야기의 주인으로 프라이데이의 침묵의 사실성을 이야기할 수 있게 된다.

침묵은 춤추고 있다

수전은 프라이데이를 크루소에게 복속되어 있으나 복속되지 않은 주체로 그린다. 처음 수전이 크루소의 섬에서 프라이데이를 보았을 때 수전은 다음과 같이 말한다. "제가 받은 첫 느낌은 프라이데이가 오직 한 주인에게만 복종하는 개와 같다는 것이었어요"라고 말이다. 하지만 관찰해보니 프라이데이가 노예라고 주장하는 크루소의 말과 달리 프라이데이는 어디에도 속하지 않는 존재처럼 행동했다. 다만 크루소와 같이 있을 때 그의 말에 따라 몇 가지를 들어준 것에 다름 아니었다. 크루소가 프라이데이에 대한 기억을 반복적으로 바꾸는 발화를 통해 이는 더 심화된다. 프라이데이는 한때 노예였다가 친구이기도 하게 되는 것이다. 수전은 이런 지점에서 프라이데이를 눈여겨보게 된다. 그녀가 쓴 표류기에서 아래와 같이 묘사되는 장면이 대표적이다.

> 저는 프라이데이가 바위 위에 서서 낚시하는 것을 자주 보았어요. 고기가 그가 있는 쪽으로 헤엄쳐 올 때까지 기다렸다가 아주 능숙한 솜씨로 창을 날리곤 했죠. … 그러나 프라이데이는 낚시를 하는 것이 아니었어요. 바위 턱에서 수백 야드 떨어진 해초가 가장 빽빽하게 자란 곳까지 노를 저어 간 후에, 목에 두른 자루에 손을 넣더니 하얀 조각들을 꺼내 흩뿌리기 시작하더군요. 저는 처음에는 물고기를 유인하는 미끼라고 추측했었어요. 하지만 아니었죠. 그는 조각들을 모두 뿌린 다음 통나무배를 돌려 바위 턱으로 되돌아와, 밀려오는 파도를 뚫고 가까스로 배를 정박했어요.
>
> 파도에 던진 것이 무엇인지 궁금해, 그날 저녁 그가 물을 길으러 가길 기다렸다가 거적 아래를 뒤져 주둥이에 끈이 달린 작은 주머니를 찾아냈어요. 속을 뒤집어보니 그 무렵 섬 일부에서 피는 풀들의 하얀

꽃잎과 새싹들이 몇 개 있더군요. 그래서 저는 물고기가 많아지도록 파도의 신에게 제물을 바치는 것이거나 어떤 미신을 믿는 행동을 한 것이라 결론 내렸지요.

수전은 이를 통해 프라이데이가 크루소의 명령에만 따르는 노예가 아님을 깨닫는다. 프라이데이는 크루소와 달리 섬의 자연을 적대적으로 대하고 있지 않았고 섬의 자연 속에서 섬과 교감하고 있었다. 프라이데이가 해초가 빽빽한 바다의 한 지점으로 가서 꽃잎을 뿌리는 행동은 바로 이 증거랄 수 있다. 그것은 크루소라는 섬의 지배자를 자처하는 사람조차 알 수 없는 프라이데이의 삶이었다. 이에 대해 크루소가 모르는 것은 프라이데이가 자신의 삶에 대해 자연과 마찬가지로 침묵하고 있기 때문이었다. 그의 혀는 이미 잘린 상태였고, 그의 혀를 본 이가 있었는지 없었는지는 크루소든 수전이든 보증할 수 없는 성질의 것이었다.

이후부터 수전은 프라이데이에 관심을 기울였고 그것은 섬에서 나와 영국으로 돌아올 때까지 이어진다. 그리고 이러한 수전의 관심은 프라이데이의 자유에 대해서 그의 침묵에 대해 이해하고자 하는 태도로까지 이어진다. 수전은 그 과정에서 프라이데이가 영국에 있다면 자유롭지 못할 것이란 생각까지 하게 되어 프라이데이가 고향에 갈 수 있도록 항구를 찾아가기도 한다. 현실적으로 프라이데이를 고향에 데려다주는 것이 어렵고 그를 다시 노예로 팔려고 하는 사람들이 압도적으로 많다는 것을 알고 수전은 프라이데이를 고향에 데려다주는 것을 포기한다. 프라이데이가 이미 주체적 삶을 살고 있으며 이미 항상 노예가 아니었음에도 주변에서 그를 노예로밖에는 살 수 없는 존재로 바라보기 때문에 프라이데이는 자유로운 삶을 살 수 없는 것이다.

수전은 이러한 맥락에서 프라이데이의 침묵과 자유가 처한 위험, 자신의 이야기가 늘 허구적 지평의 위험에 노출되어 있듯이 프라이데이의 침묵과 자유도 또한 허구적 지평에 놓여 있다는 것을 깨닫는다. 그러면서 수전은 자신과 달리 프라이데이의 침묵하기가 지닌 매력에 매혹된다. 특히 수전이 다시 포의 집으로 와서 프라이데이와 함께 포를 기다릴 때 발견한 프라이데이의 모습이 그러하다. 프라이데이는 포의 집에서 기거하면서 그의 예복을 입고 춤을 추고는 한다. 수전은 프라이데이의 춤을 하나의 언어가 아닐까 생각하기도 하는데, 무엇보다 침묵하면서 춤추는 프라이데이의 이 의식은 마치 서구적인 모든 양식을 외장화하는 행위로 보이기까지 해 더욱 매혹적이다. 이때 프라이데이의 춤은 포의 예복을 통해 한껏 드러나는데, 이는 마치 이후 포가 수전과 논쟁하면서 말하는 이야기하기가 예복과 같은 차원에 있는 허구적인 것임을 의미하는 듯하다. 침묵과 춤은 서구적 서사 방식에 의해 잠시 가려질지도 모르지만 오히려 바로 그런 차원에서 춤에 의해 서사 구조의 허구성이 드러나고 나아가 춤 자체가 우리 앞에 현현하게 만드는 것이라고까지 말할 수 있게 한다.

말할 수 없고 이야기할 수 없는 주체이며 늘 대상이었던 침묵, 바로 그 침묵의 춤인 프라이데이는 이렇게 수전에 의해 우리 앞에 현현한다. 이는 수전이 소설의 전면에서 추구한 두 가지 서사 전략의 내부가 아니라 밖에서 이뤄진 작업이다. 그리고 이러한 프라이데이의 존재와 그를 둘러싼 이야기는 포와 수전 두 사람을 통해서가 아니라 아직 그 누구도 아니고 어떤 서술자도 아닌 지금 존재하지만 아직 그 존재 자체를 어떤 서술자로 규명하지 못한 소설 밖의 서술자의 등장에 의해 우리 앞에 이미지로 나타난다. 《포》의 4장이 바로 그것이다.

이 서술자는 1~3장의 서사가 멈춰 있는 — 혹은 잠들어 있는 — 장면에서 등장한다. 그는 방 안에 있는 인물들을 차례로 살핀 후에 프라이데이를 찾는다. 그러고는 그의 입안에 감추어진 세계, 프라이데이의 침묵 안에 있는 바로 그 몸의 세계로 미끄러지듯 들어간다. 그곳에는 프라이데이가 크루소와 수전을 만났던 섬이 있다. 앞서도 잠깐 이야기했지만 이렇게 서술자가 섬을 묘사하는 것은 크루소와 수전의 표류기로도 다 말해지지 않은 섬이 거기에 있음을 우리에게 알리기 위함이다. 그 말은 즉 섬은 섬 자체로 존재하며 늘 거기에 있다는 것을 환기하며, 바로 이 섬 자체는 이야기되지 않은 채 우리 내부에 존재함을 드러낸다. 그리고 이것이 늘 존재했지만 허구적 차원의 기입으로 인해 은폐되어 있던 실존 그 자체의 사실임을 드러낸다. 이어서 서술자는 섬을 둘러싼 바다로 간다. 섬의 실존을 가득 채우고 있는 물의 세계인 바다 거기의 안쪽에 프라이데이의 세계가 난파되어 있다. 그것은 크루소의 난파선인 듯 보이기도 하지만 항상 프라이데이의 난파선이었던 공간이다. 서술자는 그 배의 안쪽에 난파되어 있는 존재들을 하나씩 밝히다가 프라이데이를 만난다. 그것은 하나의 몸의 이미지이다. 그것은 서술되지 않고 이야기되지 않는다. 다만 있는다. 그것을 드러나게 하는 서술자는 잠시지만 프라이데이와 함께 있는다.

쿳시는 이러한 묘사를 통해 근대적 서사가 어떻게 프라이데이를 전유했는지 우리 앞에 이미지로 드러낸다. 흥미로운 점은 이를 통해 프라이데이의 세계가 새롭게 드러난다는 점이다. 그런데 사실 쿳시는 이러한 이미지마저도 완전히 포획될 수 없는 세계로 이 세계를 그리려고 한다. 프라이데이의 세계를 물 안의 세계로 묘사하는 이유가 그것이다. 물 안의 세계, 거기서는 서구중심주의의 기저를 이루었던 음성중심주의가 작동하지 않는다. 거기서는 어떤 것도 쉽게 호명되지 않는다. 비서구의 존재들을 대상화한 서구의 호명과 명령의 언어들이 물속에서 웅얼거림으로 되돌려진다. 물속의 세계, 그 세계는 온전히 몸의 세계로 몸의 표현을 통해서만 세계성을 드러낼 수 있는 장소이다. 이 장소는 서구의 근대적 서사가 시작되면서 은폐된 장소, 그렇기에 난파된 것으로밖에 그려낼 수 없는 세계이다. 그것은 허구적 차원에 남겨져 있으나 여전히 흔들리면서 깨어 있고 깨어 있음으로 존재한다. 그 세계는 늘 있음으로 사실적 차원을 가리킨다. 아래의 인용문이 이러한 점이 가장 잘 나타난 장면이라고 할 수 있다.

> 한구석, 중간 문설주 아래, 모래 속에 반쯤 파묻힌 채 무릎을 위로 들어 올리고 두 손을 허벅지 사이에 끼운 채 누워 있는 프라이데이였다. 나는 그에게 다가갔다.
>
> 그의 부드러운 머리카락을 잡아당겨 보고, 목에 감긴 사슬도 만져보았다. 프라이데이, 그를 불렀다. 질퍽이는 모래 속에 손과 무릎으로 기

어가며 이렇게 말하고 싶었다. "이 배는 무슨 배야?"

그러나 이곳은 말을 할 수 없는 곳이었다. 한 음절 한 음절 입 밖으로 낼 때마다 그 소리가 물속에 갇혀, 물로 채워져 소리 없이 흩어지고 말았다. 이곳은 오로지 몸뚱이만이 존재하는, 그것이 우리 말을 대신하는 곳이었다. 프라이데이의 고향이었다.

그래서 쿳시는 이곳을 프라이데이의 고향이라 말하는 것이다. 실존하지만 고향으로 돌아갈 수 없고 고향이라 늘 그곳을 향해 있지만 자신의 몸 안에 도래시켜야만 갈 수 있는 곳, 이곳이 바로 프라이데이와 그의 침묵이 있는 자리이다. 그곳에 대해 말할 목소리가 아직 우리에게는 없지만 우리에게 이야기와는 다른 방식으로 흘러오는 "물줄기"가 유유히 흘러나오는 곳이 바로 이 자리이다. 근대적 서사에 의해 입막음당한 침묵의 입이 근대적 서사의 재현을 흔들며 흘러나오는 것이다. 늘 춤추고 있던 침묵의 입의 세계가 흘러넘쳐 나오는 곳, 쿳시는 이 물의 세계에 이미지로 다가가면서 다 드러나지 않고 남겨진 채로 이 세계를 우리에게 보여주려 한다. 《포》가 우리에게 들려주는 것은 바로 이 물줄기의 소리, 우리 입에서 아직도 끝없이 흘러나오지만 난파된 채 남겨진 물속의 세계와 같은 우리들의 이야기이다.

발목에 묶인 끈을 당긴 실패한 혁명

알라 알아스와니, 《시카고》(을유문화사, 2014)

조국이라는 세 개의 끈

알라 알아스와니의 첫 소설 《야쿠비얀 빌딩》(2002)을 읽은 독자라면, 《시카고》(2007)를 부드럽게 읽어 나갈 수 있을 것이다. 이 소설에서도 작가 특유의 서술 구조가 이용되기 때문이다. 그는 이야기를 시작하기에 앞서 인물들을 각각 등장시킨다. 교차로 진행되는 이야기를 통해 우리는 처음엔 그들을 따로따로 접하게 된다. 이후 소설이 전개될수록 제각기 움직이던 인물들의 동선이 점차 겹쳐진다. 그들의 이야기가 모두 긴밀하게 얽혀 들어간다는 점에서 《시카고》는 잘 짜인 하나의 이야기이다. 《야쿠비얀 빌딩》이 한정된 장소 내에서 수많은 인물들이 제각기 나열되며 다양한 인간 군상을 보여주었다면, 이렇듯 《시카고》는 각 경향의 대표적 인물들이 얽히면서 작가가 이야기하고자 하는 한 가지 주제를 강조한다.

2000년대에 이르러서부터 시작된 무바라크 정권에 대한 비판이

무르익어가고 있었을 《시카고》 집필 당시, 그는 자신의 입장을 표현할 수 있는 상황과 국외라는 배경을 통해 발언의 자유를 확보했다. 때문에 이야기 속 주제와 비판의 대상은 명확하다. 알아스와니는 2011년 1월 카이로 중심지 '마이단 알타흐리르'에서 시민들과 함께 민주 혁명 시위 대열에 있을 정도로 '반독재', '무바라크 퇴진'을 주장한 사람이다. 그는 자신의 입장을 이 소설을 통해 가감 없이 드러낸다. 그 결과 우리는 미국의 '시카고'에서 진행되는 이야기를 통해 이집트의 역사•와 혁명에 대해 읽게 된다.

그렇다면 작가는 왜 국외 중에서 시카고를 배경으로 택한 것일까. 그는 전업 작가가 되는 것을 반대하는 집안의 뜻에 따라 미국 시카고에 있는 일리노이대학교 치의대에 들어가 석사학위를 취득한 경험이 있다. 그가 시카고의 대학교와 그 주변으로 소설의 배경을 잡은 것은 이런 자전적 바탕이 있었기 때문일 것이다. 그러나 이 외에도 소설의 초반 시카고 역사에 대한 서술이 흥미롭다.

• 1940년대와 1950년대 영국 점령군과 이집트 친영 왕조에 대항한 민족주의 운동.
1952년 나세르와 자유장교단이 권력을 잡은 뒤 아랍민족주의 주장.
1956년 주요 기업들 국유화로 인한 영국과 프랑스, 이스라엘과의 대립, 중동을 지배하는 세력이 영국에서 미국으로 변경.
1967년 '6일 전쟁'(이집트 · 시리아 · 요르단 연합군 대 이스라엘) 이후 나세르 사망.
1973년 이집트와 이스라엘의 전쟁. 이후 경제 위기의 압박으로 인해 이집트와 이스라엘과 미국의 동맹.
1977년 문호 개방 이후 국유 산업 해체, 소수의 특권층 생성, 식량 가격 인상으로 인한 민중 폭발과 탄압.
1981년 이슬람주의자들의 사다트 암살과 무바라크 집권 시작. 긴급조치법 적용.
2003년 이라크 전쟁 반대 시위와 민주화 요구 시위, 노동자 파업.

당시 백인 이주민들은, 인디언들이 신의 피조물에 속하기는 하지만 그리스도의 영혼이 아니라, 결핍되고 사악한 영혼에 의해 창조되었다고 여겼다. … 이처럼 그럴듯한 이론에 힘입어 이주민들은 자기들 마음대로 한 치의 뉘우침이나 양심의 가책도 느끼지 않고 인디언들을 죽일 수 있었다.(10쪽)

"우리가 9 · 11 참사를 당한 원인은 백악관의 결정권자들 대부분이 당신처럼 생각했기 때문이오. 그들은 석유 회사와 무기 회사들의 이익을 위해 중동의 독재 체제를 지원했고, 그 결과 무장 세력의 폭력이 증대되어 우리에게 이르렀소. … 인종차별주의란 인종의 차이가 행동과 인간적 역량의 차이를 가져온다고 믿는 것을 말합니다. 이 정의는 이집트 사람들에 대해 발언한 당신의 생각에 들어맞습니다. 놀랍게도 당신 역시 이집트 사람이지요."(30쪽)

이집트 사회의 문제는 동시대적으로 미국의 패권주의와 연관되며, 과거의 제국주의에서부터 이어진 것이다. 그러나 그는 이 문제를 단순히 흑백으로 나누지 않는다. 시카고가 처음 생길 당시에 대한 백인 이주민들의 태도와, 인종차별에 대한 '라으파트'와 '그레이엄'의 대화는 문제의 폭을 확대시키고 복잡하게 만든다. 라으파트는 이집트를 열등한 곳이라 비하하는 미국으로 귀화한 이집트인이며, 그레이엄은 흑인 애인과 이집트계 콥트인을 친구로 둔 백인 미국인이다. 따라서 그들의 발언으로 인해 인종적 차별에 대한 문제는 단순히 그 사람의 피부색이나 국적에 따른 문제가 아니게 된다. 즉 소설 초반의 서술은 시카고라는 곳이 이집트에서 동떨어진 곳이 아니며, 인물들의 태도는 종족과 국적으로도 정해지지 않는다는 것을 보여준다. 결국 각 인물의 유형은 인종에 대한 태도와 조국에 대한 입장을 어떤 시선으로 바라보느냐로 구별된다.

앞서 언급했듯 작가는 이러한 이야기를 진행시키기 위해 인물들을 각각의 구역 대표로 선정한다. 그들은 양 극단의 경향을 보이기도 하고, 같아 보이지만 다른 길을 가기도 한다. 그러나 공통되게 그들은 이집트라는 끈에 묶여 있다. 그들은 각자 나름의 방식으로 그 끈을 달고 소설 속을 종횡으로 돌아다닌다.

끈을 당겨서 자신이 조국을 옮겨놓겠다고 생각하는 자들이 있다(나지 압둘 사마드, 카람 도스). 그들과 대칭점에 끈을 금색으로 칠해놓고 찬미하는 자들이 있다(아프마드 다나나, 사프와트 샤키르). 조국과의 인연의 끈을 끊었다고 착각하며 살아가던 사람들도 있다(라으파트 사비트, 무함마드 살라흐). 이 세 가지 끈을 달고 다니는 자들은 각기 다른 시선으로 이집트와 사회문제들을 바라본다.

작가의 분신, '나지'
— 끈을 당겨 자신이 조국을 옮겨놓겠다고 하는 자

유학생 나지 압둘 사마드는 무바라크 퇴진을 주장하는 운동권 학생이다. 그는 자신이 이집트의 상황을 바꾸기 위해 노력해야 한다고 생각하며, 큰 뜻을 품고 시카고의 대학에 입학한다. 또한 그는 유일하게 소설 속에서 '나'라는 일인칭으로 서술되며, 소설 처음에서 끝까지 작가의 생각을 대변한다. 그러나 아이러니하게도 그가 시카고에 와서 처음 하는 일은 매춘부를 부르는 일이다.

"당신은 미국에서 여자를 어떻게 대해야 하는지 배워야 해. 이봐, 아랍인, 새겨들으라고. 이곳에서 여성은 당당한 시민이지, 당신이 지내던 사막에서 생각하는 것처럼 품위 없는 존재가 아니란 말이야."

"나는 여성을 존중합니다. 하지만 매춘부는 존중하지 않아요."(90쪽)

그가 상상하는 매춘부는 아름다운 백인 여성이다. 그러나 정작 그는 여자를 취하지 못한다. 문을 열었을 때 서 있던 '도나'가 거구의 늙은 흑인 여성이었기 때문이다. 나지는 그녀를 거부하며 그녀에게 돈을 지불할 수 없다고 말한다. 그들은 서로가 원하는 것을 얻지 못해 격분하고 서로 모욕적인 언사를 퍼부은 뒤 몸싸움을 벌인다. 나지는 자신의 민족이 정치 상황과 외부의 영향으로 인해 군부의 억압을 받으며 부당하게 살아가고 있는 것에 분노하고, 그것을 해결하고자 함에도 자신이 성과 자본에 관한 문제에서 억압자가 될 수 있다는 사실을 깨닫지 못한 상태로 시카고에 도착한 남자였다.

그는 조국을 변화시키겠다는 열의에 찬 청년이지만, 다듬어지지 않은 채 중구난방으로 돌아다닌다. 교수인 그레이엄의 소개로 만난 카람 도스와도 그는 자신의 논리를 내세우며 술에 취한 상태로 논쟁을 벌인다. 그러나 소설이 진행될수록 그는 자신이 생각하지 못했던 부분에 대해 고민하고, 받아들이게 된다.

모르는 낯선 뒷골목 술집에서 나지는 두 사람을 만남으로써 성장하기 시작한다. 논쟁이 취객 싸움으로 번진 카람 도스와 나지의 첫 만남 이후 카람 도스가 다시 나지를 찾아왔을 때, 그들은 서로 이해하며 나이와 종교, 현재의 국적과 상관없이 이집트인으로서 친구가 된다. 둘이 화해를 하는 이 장면에서 카람 도스가 떠난 직후 나지는 한 여인과 대화를 나누는데, 그녀가 연인인 웬디이다. 이슬람 종교의 이집트인 유학생 나지는 유대인인 웬디를 사랑하며, 이집트에서 콥트인 차별 때문에 미국에 망명한 의사 카람 도스와 혁명을 꿈꾼다. 그에게 이집트와 이스라엘의 국가 간 분쟁과 이슬람인과 콥트인의 대립은 중요하지 않다. 그들은 대립하는 사회 속에서 관계를 맺고 있지만 서로를 사랑한다. 방법은 나지의 말 속에 있다.

> "그러나 콥트인들은 이집트에서 학대 받고 있어."
>
> "이집트인들 모두가 학대를 받고 있습니다. 이집트 정권은 독재 체제이고 부패했습니다. 그 정권은 이슬람교도건 콥트인이건 가리지 않고 이집트인 모두를 학대하고 있습니다. … 종교적 극단주의는 정치적 억압에 의한 직접적인 결과입니다. 이집트인들은 모두가 집권 여당의 당원이 아닌 이상 차별을 겪고 있습니다. … "(164쪽)

> "당신은 유대인 절멸을 꿈꾸지 않는 유일한 아랍인이에요."
>
> 나는 식사를 멈추고 말했다.
>
> "그건 옳지 않아요. 아랍인들은 이스라엘을 증오하는데, 그것은 이

스라엘이 유대인의 국가여서가 아니라, 팔레스타인을 강탈하고 팔레스타인 사람들에게 수십 차례의 학살을 저질렀기 때문입니다. 만일 이스라엘 사람들이 불교 신자나 힌두교도라 해도 우리 쪽 상황은 변하지 않을 겁니다. 우리가 이스라엘과 투쟁하는 것은 정치적인 문제이지 종교적인 것이 아닙니다."(277~278쪽)

나지는 문제가 종교에 있는 것이라 말하는 사람들의 말을 부정한다. 콥트인이 차별 받는 이유는 이슬람인과 콥트인의 대립이 아닌 통치 체제의 부패에 있다. 마찬가지로 아랍인과 유대인의 갈등은 그들의 종교적 문제가 아니라 국가 사이에 생겼던 분쟁의 문제다. 그들은 종교로서도 사람으로서도 서로를 증오할 이유가 없다. 그는 점차 성장하며 모든 상대를 사람과 사람으로서 서로 사귀고 함께 나아가야 한다는 것을 행동으로 옮기려 노력한다. 작가는 나지를 통해 분쟁을 만들어낸 이유인 정치적 문제를, 차별 없이 모두가 동등한 사람으로서 살아갈 수 있도록 함께 해결해 나가야 한다고 주장하는 것이다.

조롱과 공포의 대상
— 끈을 금색으로 칠해놓고 찬미하는 자

알라 알아스와니는 모든 문제의 근원이 종교적 차이에 있는 것이 아니라 그것을 해석하고 이용하는 집단에 있다는 것을 반복해서 이야기한다. 《야쿠비얀 빌딩》에서 앗잠이라는 인물을 통해 이러한 부분을 비판했으며, 《시카고》에서 '다나나'라는 인물을 통해 경전을 자신들에게 맞춰 억지 논리를 펴는 사람들에게 비웃음을 보낸다.

> "나는 신뢰할 만한 이슬람 학자들에게 자문을 구했는데, 그들은 미국이 이슬람 율법의 관점에서 보았을 때 불신자 세계이지 이슬람 세계가 아니라는 점을 내게 확인해주었어. 그리고 필요는 금지된 것을 용인한다는, 익히 알려진 법리학적 원칙이 있어. 따라서 내가 양복 대금을 필요로 해서 상점에 양복을 돌려주는 것은 이슬람 율법에 따라 내게 허용되지."(99쪽)

어느 날 다나나의 아내 '마르와'는 결혼 예복이 어디에 있는지 그에게 물어본다. 그러자 그는 값비싼 결혼 예복을 구입해서 입은 후 영수증을 보관했다가 반품하여 환불을 받은 것을 당당히 대답한다. 그에게 그런 일은 이슬람 율법에 적합한 아주 현명한 처사다. 미국의 자본주의 구조 속의 가게는 불신의 세계이기 때문이다. 그것은 원주민들에게는 영혼이 없기 때문에 죽여도 된다는 백인들의 논리와 비슷한 구조를 갖고 있다. 그들은 자신의 논리 밖에 있는 자들을 사람으로 취급하지 않는다.

작가는 다나나를 나지의 대칭점에 두고 표현한다. 그는 이집트에 있을 당시 국가 정보부 요원으로서 나지와 그 동료들을 구속시킨 장본인이며, 주미 이집트 유학생회장직을 이용해 정치계 중요 인사들을 만나는 것을 중요하게 여긴다. 학위를 받은 뒤 이집트로 돌아가

고위 간부가 되는 것을 목표로 하는 그가 대통령의 시카고 방문 준비에 참여하는 것은 당연한 수순이다. 그런 그의 준비 과정에는 명품 옷 구입과 환불도 포함되어 있다. 또한 과장된 찬양의 대사들도 준비한다. 때문에 대통령과 그가 마주보고 하는 대화와 행위들은 더욱 희극의 한 장면처럼 그려진다.

> 대통령은 75년의 세월을 짊어진 결과, 집중력이 약해져서 주변에 일어나는 일을 조금 늦게 알았다. 그는 길의 다른 쪽으로 고개를 돌려 시위자들에게 인사하며 손을 흔들었다. 대통령의 하야를 요구하는 시위대의 함성이 커지자 그제야 상황을 알아차리고 영사관 입구로 몸을 돌렸다. 그는 거드름 피우는 자세로 걸어가며 손을 윗저고리 단추 쪽으로 뻗어 만지작거렸다.(415쪽)

작가의 무바라크 정부에 대한 시선은 소설 속 인물들의 대사를 통해 정부를 비판하는 것뿐만 아니라 대통령의 외양을 "인공적이고, 억지스러우며, 자연을 거스른 자"로 묘사하는 부분에서 적나라하게 드러난다. 그가 서술하는 대통령의 방문과 그를 맞이하는 사람들의 모습은 우습고 민망한 상황들의 연속이다.

그러나 그 풍자 속에는 그들이 갖고 있는 비틀린 권력의 잔인함에 대한 공포 역시 담겨 있다. 프레임에서 벗어났으니 대통령에게 우측으로 조금만 옮겨 달라고 했던 사진사는 구타를 당하고, 사람들은 당연하다는 듯이 "구타가 시작되었을 때 멀리 피해 있다가 천천히 자신들의 위치로 돌아와 침묵"한다. 사람들은 부당함에 대해 말하지 못하며, 자신도 언제든 구타당할 수 있다는 사실에 조용히 몸을 피한다.

이러한 폭력은 대통령 방문을 모두 관리하고 나지를 감시하는 '샤키르'를 통해서도 반복적으로 표현된다. 다나나와 한 쌍으로 제시되는 샤키르는 워싱턴 주재 대사관의 참사관으로, 나지의 아파트에 들어와 그를 협박한다. 그는 이집트에 있었던 당시, 다른 고문관들이 구금과 폭행을 자행했던 것과 달리 고문 대상의 아내나 누이와 어머니를 잡아와 강간하고 그것을 보여줌으로서 자백을 받아내던 것으로 유명한 인물이다.

> "자네에게 분명히 말하지만, 이집트인들은 민주주의에 관심이 없고, 또 그들은 민주주의를 하기에 적합하지 않아. 이집트인은 세상을 살면서 세 가지, 곧 종교와 생계, 자식 외에는 관심을 갖지 않아. … 내가 자네에게 확실히 말하건대, 이집트의 체제는 산처럼 확고부동하고 미국 체제와 유기적으로 연결되어 있어. 자네 성명서에 쓴 내용은 미국인들에게 다 알려진 사실이야. 미국인들은, 이집트 체제가 자신들에게 이익을 가져다주는 한 아무것도 관심을 갖지 않아. … 만일 자네가 미국에 있다고 해서 보호 받을 수 있다고 생각한다면 그건 오산이야. 나지, 이성적으로 굴게. 자네의 미래뿐만 아니라, 자네를 위해 고생하시는 자네 어머니를 생각해서라도 말이야. 그리고 정경대 학생인 자네 여동생 누하를 위해서라도. 여동생은 가냘픈 처녀여서 국가보안국에 하룻밤 구금되는 것도 견뎌내지 못할 거야. 그곳 장교들은 저속하기 짝이 없어. 그들은 여자들을 원하고 있지."(355쪽)

그는 민주주의를 부정한다. 그것은 이집트인들이 그것에 관심이 없고 그럴 능력이 없다는 판단에서 이루어진다. 그에게 민중은 사람이 아니며 다스리고 몰고 가야 할 대상일 뿐이다. 그에게 상대는 사람이 아니기 때문에 비인륜적 감금과 폭행, 성적 모욕들이 가능하다. 그것은 자신의 성공을 위한 도구일 뿐이며, 그들을 자신의 마음대로 이용하고 움직일 수 있다는 것은 그에게 쾌락의 한 방법이다. 반면 상대는 그런 그의 시선과 행위로 인해 고통 받고 공포에 휩싸인다. 이때의 공포와 절망은 손쉽게 털어버릴 수 있는 대상이 아니다. 나지가 방문하여 성명서에 서명을 해 달라고 부탁한 상대들 역시, 두려움으로 인해 그것이 소용없는 일이라고 취급한다. 그리고 이 공포는 마지막의 성명서 낭독을 실패하게 만든다.

겁쟁이라 불리기 싫었던 사나이
— 조국과의 인연을 끊었다고 착각하던 자

어느 위치에 서 있는 사람들이건, 그들은 나지를 향해 이집트인들이 민주주의에 관심이 없고 적합하지 않다고 이야기한다. 살자흐의 경우 시위와 파업이 오히려 나라를 위협하고 흔들리게 할 것이라는 불안감을 드러낸다. 민주주의 혁명이 위험하다는 시선은 민중을 억압하는 정부 당직자의 것만이 아니다. 이집트를 버린, 미국인이 되고자 한 자들의 핑계이며 지금의 생활에 안주하고 싶어 하는 자들의 말이다. 여기서 벗어나 있는 사람은 끊임없이 질문을 받고 위협당한다. 때문에 그것에서 벗어나려고 하는 사람들이 있다. 라으파트는 이집트인들을 경멸하며 철저하게 미국식 가정을 꾸리려고 노력한다. 살라흐는 자신의 과거를 잊기 위해 물건들을 지하 창고에 가둬 둔다. 그러나 라으파트의 미국식 가정은 파탄 나며, 살라흐는 지하실로 내려가 1970년대 옷을 꺼내 입는다.

> 이 옷들은 그 안에 그의 개인사(個人史)를, 그의 지난 시절의 진실된 향기를 지니고 있다. 옷 하나하나마다 그에게 다양한 추억을 전해준다. 면으로 된 가벼운 셔츠는 시내의 수와일람 상점에서 샀던 것이고, 하얀색 샤크스킨 양복은 그가 여름철 야유회에 입고 갔던 것이며, 파란색 양복은 목요일 산책을 위한 것이었다. 줄 쳐진 검은 양복은 자이납의 생일 때 구입한 것이다.(334쪽)

> 그 기백이 30년 전에 찾아왔다면 그의 인생은 달라졌을 것이다. 자이납이 그에게 "미안하지만 너는 겁쟁이야"라고 말했을 때 말이다. 그는 마지막 한 걸음을 딛고 있다. 이제 그는 대통령 면전에 서서, 민주주의와 자유를 위해 이집트인의 권리를 옹호하는 성명서를 발표할 것이다. … 이제 그는 자신의 평범한 생활에서 벗어날 것이다. 그는 낡고 해진 겉옷을 버리듯 그런 생활을 벗어서 한쪽에 던져버릴 것이다. 그는 대대손손 전해질 자신의 이름을 역사에 쓰게 될 것이다. 폭군에 맞선 영웅으로.(423~424쪽)

그는 오래된 자신의 옷을 통해 이집트에 버리고 온 연인인 '자이납'을 떠올린다. 그러나 그것은 자이납을 잊지 못해서라기보다는 지난 시절의 자신을 버리지 못한 미련으로 보인다. 정확하게는 그 시절에 들은 자이납의 비난에 붙잡혀 있다. 반복해서 등장하는 과거 회상은 한 장면에 머물러 있다. 자이납에게 "미안하지만 너는 겁쟁이야"라고 비난 받은 뒤 그녀를 떠난 순간의 장면, 그는 그날로 자꾸만 되돌아간다. 고립된 시위 현장에 남은 자이납과 달리 젊었던 살라흐는 이집트에서 도망쳤다. 그는 자이납이 자신에게 이별을 고했다고 우기며 살아왔지만, 사실은 그가 조국과 그녀 모두로부터 도망쳤다는 사실을 알고 있었다. 때문에 그는 도망친 겁쟁이라는 부채감에서 벗어나기 위해, 나지와 카람 도스와 합의하에 대통령 앞에서 성명서를 읽기로 한다.

그러나 그는 대통령의 얼굴을 보고, 이마에 맺힌 땀을 닦은 뒤에 안색이 변한다. "그는 마치 머릿속에서 사라졌던 뭔가를 기억해낸 듯"하더니, 성명서 대신 대통령에 대한 찬양문을 읽는다. 이렇게 그들이 준비한 혁명은 실패한다. 살라흐는 자신이 역사적 순간에 남을 수 있다고 기대했으나 그의 속에 있던 공포가 다시 고개를 들었다. 후에 그레이엄의 평처럼, "인간은 가끔 자신의 두려움을 이겨내려고 애쓰다 실패하는 경우"가 있다. 대통령과 샤키르 등 공포의 대상들과 눈을 마주침으로 인해 그는 현실로 돌아온다.

그들의 혁명은 왜 실패했는가

겁쟁이에서 벗어나지 못한 절망으로 살자흐는 오래된 베레타 권총으로 머리 옆을 쏴 자살한다. 대통령 방문 시기 다나나의 아내 마르와는 자신을 샤키르의 비서로 보낸 남편을 떠난다. 마르와는 샤키르의 탐욕으로부터 자신의 정절을 지키기 위해 한 행동이었으나, 다나나는 오히려 그녀의 부정함을 얘기해서 장인에게 위자료를 받아낼 생각을 한다. 아마도 앞으로 다나나는 위자료를 받아 호화로운 유학 생활을 마친 뒤 이집트에 가서 고위 간부가 될 것이다. 나지는 문을 열 때마다 어둠속에 무단으로 들어와 앉아 있는 샤키르와의 대화로 인해 무너져 내리고 있다. 연인 웬디가 샤키르의 정보원이라고 의심할 정도로 무너진 나지는 혁명이 끝난 뒤 홀로 남겨진다.《시카고》는 해피엔딩이 아니다. 소설의 끝뿐만 아니라 앞으로 예상되는 그들 삶의 결말 속에도 권선징악과 성공적인 혁명은 없다.

"나는 이곳에서는 인권이 보호되리라 생각했어요."

"9 · 11 이후 미국은 필요한 사항으로 간주되는 모든 것을 행할 수 있는 권한을 국가 보안 기구에 부여했어. 사람들에 대한 첩보 활동부터 단순히 의심스러운 자들을 체포하는 일까지 말이야."(400쪽)

"개자식아, 밀해. 니는 왜 우리나라를 파괴하려 하는 거지? 우리는 네게 미국의 문을 열어주었어. 우리는 네가 품위 있는 인간이 되게 해 주었어. 그런데 너는 그 보답으로 선량한 미국인들을 죽이려고 음모를 꾸몄어. 만일 네가 자백하지 않으면 너희 나라에서 하는 것처럼 네게 채찍질을 하고 전기 고문을 하고 너를 강간할 거야."(430쪽)

실패한 혁명이 끝난 뒤, 나지의 집에는 이제 샤키르가 찾아오지 않는다. 대신 그에게 미국 경찰이 찾아온다. 그들은 나지의 혁명서 낭독을 미국 내 테러 행위로 전환시킨다. 독재 국가의 대통령이 지닌 권력의 공포는 이 순간, 그들이 준 조작된 정보를 거쳐 테러에 대한 공포로 변신한다. 미국인에게 전달된 테러에 대한 공포는 나지에 대한 분노와 폭행으로 모습을 드러내며, 나지는 다시금 공포로 인한 실패를 맛본다. 미국 경찰에게 폭행을 당하면서 그는 법적 부당함을 주장하지만, 그의 말이 먹힐 리 없다. 그들은 공포로 인해 만들어진 또 다른 권력자이며 다시금 공포를 생산하고 휘두른다. 그 안에는 사람 대 사람으로서 공평함에 대한 논리가 존재하지 않는다.

즉 그들의 혁명은 실패했고 그것은 테러로 변신해버렸으며, 혁명에 참여했던 자들의 인생은 끝이 났다. 그러나 여기서 '그들의 혁명은 왜 실패했는가?'라는 물음에 대한 대답은, 공포로 인한 실패가 아니다. 소설 속 혁명의 실패는 그것이 현실이기 때문에 일어난 것이다. 시카고라는 공간이 이집트의 독재자와 관련이 없는 안전한 곳이 아니었듯이. 나지가 생각했던 사람 대 사람으로서의 인권이 있던 곳이 아니었듯이, 소설 속 그들의 삶은 생각과 글 속에만 있는 환상이 아니다. 혁명의 실패를 통해 이 소설은 환상과 꿈의 내용이 아니게 되며, 투쟁은 허구에서 현실로 옮겨온다. 혁명을 진행시킨 사람들은 "몽상가"가 아닌 두려움을 이겨내고 상황을 바꿔보려 시도한,

도망치지 않은 사람이 된다. 만약 그들의 혁명이 소설 속에서 성공적으로 끝이 났다면 그것은 허구의 이야기에 그쳤을 것이나, 실패함으로써 그것은 '고발'이 된다. 작가는 절망적 결말을 통해 소설을 자신이 서 있는 '반독재' 시위의 길 위로 끌고 나왔다. 그렇기에 그들의 혁명은 실패했지만 작가의 소설은 실패하지 않았다.

제 3 장

인종

아프리카의 수호자는 누구인가

나딘 고디머, 《보호주의자》(한웅출판, 1991)

인종차별에 적극적으로 맞선 백인 작가 고디머

백인들이 아프리카 대륙에 이주해 온 이후로, 그곳은 처참한 인종차별의 땅이 되었다. 특히나 남아프리카공화국의 '아파르트헤이트(흑백분리)'는 인종차별을 법으로 정당화한 악명 높은 정책이었다. 백인들은 그 법에 따라 사람을 인종별로 구분하여 거주지를 나누고, 통혼을 금지하고, 출입이 가능한 구역조차 분리하였다. 백인이 아닌 사람들에 대한 차별은 이 법률로써 옹호되었고, 인구의 대다수를 차지하는 흑인들은 비인간적인 대우 속에 살아야 했다.

흑인들을 비롯한 유색인들이 이러한 비인간적 처우에 저항한 것은 당연했다. 그런데 백인이라고 해서 모두들 아파르트헤이트에 동조한 것은 아니었다. 백인 중 일부는 그 나름의 방법으로 흑인들의 저항에 동참하였다. 나딘 고디머는 존 쿳시, 안드레 브링크, 브레히텐 브레히튼바흐 등과 더불어, 인종차별에 저항하는 흑인들에게 힘을 보탠 백인 작가로 손꼽힌다. 그래서 이들 네 명의 작가는 1960~1970년대 남아공의 '망명 문단'을 이루는 백인 작가들로 일컬어진다. 이들이 조국 남아공을 떠나서 다른 나라로 망명한 것이 아님에도 망명자로 불리는 것은, 유색 인종을 차별하는 아파르트헤이트 정책에 반대하는 의견을 적극적으로 피력하고, 그로 인한 여러 불편함을 감수했기 때문이다.

고디머는 1991년에 노벨문학상을 수상할 정도로 세계적으로 인정받았지만, 조국 남아공의 백인 사회는 흑인의 저항에 동참하는 그녀에게 냉담했다. 그에 따라 인종차별을 문제적으로 다루는 그녀의 일부 작품들이 금서로 지정되기도 했다. 흑인 반란군과 백인 가족을 돕는 흑인 가족 이야기를 다룬《줄라이의 사람들》과, 반인종차별 운동을 하는 백인의 이야기를 다룬《버거의 딸》등이 금서로 취급된 작품들이다. 그럼에도 고디머는 인종차별에 대한 저항을 멈추지 않았다. 특히나 고디머의 저항은 적극적이어서, 그녀는 흑인 저항 조직인 '아프리카민족회의(ANC)'에도 참여하였다. 후에 남아공 최초로 흑인 대통령이 된 넬슨 만델라(Nelson Mandela)가 27년간의 감옥생활을 마치고 나왔을 당시에, "나는 고디머를 만나야 한다"고 말했다는 에피소드는, 고디머가 흑인 차별에 대해 어떻게 반대했고, 흑인들이 그것을 어떻게 받아들였는지를 짐작할 수 있게 한다.

고디머는 또한 인종차별에 대한 인식과 실천을 그대로 작품 속에 형상화하고 있다. 따라서 고디머의 작품들은 인종 때문에 갈라진 조국의 윤리적 · 정신적 갈등을 주제로 다루고 있다. 그녀는 "백인들이 '주인 계층'이라는 '의심스러운 특권'을 누리면서 감성과 이성이 오히려 마비되고 있다고 파악"하고, 그런 이성과 감성의 마비로 인해 결국 두려움과 공포심을 느끼는 주인공들을 형상화했다고 평가받는다. 고디머의 작품은 흑인 저항의 정당성을 피력하고, 백인들의 타락을 형상화하고 있는 것이다. 그런데 고디머는 남아공에서 백인 지배가 끝나고 흑인들이 정권을 잡았을 때에, 현재의 흑인 정권에 대해서도 비판의 시선을 거두지 않았다. 그가 평소에 신념으로 삼았던 것이 "작가가 다뤄야 하는 것은 그가 살고 있는 '당대의 의식'이며 이를 어떻게 다뤄야 하는가가 작가적 소명"이라는 생각이었기 때문일 것이다. 고디머는 그러한 자신의 신념에 따라 인종차별이 문제적이던 시기에는 그에 저항하였을 뿐만 아니라, 흑인 정권이 수립된 이후에도 당대의 모습을 낭만적으로만 바라보지 않고 냉철하게 바라보고 작품으로 형상화한 작가이다.

백인 농장주 메링의 꿈은 망상일까, 악몽일까

《보호주의자》(1974)는 아프리카에 농장을 소유한 백인 메링과 그 농장을 실질적으로 관리하는 흑인 야코버스, 이 두 사람의 이야기로 얽혀 있다.

먼저 메링을 살펴보자면, 그는 주중에는 도시에서 사업을 하고 주말에는 농장에서 보내는 생활을 하고 있는 인물이다. 사업가로서 메링은 도시뿐 아니라 여러 나라들로 출장을 다니기도 한다. 하지만 메링이 마음에 두고 있는 장소는 아프리카의 농장이다. 메링의 이 농장에 대해서 메링의 애인을 비롯한 친구들은 낭만적이라고 생각하며 부러워한다. 그런데 메링은 애인이나 친구들과는 좀 다른 생각으로 농장을 바라본다. 그렇기 때문에 메링의 애인 안토니나가 그 농장을 현실에서 벗어난 낭만적 공간으로 다소 공상적으로 보면서 그 땅을 있는 그대로 그냥 놔둘 것을 제의하지만 메링은 그 제안을 받아들이지 않는다. 메링에게 이 농장은 어떤 의미일까.

메링 스스로는 자신이 "땅과 접촉하고자 하는 갈망"을 지니고 있다고 말하지만 그가 농장에 대해 갖고 있는 생각은 낭만적인 것도, 자연과의 합일을 추구하는 순수한 것도 아니다. 그는 땅이란 생산이 없으면 아름답지 못하다고 하는 실용적인 인식을 가진 사람으로서, 농장의 한구석이라도 그냥 내버려두지 않고 작물을 심어서 일구려고 한다. 메링은 농장에 여러 가지 금기를 만들고(흑인 아이들이 새알을 갖고 놀지 못하게 하고, 농장을 관리하는 야코버스에게 개나 염소를 키우지 못하도록 금지하는 것 등이 이에 해당된다), 자투리땅이 없도록 꼼꼼하게 수익이 될 만한 작물을 심고자 한다. 게다가 그 토양과는 어울리는 않는 밤나무까지 옮겨 심고자 계획한다. 이러한 모습을 통해서 그가 원하는 것이 무엇인지를 엿볼 수 있다. 그의 욕망은 '있는 그대로의 땅'에 대한 것이 아니라, 그 땅에 자신에게 익숙한 일상을 옮겨놓으려는 욕망이다. 다시 말하면, 아프리카에 있는 농장이지만 그곳에 유럽적 환경을 마련하려는 것이다.

그런데 그에게 익숙한 일상이란, 단순히 자신에게 익숙한 자연 조건을 옮겨놓고 그 자연을 이용해 수익을 창출하는 것에 머무는 것이 아니기 때문에 문제적이다. 왜냐하면 백인인 그에게 익숙한 일상이란 인종차별이 당연한 삶이기 때문이다. 따라서 메링은 그 농장을 중심으로 생활하고 있는 야코버스를 비롯한 흑인이나 유색인들과 생활을 공유하지는 못한다. 즉 메링이 인종차별의 작태를 보이는 것은 아니지만, 메링의 삶과 흑인들의 삶은 어떤 교류도 없이 단절되어 있을 뿐이다.

남아공의 백인은 단일한 공동체는 아니다. 맨 처음 남아공에 이주해온 네덜란드인과 후에 들어온 영국인 사이에는 알력이 심했고, 심지어 전쟁까지 치를 정도였다. 인종차별 정책을 일컫는 아파르트헤이트는 주로 네덜란드계의 주도하에 시행되었던 것이다. 그런데 작가는 백인 농장주 메링을 네덜란드계도 아니고 영국계도 아닌 독일계로 설정해두었다. 이로써 아파르트헤이트와 일정한 거리를 지닐 수 있었다. 메링이 지독한 인종차별의 행태를 보이지 않는 것은 이러한 인물 설정으로 이해할 수도 있다. 그러나 그렇다고 해도 메링은 야코버스를 비롯한 유색인들과 제대로 된 교류를 갖지 못한다. 메링은 일반적인 백인들이 흑인들에 대해 갖고 있는 편협한 인식을 그대로 보여준다. 메링의 인식 속에서 흑인들은 "고기를 얻기 위해서라면 사람도 죽일 수 있"는 존재들일 뿐이다. 또한 "저들이 키우는 개들이 필시 여름 내내 뿔닭을 점멸시켜왔을 것"이라거나, "몇 년 전까지도 땔나무로 쓰기 위해 원주민이 마구 베어내곤 하던 나무의 그루터기"라는 표현들에서 그가 흑인들에 대해 어떤 인식을 가지고 있는지를 엿볼 수 있다. 메링은 백인들이 갖고 있는 왜곡된 인식의 한계를 고스란히 보여준다.

한편 그가 야코버스에게 함부로 하지 않는 것은, 자신이 이 농장에

할애할 수 있는 시간이 전적으로 부족한 상황이기 때문일 수도 있다. 즉 그는 자신이 원하는 농장을 만들고자 하지만, 자신의 손으로 직접 일굴 수는 없다. 그의 삶 대부분이 도시에서 진행하는 선철 사업에 할애되어 있기 때문이다. 따라서 농장을 꾸려가는 것은 야코버스로 대표되는 흑인과 유색인의 힘을 빌려야만 가능하기에, 불만족스러운 부분이 있더라도 어느 정도 감수할 수밖에 없다는 현실적 인식을 지니고 있는 것이다. 이렇게 볼 때 메링은 농장의 주인이기는 하지만 농장을 일구는 주체라고 할 수는 없다.

이렇듯 스스로 주체가 될 수 없는 상황에서, 그 농장을 두고 꾸는 메링의 꿈은 허황될 수밖에 없다. 더구나 메링의 불신은 흑인에게만 향하고 있지는 않다. 그는 백인 친구들과 애인, 여성들 그리고 심지어 가족, 그 누구와도 긴밀한 유대감을 갖지 못한다. 백인들이 강박적으로 함께 어울려 보내는 크리스마스까지도 그는 혼자서 보낸다. 이렇듯 메링은 주변 사람들에게 감정을 솔직하게 드러내지 않고, 피상적인 유대 속에 살아간다. 그러면서 그의 의식 세계는 분열적 독백을 통해서만 어지러이 드러날 뿐이다. 그래서 작품은 이 메링의 시선을 중심으로 서술되지만 주어가 이야기하는 게 누구인지 알 수 없을 정도로 혼란스러운 장면이 많아서 쉽게 읽히기 않는 측면이 있다. 메링이 현재 겪고 있는 이야기와 과거의 이야기 그리고 그의 상상 속 이야기가 혼잣말과 뒤섞여 별다른 장 구분 없이 나오기 때문이다. 그가 흑인이든 백인이든 누구와도 제대로 교유하지 못한 채 고립된 사람으로 존재하면서 보이는 이런 서술 때문에 메링과 그의 삶은 불안정하게 느껴진다. 이 작품은 메링의 농장에서 사람의 시신이 발견되는 끔찍한 장면으로부터 불길하게 시작되어, 결국 메링이 일련의 사건을 겪은 뒤에 농장을 떠나는 것으로 마무리된다.

고디머의 다른 작품들에서는 이런 시련을 겪는 주인공들이, 백인들이 아프리카에서 아무런 죄의식 없이 훔치고 강탈한 것이 얼마인가에 대한 아이러니한 질문에 직면하는 모습을 그리고 있는 경우도 있다. 하지만 《보호주의자》의 메링은 거기에까지 이르지는 못하고 있다. 그것은 메링이 맺고 있는 인간관계가 그러한 질문에 이를 수 없을 정도로 피상적이기 때문일 것이다.

고용인이자 주인인 그 땅의 사람들

작품의 또 다른 한 축을 담당하고 있는 야코버스를 살펴보자. 메링의 농장을 가꾸고 일구어가는 것은 주인 메링이라기보다는 농장 관리인 야코버스와 그곳에서 일하는 일꾼들이다. 메링과 대척적인 지점에 작가는 야코버스를 세워두었다. 그는 농장주인 메링과 농장의 일꾼들, 혹은 농장에서 일자리를 구하고 싶어 하는 사람들 사이의 연결 고리이다. 주말만을 농장에서 보내는 메링과 달리 야코버스는 농장에서 살면서 실질적으로 농장과 농장 주변 사람들을 돌본다. 소설의 첫 장면은 농장에서 시신이 발견되는 것으로 시작하는데, 야코버스가 농장에서 살고 있기 때문에 메링보다 먼저 이런 사실에 접근하게 되고 메링은 야코버스를 통해서 뒤늦게 알게 된다. 그러나 메링은 이 일을 제대로 처리하지도 못한다. 물론 주말이었기 때문에 경찰이 재빨리 대응할 수 없었다는 상황 설명이 나오기는 한다. 결국 메링은 주말이 끝나 도시로 돌아가고, 이 일의 마무리는 역시 야코버스를 통해서 진행된다.

이러한 모습은 작품의 구조를 얼핏 메링과 야코버스, 백인과 흑인, 농장(땅)의 허울뿐인 주인과 진정한 주인 등으로 이분법적으로 이해하게 할 소지가 있다. 하지만 고디머는 야코버스를 비롯한 흑인과 인도인들을 단순하게 그리고 있지는 않다. 그들은 농장주 메링을 대신하여 농장을 일구고 그곳에서 벌어진 크고 작은 일들을 처리한다. 그러나 고디머는 그들의 모습을 순수하게만 그리고 있지는 않다. 그들은 농장주 메링에게 복종하는 체하면서도 그의 트랙터를 유용하거나 메링이 금한 일을 슬쩍 해치우기도 한다. 흑인들은 메링의 지시에 순종하지 않을 뿐 아니라 자신들의 이익을 위해 메링을 속이기도 한다. 야코버스의 경우에는 메링과 다른 일꾼들을 연결하는 역할을 하면서 그 지위를 이용하기도 한다. 즉 야코버스를 비롯한 유색인들의 모습이, 메링과 대비되어 도덕적 우위에 있는 것으로 그려지고 있지 않다. 그들의 모습은 별다른 새로움을 환기하지 못하는, 특별할 것 없는 그렇고 그런 군상들이라고 할 수 있다.

심지어 작품의 말미에서 메링이 아프리카를 떠나는 계기가 되는 사건의 경우, 유색인들의 함정(백인 남성을 유혹하여 흑백 간의 연애를 금지하는 아파르트헤이트를 범하게 하고, 그것으로 협박을 하고자 하는 듯한 무리를 만나는 장면)이라는 다소 충격적인 장면을 보여주고 있다. 이 장면에서 유색인은 범죄자의 형상을 띤다. 따라서 보통 아프리카를 배경으로 백인과 흑인이 등장하는 경우에 기대하게 되는 것, 즉 가해자로서의 백인과 피해자로서의 흑인이라는 도식이 이 작품에는 두드러지지 않는다. 물론 메링의 시선을 통해 비친 유색인들의 모습이기에 그 모습이 유색인종의 실체를 제대로 보여주는 것은 아니지만, 그 모습 속에서 잘못된 현실, 즉 인종차별에 대한 정당한 저항을 기대하기는 어렵다.

이렇듯 서술의 태도가 주로 메링의 시선과 가깝기 때문에, 이 작품 속에서 유색인들의 고난이나 부당한 대우를 받는 모습 등을 찾아보기는 어렵다. 그러나 그럼에도 작품의 제목인 '보호주의자'가 누구를 지칭하는 것이냐는 질문에 대한 답은 메링보다는 야코버스를 비롯한 유색인들일 수밖에 없을 것이다. 왜냐하면 야코버스를 중심으로 농장 일꾼들은 가뭄과 홍수처럼 농장이 위기 상황에 처했을 때 주체적으로 대응하는 모습을 보이기 때문이다. 엄청난 홍수가 일어나서 전화선마저 끊겨 메링과 연락이 안 되는 상황에서조차 그들은 자발적이고 적극적으로 적절한 대응을 하여 홍수를 견뎌낸다. 또 작품 말미에서는 농장에서 발견된 시신의 장례 치르는 일에서도 중심이 된다. 이러한 모습은 주인의 지시에 따라 수동적으로 움직이는 노예의 모습이 아닌, 내 땅과 내 농장을 돌보는 주체적인 모습인 것이다.

'무지개 국가'의 실현을 위해

고디머의 《보호주의자》는 백인 주인과 흑인 일꾼이라는 대조적

인물군을 설정하고 있지만 인종차별의 문제를 전면에 부각시키고 있지는 않다. 주인공 메링을 비롯한 백인들이 흑인을 비인간적으로 다루는 장면도 없다. 인종차별 정책 아래 흑인을 비롯한 유색인종의 삶을 처참하게 그리고 있지도 않다. 이 작품이 창작된 1970년대는 아직 흑백 차별이 공고하던 시기인데, 메링과 야코버스의 관계를 보면 그런 아파르트헤이트의 어두운 그림자가 거의 드러나지 않는 편이라고 할 수 있다. 인종차별의 문제를 극단적으로 단순하게 다룬다면, 원래 흑인들의 땅이었던 곳에 백인들이 침략해 들어온 것이니 원래대로 흑인들에게 땅과 권력을 모두 돌려줘야 할 것으로 생각할 수 있다. 그리고 백인들은 모든 권리를 내려놓아야 하고, 극단적으로는 그 땅을 떠나야 할 것으로 생각되기도 한다. 실제로 흑인 운동의 한 분파들은 백인에 대한 강력한 처벌을 요구하기도 했다. 자신들이 당한 것과 똑같은 대우를 백인들에게 해야 한다는 것이다.

그러나 고디머는 이 작품에서 그런 인종차별의 문제점과 그에 대한 극단적 해결을 드러내려고 하기보다는 미래에 대한 고민을 보여준 것으로 보인다. 즉 백인들의 잘못을 부정하는 것은 아니지만 아파르트헤이트는 끝내야 하는 것이고 그 이후에 어떤 미래를 열어갈 것인가에 대한 고디머의 고민을 엿볼 수 있다. 아파르트헤이트에 대한 저항으로서, 백인을 악의 전형으로 그리고 흑인을 피해자의 전형으로 그리는 것은 손쉬운 일일 것이다. 이에 더하여 흑인들을 도덕적 우위를 선점한 인물들로, 순수한 인물들로 긍정적인 모습만을 부각시킬 수도 있을 것이다. 그러나 고디머는 백인의 인종차별을 극단적으로 그리거나 흑인을 낭만적으로 그리지 않음으로써, 아파르트헤이트 이후의 미래는 단순히 흑인과 백인의 위상을 뒤집는 것을 통해 이루어지는 것이 아님을 보여주려 한 것이 아닐까. 잘못된 역사를 뒤집어 또 다른 억압의 사회를 만드는 것이 아니라 흑백을 비롯한 모든 인종이 함께 어우러져 살아가는 '무지개 국가'의 실현을 위한 고민이 담긴 것이 아닐지(실제로 나딘 고디머는 아파르트헤이트가 종결되었을 때 잃었던 권리를 되찾은 그들을 축하하고 환영하였지만, 계속해서 현실에 대한 비판적 인식을 거두지 않은 채 흑인 정권에도 쓴소리를 멈추지 않은 작가였다).

인종차별의 현실을 직시하고 증언하는 글쓰기

안드레 브링크, 《메마른 계절》(동아일보사, 2001)

아프리카에는 흑백 갈등뿐 아니라 백백 갈등도 있다?

아프리카는 흑인의 땅이지만, 17세기에 그 땅으로 이주한 이래 백인들이 살아온 기간도 결코 짧다고는 할 수 없다. 아프리카에서 흑인과 백인이 함께 살아온 이 세월은 흑백 갈등의 역사이기도 하다. 이런 역사적 배경 아래, 아프리카 문학은 흑인의 문학이라고 한정할 수 없게 된다. 오히려 세계적으로 유명한 아프리카 작가라고 할 수 있는 나딘 고디머, 존 쿳시 등은 모두 백인 작가이다.

아프리카 대륙의 백인 문학은 대부분 남아프리카공화국에서 나온다. 아프리카의 대표적인 백인 작가로 꼽히는 고디머와 쿳시 그리고 안드레 브링크(André Brink)가 모두 남아공 출신들이다. 그런데 이 백인 작가 그룹 안에는 복잡한 사정이 있다. 이는 남아공으로 이주해 온 백인들의 역사와 관련된다. 뒤늦게 19세기에 이주하기 시작한 영국인들은 17세기에 먼저 이주해 온 네덜란드인들과 갈등을 빚는다. 후자는 보통 '보어인'이라고 불리며 네덜란드어를 바탕으로 한 아프리칸스어를 사용하는 데 비해 전자는 영어를 사용하는 등 언어의 사용에서도 갈등이 있다. 이들 간의 갈등은 격렬하여 두 차례에 걸쳐 전쟁을 치르기까지 했다.• 작가들도 네덜란드계인지 영국계인지에 따라 다른 성향을 보인다. 영국계 작가들은 대개 도회적이고 세계적인 취향을 가진 반면, 네덜란드계 작가들은 시골에 기반을 둔 공통된 경험과 강한 동족애를 가지고 방어적 입장에서 비롯되는 긴밀한 공동체 의식을 드러내는 차이를 보인다고 평가된다.

안드레 브링크는 네덜란드계 백인 작가로, 영어와 아프리칸스어를 모두 사용하여 작품 활동을 했다. 그는 1963년에 잡지 《세스티거스(Sestigers)》의 편집인이 되었는데, 잡지명이 뜻하는 '60년대 작가들'은 타자의 자유를 위해 투쟁해온 작가들이라는 평가를 받는다. 이때 '타자'란 국가 정책에 의해 억압당하는 소수자를 의미하는데, 여기에는 가장 열악한 처우를 당하던 흑인도 포함된다. 그런데 이들의 투쟁은 아파르트헤이트의 맥락 속에서 또 다른 의미를 띠게 된다. 최악의 인종차별 정책으로 평가 받는 아파르트헤이트는 네덜란드계가 주도한 정책이었으므로 그들이 저항하는 대상은 백인 중에서도 네덜란드계, 즉 자신의 민족이었던 것이다. 따라서 그들의 저항은

• 보어전쟁 또는 트란스발전쟁이라고 불린다. 1980~1981년에 발발한 제1차 전쟁으로 보어족은 트란스발공화국과 오렌지자유국의 독립을 인정받았다. 그런데 이 두 지역에서 다량의 다이아몬드와 금이 발견되자, 영국 제국이 이곳을 차지하기 위해 전쟁을 벌였다. 그것이 1899~1902년의 제2차 전쟁이다. 이 전쟁으로 트란스발공화국과 오렌지자유국의 영토는 영국의 식민지가 되었다. 이는 식민지 안의 식민지라는 독특한 상황이며, 네덜란드계와 영국계 간의 갈등을 엿볼 수 있다.

반민족적 행위로 매도되었다. 흑백 차별에 강력하게 맞선 대표적 작가인 나딘 고디머는 영국계이기 때문에 자신의 동족으로부터 비난을 받지 않은 것과는 대조된다. 브링크의 작품은 이렇듯 자기 민족에게 '민족의 배신자'라는 낙인을 받으면서도, 진실의 편에 서서 인종차별이라는 절대악에 대한 저항을 포기하지 않은 용기 있는 작가의 목소리를 담고 있다.

인종차별의 현실을 직시하는 아프리카너의 눈

브링크는 민족을 배반했다는 비난을 받으면서도 아파르트헤이트에 대한 저항을 멈추지 않았다. 《메마른 계절》(1979) 역시 브링크의 그러한 자세를 그대로 담고 있는 작품이다. 작품은 주인공인 백인 벤 듀 토이와 흑인 고든 사이에 벌어진 일을 중심으로 전개된다. 고든은 벤이 근무하는 학교의 청소부이지만, 벤이 고든의 아들 조나단의 학비를 후원하고 있기 때문에 그들의 관계는 매우 돈독하다. 고든이 감사의 표현으로 주말마다 조나단에게 벤의 정원을 관리하게 함으로써, 그들은 거의 매일 만나는 셈이나 다름없다. 그래서 고든은 아들 조나단이 부당한 처벌을 당했을 때나 행방불명되었을 때, 그리고 결국 죽었다는 통보를 받았을 때 늘 벤에게 상황을 설명하고 의논을 하고 도움을 요청한다.

그러나 남아공에서 백인과 흑인의 처지가 하늘과 땅 차이인 것처럼, 이런 일련의 상황에 대한 벤과 고든의 반응에는 큰 거리가 있다.

조나단이 혐의에 대한 조사도 없이 끔찍한 태형을 받고 왔을 때 그리고 소웨토 항쟁•에서 연행된 후 결국 죽었을 때도, 벤은 "할 수 있는 일이 없다"며 미온적 태도를 보인다. 그는 조나단의 죽음에 대해 알아보려고 애쓰던 고든이 잡혀갔을 때조차, 뭔가 실수가 있을 뿐 고든은 곧 석방될 것이라는 비현실적인 믿음을 놓지 않는다.•• 법정이 이성적 판단에 의해 일을 처리할 것이라는 벤의 막연한 믿음은, 수감 중이던 고든이 석연치 않게 죽은 뒤에도 꺾이지 않고 모든 일을 법에 의지해 처리하도록 한다.

그런데 고든의 일을 추적하면서 벤은 자신이 알고 누리고 있는 현실이라는 것이 얼마나 편협하고 부당한 것이었는지를 깨달아간다.

스탠리와 멜라니는 벤이 현실에 눈뜨는 것을 돕는 이들이다. 스탠리는 고든 가족을 비롯한 흑인들과 벤 사이의 연결 고리 역할을 하는 흑인으로 벤의 몰현실적인 인식을 날카롭게 지적한다. 그를 통해 벤은 "엉덩이를 드러내고, 악취가 나는 역사"(121쪽)를 깨닫는다. 이제까지 벤은 고든과 허물없이 지내며 스스로를 인종차별과는 거리가 있는 인물로 자부했다. 그러나 스탠리가 그의 집을 방문했을

• 남아공 정부는 학교에서 아프리칸스어를 의무적으로 사용하라는 법령을 발표한다. 1976년 소웨토의 초등학교 학생들이 학교에 가는 것을 거부하였고 이 반대 운동은 점차 확산되었다. 6월 16일에 소웨토에서 학생들은 아프리칸스어 강제 사용에 반대하여 시위를 벌였고, 경찰들은 시위 학생들을 향해 발포를 하였다. 그 후 1년간 남아공 전역으로 봉기가 확산되었으며, 이 기간 중 사망자 수만 575명(민간 조사 기구는 1,000명이라 주장함)에 달했다. 매년 6월 16일은 '청년의 날'로 기념하고 있다

•• 체제에 대한 이런 믿음은 벤의 둘째 딸 린다에게서도 엿볼 수 있다. 고든이 체포된 후 린다는 고든의 아내 에밀리와 아이들을 돕는다. 이에 대해 작가는 "그녀도 벤처럼, 아니 더 확실하게, 모든 것이 곧 해결되리라고 믿었다"(90쪽)라고 서술하고 있다.

때 "생전 처음으로, 흑인 방문객에게 접대를 해야 할 상황에 처"했음을 깨닫고 "죄의식과 흡사한 감정"(120쪽)을 느낀다. 또 고든의 시신을 확인하기 위해 난생처음으로 흑인 거주지인 소웨토를 방문했을 때는 "단순히 다른 도시가 아니라 다른 나라, 다른 차원에 속하는 완전히 다른 세계"(125쪽)라고 느낀다. "그들이 사는 세계가 이렇게 절대적으로 분리되어 있다는 걸" 비로소 체험하는 것이다. 벤은 고든의 처참한 시신을 통해서 경찰의 거짓과 무자비한 폭력과 직면하고, 비합리적인 재판 과정을 지켜보면서 인종차별의 현실을 인정할 수밖에 없게 된다. 이런 과정을 통해 벤은 경찰의 발표를 곧이곧대로 믿을 수 없다는 것과 법 역시 공정하지 못함을 절실히 깨닫는다. 그것은 자신이 믿고 의지하고 살아온 토대를 부정하는 괴로운 일이었다. 더군다나 그와 달리 그의 가족들은 여전히 그 토대 위에 머물러 있기에, 벤은 가족들과도 멀어지게 된다.

가족과의 괴리는 괴롭지만 이미 현실을 들여다본 벤은 과거로 돌아갈 수 없다고 느낀다. 그래서 벤은 더 이상 법에 기대하지 않고 자신이 할 수 있는 일을 적극적으로 찾아 나선다. 조나단과 고든에 대한 진술서를 모을 뿐만 아니라 그의 움직임을 감시하는 경찰이 가택수색을 하자, 진술서 등의 자료를 감추기 위한 비밀의 공간을 만든다. 고든이나 그의 아내 에밀리의 요청에 부응하는 정도에 그쳤던 벤이 스스로 대처를 하는 것이다. 작가는 이에 대해 "그것은 자기 방어적 행동이 아닌 긍정적이고 결정적인 대응이었다. 그것은 하나의 새로운 시작이었다"(230쪽)고 평가한다. 인종적 편견 없이 살고자 했으나 자신의 의도와 상반되는 현실 속에 살던 벤은 자신과 가까웠던 흑인 고든 부자(父子)의 죽음을 계기로, 자신이 지금껏 몰랐던 현실을 직시하며 그 죽음의 실상을 밝히고자 여러 가지 시련을 감수하며 적극적으로 변모하게 된 것이다.

진실을 가리는 장애물들

이렇듯 벤은 자신의 울타리를 벗어나 조나단과 고든의 죽음이 증언하는 아파르트헤이트 정책의 진실 그리고 그것이 가리키는 추악한 현실을 밝히고자 애쓴다. 벤은 "죄가 있는 자들이 처벌을 받고, 무슨 일이 있었는지 세상 사람들이 알 수 있도록" "그자들이 숨기려고 하는 것들을 파헤치"(262쪽)기로 결심한다. 그러나 진실을 밝혀보고자 애쓰는 그의 노력은 여러 걸림돌에 부딪힌다.

벤이 진실에 다가갈 수 없도록 하는 장애물은 처음엔 벤 자신에게 있었다. 앞서 살펴보았듯이, 법과 체제에 대한 벤의 믿음이 그것이다. 사실 법에 대한 믿음은 백인인 벤에게만 국한되지 않는다. 흑인들 역시 그러한 막연한 믿음을 지니고 있다. 고든의 일로 벤이 흑인을 돕는다는 소문이 나자 그에게 도움을 요청하는 흑인들이 찾아오기 시작했는데, 그들 역시 "법에 호소하면 간단히 해결될 일이라고 생각"(292쪽)하곤 한다. 그러나 벤의 믿음이 무너졌듯이, 그들의 믿음도 처절하게 짓밟힌다.

현실을 제대로 보지 못하는 내적 장애 외에, 외적 장애물로 가장 두드러지는 것은 비밀경찰이다. 그들은 벤의 일거수일투족을 감시하고 도청하면서 공공연하게 적대적인 태도로 위협을 가한다. 그러나 그것은 눈에 명확히 드러나 보이는 적이다. 그를 막는 또 다른 방해자는 같은 민족 아프리카너들의 왜곡된 믿음이었다. 이는 유능한 변호사이며 열성 당원으로 1953년에 국회의원으로 당선된 아프리카너인 장인의 모습을 통해 분명하게 드러난다. 그는 벤이 고든의 일에 열심인 것 자체를 나무라지는 않는다. 그는 "백인이든 흑인이든 상관없이 내 이웃들로 생각하고 내 자신을 희생하면서 평생 그와 똑같은 일을 해왔"다는 자부심도 가지고 있고, 실제로 고든의 아내 에밀리의 거주 문제를 처리해주기도 한다. 그러나 아프리카너들의 정부가 불의를 저지르고 있다는 사실은 전혀 받아들이지 못한다.

> 비밀경찰이 그 일에 개입하고 있다면, 그럴 만한 이유가 충분히 있기 때문일세. … 불의라고? 불의가 어디 있는가? 내 눈에는 보이지 않네. … 자네는 어떻게, 우리 민족의 적들을 두둔할 수가 있는가? 그들은 민주적인 선거에 의해 구성된 정부를 전복시키려고 하는 자들 아닌가? … 불의에 대해 얘기하고 싶으면, 우리 민족이 고통을 당한 것을 생각해봐. 영국인들이 하는 전쟁에 끌려 들어가는 것보다는 이 땅이 훨씬 소중했기 때문에, 얼마나 많은 사람들이 40년대에 감옥을 택했는가? 그 영국인들은 우리를 핍박했던 자들일세.(310~311쪽, 밑줄은 인용자)

영국인과 구분하여 자신들을 자유의 수호자이자 피해자로 규정짓는 아프리카너의 믿음은 공고하다. 벤은 더 이상 장인의 도움을 기대할 수 없음을 깨닫는다. 장인이 "악의적이고 둔감해서가 아니"라, 자신과 다른 생각이 옳을 수도 있다는 것을 한순간도 용납할 수 없는 사람이기 때문이다.

이와 같은 맥락에서 벤은 아프리카너들을 묶어주는 종교적 신념 역시 단단한 벽임을 깨닫는다. 당국은 하느님으로부터 권위를 위임받았으므로 그들을 의심하는 것조차 "기독교적 원리에 어긋난 행동"(209쪽)이라면서 벤을 만류하는 베스터 목사의 발언은 보수적인 백인의 전형적 사고를 보여준다. 그런데 이렇듯 신앙의 이름을 빌려 폭력적 현실에 대한 외면을 정당화하는 것은 백인들만이 취하는 자세는 아니다. 흑인 마손와네 목사도 역시 동일한 논리를 설파한다. 마손와네 목사는 가해자를 용서함으로써 피해자가 윤리적으로 더 우위를 점할 수 있다고 설명한다. 그러나 제대로 된 진실의 규명과 사과 없이 이뤄지는 용서란, 오히려 진실을 가리는 잘못된 행동이며 그저 당장의 갈등을 회피하고자 하는 기만적 대응일 뿐이다.

벤이 이러한 여러 장애물들에 부딪치는 것은, 적을 알아가는 과정에 다름 아니다. "불의에 대해 잘 알지 못한다면, 정의를 위해 싸우기를 바랄 수도 없"으니 "우선 당신의 적부터 알아야"(175쪽) 한다는 멜라니의 충고를 따른 것이라고 하겠다. 그러나 적을 발견해가면서 벤의 가족조차 벤에게서 등을 돌리고(심지어 그의 딸은 벤을 곤경에 빠뜨리기도 한다) 벤은 점점 지쳐간다.

삶이란 질문하고 증언하며 견디는 것

고든의 죽음에 대한 자료를 모아가면서 벤은 두려움을 느끼는데, 그것은 위에서 살펴본 장애물들로 인한 막막함이나 탄압에 대한 두려움이 아니라 좀 더 근원적인 것이다. 벤이 느끼는 두려움은 진실을 알고자 하는 사람들이 맞닥뜨리는 근원적 문제이다. 진실을 밝힌다고 나 자신이나 사회에 무엇이 달라질 것인가 하는 의구심. 그렇다면 이런 노력이 아무 의미가 없을 것 같다는 무기력함. 벤이 제기하는 이런 의문에 멜라니의 아버지 필 브루웨어 교수는 다음과 같이 답한다.

> "그것이 어디에 도달하든 그건 중요하지 않네. 중요한 것은 계속 질문을 제기해야 한다는 것이네. 우리는 그런 일에 관계된 우리의 책임감을 분명히 할 때까지 계속 질문을 해야 할걸세. … 우리가 구체적인 어떤 것을 해서가 아닐세. 어쩌면 우리가 하지 않은 어떤 것 때문일걸세. 부패하지 않도록 할 시간이 우리에게 아직 남아 있었음에도 불구하고 우리가 소홀히 했던 어떤 것 말일세."(427쪽)

그리고 이런 일련의 과정을 통해 "세상을 구하려고 하지" 말고 "자신과 그밖에 한두 사람이면 충분"하다고 일러준다. 그렇다면 진실을 알고자 하는 노력이 유념해야 할 것은 무엇일까. 작가는 브루웨어와 스탠리 등의 입을 빌려 몇 가지 태도를 제안한다. "진보주의자들이 느낄 수 있는 사치"인 "죄의식 콤플렉스"를 느끼지 말 것,

"사람을 기억하는 가장 좋은 방법"인 "싸움을 계속" 할 것,(317쪽) "우리가 사는 시대는 역사가 확고한 방향을 잡지 못하고 있으니까 모든 사람이 각자 결정을 내려야"(326쪽) 함을 알고 감당하는 것 등이 그것이다. 이 작품은 "우리가 경계해야 하는 미친 짓 두 가지"인 "우리가 모든 걸 할 수 있다는 생각"과 "우리가 아무것도 할 수 없다는 생각"(360쪽)을 버리라고 조언한다. 그리고 이길 수는 없지만 그렇다고 질 필요도 없다고, "중요한 것은 기다리는"(421쪽) 것임을 반복해서 말한다. 그리고 그렇게 견디고 기다리는 것이 인간을 자유롭게 하는 길임을 역설한다.

이런 삶 속에서 벤이 더욱 인간다워지듯이, 어느새 이 작품의 서술자도 변해 있다. 이 작품은 그저 그런 대중소설 작가였던 서술자가 벤에게서 받은 자료를 섭렵하며 사건을 재구성한다는 바깥 이야기로 둘러싸여 있다. 서술자는 처음에 자료를 맡아 달라는 벤의 부탁을 받았을 때에는 발뺌할 궁리부터 했다. "벤이 정치에 관련되어 있다면, 나는 그쪽으로 끌려 들어가고 싶지 않았다"는 것이 이유였다. 그러나 결국은 이렇게 이야기를 쓰고 만다. 그가 벤의 자료를 엮어 글을 쓰게 된 데에는 불의에 동조했던 과거의 경험에서 비롯된 부채 의식도 작용했을 것이다. 서술자는 자신이 하는 일은 벤의 자료로 그저 글을 쓰는 것일 뿐이지만, 이 작업은 "다시는 어떤 사람도 '난 그것에 관해 아무것도 몰랐소'라고 말할 수 없도록"(459쪽) 하는 의미 있는 작업임을 인정한다. 벤의 삶은 이렇게 한 사람을 변화시켰다.

그런데 진실을 알아가는 데에는 두려움이 뒤따른다. 그 두려움을 이겨내기 위해서는, 진실을 회복하고 증언하는 것이 자신을 위한 것이라는 자각만으로는 부족하다. 더불어 혼자가 아니라 누군가와 함께 해야 한다. 아프리카 흑인 소설에서는 '유머'가 강조되는 경우가 많은데, 이 작품에서도 스탠리와 멜라니의 아버지 브루웨어 교수가 그 역할을 담당하고 있다. 스탠리와 브루웨어는 벤을 양쪽에서 부축하는 기둥들이다. 그들은 벤에게 그리고 독자에게, 《메마른 계절》 같은 삶일지라도 진실에 대한 믿음과 유머를 잃지 말고 현실을 직시하면서 질문을 던지고 견뎌가는 것이 인생이라고 말해준다. 그리고 자신들이 동행하겠다고 손을 내민다. 자신들과 같은 사람과 동행하자며.

덧붙이는 이야기 — 소설과 영화의 거리

1989년에 마르티니크 출신의 감독 유잔 팔시•에 의해 이 작품이 영화화되었다. 이 소설과 이 소설로 만든 영화는 제목은 같지만 몇 가지 차이가 있다. 첫째로 서술자의 존재 여부를 꼽을 수 있다. 소설에만 등장하는 인물로 '서술자'가 있다. 소설은 주인공 벤이 대학 동창인 이 서술자에게 자신이 모은 자료들을 건네고, 이 서술자에 의

• 유잔 팔시는 할리우드 최초의 흑인 여성 감독으로 꼽힌다. 1958년에 마르티니크에서 태어나 TV 각본가로 시작해 방송사 감독으로 활동했다. 17세에 TV 단막극 'La Messagere'의 연출을 맡으며 데뷔했다. 소르본대학교에서 문학을 전공했고, 파리의 보지라르 필름 스쿨에서 영화를 공부했다. 영화 데뷔작은 80만 달러를 들인 저예산 영화 〈사탕수수길(Rue Cases Negres)〉(1983)인데, 이 작품은 마르티니크 역사상 최초의 작품이며 베니스영화제 은사자상과 프랑스 세자르영화제 최우수작품상을 수상했다.(《씨네21 영화감독사전》, 한겨레출판사, 1999 참고)

해 전체 이야기가 재구성되는 형식으로 이루어져 있다. 서술자는 벤의 기록 중에 누락 부분을 상상으로 채우기도 한다. 이 서술자는 "낭만적 배경에서 벌어지는 사랑과 모험에 관한"(19쪽) "대중소설을 쓰는 작가"로 설정되어 있는데, 이는 아프리칸스 작가들의 보편적 모습이다. 작가는 이런 서술자를 내세워 아프리칸스 작가들의 창작에 비판의 목소리를 낸 것으로 볼 수 있다. 이처럼 소설에는 다양한 비판적 목소리가 담겨 있지만 영화에서는 주로 '흑백 갈등'에 초점을 맞추다 보니 서술자의 존재를 생략했을 것이다.

두 번째로 꼽을 수 있는 차이점은 영화에서는 누락된 벤과 멜라니의 사랑 이야기이다. 소설에서 이 장면이 삽입된 것 역시 아프리칸스 문학에 대한 반발로 볼 수 있다. "브링크는 이 작품에서 정치와 성의 문제를 과감히 전면에 부각시킴으로써 주로 전원적 주제에만 골몰하던 아프리칸스 문학의 전통을 타파하고 있다"• 고 평가 받기도 한다. 그런데 개인적 느낌으로는 벤과 멜라니의 사랑 이야기를 통해서, 벤이 영웅시되는 것을 막을 수 있었다고 생각한다. '불륜'이라는 소재를 통해 벤은 그런 평범한 혹은 '비윤리적인' 사람이 된다. 이로써 흑백 갈등의 문제를 해결하기 위해 애쓰는 것은 특별한 사람들

• 장붕익에 따르면, 여성과 성에 대한 브링크의 관심은 네 번의 결혼이라는 그의 개인사와도 관련이 있다. 더불어 가뭄이나 가난한 백인 이야기에 집중되어 정체되고 우울한 분위기를 자아내는 일반적인 아프리카너 작품들에 비해, 잡지 《세스티거스》에는 성적 내용의 작품이 많이 실렸고, 브링크는 이에 대해 아프리칸스 문학을 위해 새로운 어휘들을 창조하기 위한 프로젝트였다고 항변했다고 한다.(장붕익, 〈문학과 정치 : 남아공의 아프리카너 작가 안드레 브링크를 중심으로〉, 《아프리카 연구》 제32호, 한국외국어대학교 아프리카연구소, 2012, 143~145쪽)

에게만 해당되는 것이 아니게 된다. 그곳에서 사는 누구나에게 닥친 일상적 문제이고, 따라서 누구든 그 문제의 해결을 위해 애써야 한다.

세 번째로는 결말 장면의 차이를 꼽을 수 있다. 소설에서는 서술자가 벤의 죽음을 신문을 통해 알게 되고, 결국 모든 이야기는 그 서술자에 의해 재구성되는 것으로 마무리된다. 영화에서는 벤의 아들 요한이 그 자료들을 영국계 신문사에 넘기는 것으로 마무리된다. 그리고 스탠리가 스톨츠 경위를 암살한다.

2시간 이내로 영화를 꾸리기 위해 감독은 극적 효과를 낼 수 있는 방법으로 이러한 차이를 선택했을 것이다. 그리고 그로 인해 소설이 담고 있는 문제의식과 영화가 보여주는 문제의식에는 차이가 발생한다. 영화는 흑백의 갈등을 더욱 직접적으로 드러낸다. 이와 관련해 살펴볼 장면은 고든의 아내 에밀리의 죽음이다. 소설에서 에밀리는 자살한다. 둘째 아들 로버트가 사살당한 후 삶의 목표를 잃었기 때문일 것이다. 반면에 영화에서 에밀리는 집에서 쫓아내려는 경찰에 항의하다가 맞아 죽는 것으로 처리하여, 흑백의 갈등을 더욱 선명하게 드러내고 있는 것이다. 영화가 흑백 갈등에 초점을 맞췄다는 것은, 백인 간의 갈등이나 백인 문학 내의 대립 등은 감추어졌음을 의미한다. 소설에 담긴 다양한 비판적 시각이 영화에서는 마모되어 버렸음이 아쉽다. 스탠리가 흑인 차별의 대표적 인물인 스톨츠 경위를 저격하는 장면도 소설에는 없는 장면으로서, 이 역시 흑백 갈등을 극적으로 보여주기는 하지만 너무 감정적 대응인 듯해서 아쉬운 장면이다.

아파르트헤이트를 심문하는 날카로운 시선

루이스 응꼬씨, 《검은 새의 노래》(창비, 2009)

1

어느 순간 아프리카가 가슴으로 들어왔습니다. 사실 아프리카와의 만남은 탈식민주의 이론을 적용해 한국문학을 분석해보고자 했던 2000년대 초였습니다. 아프리카의 역사와 문화를 탈식민주의적 관점으로 접근한 서구의 이론에 심취했던 때이기도 합니다. 에드워드 사이드(Edward W. Said), 가야트리 스피박(Gayatri C. Spivak), 호미 바바(Homi Bhabha), 프란츠 파농(Frantz O. Fanon) 등의 텍스트들을 열심히 탐독했습니다. 식민지를 경험한 한국의 현실을 성찰하는 세련되고 날씬한 이론이 매력적으로 다가왔습니다. 이렇게 아프리카와 한국은 머리로 연결되었습니다.

그러던 중 우연히 '2007 아시아-아프리카 문학 페스티벌 전주'에 참여하게 되었습니다. 수많은 아시아, 아프리카 작가들이 한국을 찾았습니다. 그들과 만나 구체적이고 현실적인 이야기를 나누었습니다. 탈식민주의 담론으로는 포괄할 수 없는 그 무엇이 있다는 사실을 실감한 계기였습니다. 학술 토론이 끝난 이후 사적인 자리에서 피어나는 뭉클한 생동감이 이론의 틀을 넘어선 공감과 연대의 가능성을 시사하고 있는 경우이기도 했습니다.

남아프리카공화국에서 10여 년간 생활하며 박사과정을 마치고 돌아온 한 학자가 사적인 자리에서 한 말이 오랫동안 기억에 남았습니다. "아프리카에 다녀오지도 않고 어떻게 아프리카를 이야기할 수 있겠는가?" 이 말에 용기를 얻어 아프리카의 문을 두드렸습니다.

2012년 여름 서아프리카 연안의 가나를 다녀왔습니다. 우리는 2007년 전주에서 만났던 가나의 시인과 반갑게 조우했고, 그가 소개해준 연구자들과 함께 가나의 곳곳을 여행했습니다. '전 아프리카 작가 동맹 사무실'을 방문했고, 식민지 시대 '황금 해안(Gold Coast)'으로 불렸던 장소를 둘러보았습니다. 전통 시장에 가서 생필품을 구매하고 서점에 가서 책을 사기도 했습니다. 그들이 자주 가는 식당에서 밥을 먹었습니다. 출판 관계자들과 가나국립대학 교수들을 만나 아프리카와 한국의 문화 교류에 관한 이야기를 나누었습니다. 우연한 기회에 가야트리 스피박을 만나기도 했습니다. 그녀는 가나에서 말년을 보낸 두보이스(W. E. B. Du Bois)의 흔적을 좇아 가나에 체류 중이었습니다. 가나의 시인은 자신의 집으로 우리와 스피박을 초대했습니다. 스피박은 시인의 작품을 뱅골어로 번역하여 소개할 정도로 시인과 오랜 친분이 있었습니다. 우리가 만난 스피박은 딱딱한 이론가가 아니라 그저 평범하고 일상적인 노인이었습니다. 그녀는 영어를 자유롭게 구사하지 못하는 저에게 유감을 표시하기도 했습니다. 한국에 돌아와 틈틈이 영어를 공부하고 있습니다.

2

2014년 여름 마다가스카르와 남아프리카공화국을 다녀왔습니다. 아프리카를 두 번째 방문한 셈이지요. 지난번 가나를 방문했을 때는 아프리카 땅에 첫발을 내디뎠다는 사실에 압도되어 거의 정신이 없었습니다. 이번 방문에서는 좀 더 차분하게 아프리카를 경험할 수 있었습니다.

우리에게 아프리카는 가깝고도 먼 대륙입니다. 문학 텍스트에 나타난 환상적 이미지, 구호의 손길이 필요하다는 캠페인, 문명 세계와 대조되는 원시적 자연 풍경 등 우리에게 아프리카는 친숙한 이미지로 다가옵니다. 하지만 실제 아프리카는 우리와 멀리 떨어져 있습니다. 우리 일행은 싱가포르를 경유하는 일정을 택했는데, 싱가포르까지 6시간, 싱가포르에서 요하네스버그(남아공)까지 16시간이 걸렸습니다. 비행시간만 22시간이 걸린 셈이지요. 그렇기에 아프리카의 삶을 직접 경험하기는 녹록치 않습니다. 요하네스버그에서 학술 대회가 개최되는 마다가스카르까지 또 4시간이 소요되었습니다.

마다가스카르 공항 귀퉁이에서 본 포스터에 대한 인상을 지나칠 수 없군요. 포스터에 담겨 있는 마다가스카르 소녀의 맑고 깨끗한 눈망울이 쉽게 지워지지 않습니다. 이 사진을 배경으로 "어린이는 관광 상품이 아닙니다"라는 문구가 적혀 있었습니다. 처음에는 이 포스터가 무엇을 의미하는지 모르고 그냥 지나쳤습니다. 그 섬나라에서 일주일가량 생활하는 동안 저절로 포스터의 의미를 깨닫게 되었습니다. 마다가스카르의 수도 안타나나리보에서 우리는 콧수염을 멋지게 기르고 한껏 멋을 낸 서양의 노인들이 앳된 원주민 소녀들과 데이트하는 장면을 여러 번 목격했습니다. 우리가 묵는 호텔의 투숙객만 해도 여럿이었습니다. 식민 모국 프랑스에서 은퇴한 노신사들이 여생을 보내러 마다가스카르를 찾는다는 것이었습니다. 이들은 아직까지 자신들이 옛 식민지 마다가스카르의 가난한 사람들을 돕고 있다고 생각할지도 모르겠습니다. 저물어가는 제국의 황혼을 보는 느낌이어서 씁쓸했습니다.

하지만 이러한 씁쓸한 장면과 대비되는 생동감 넘치는 젊음의 활기 또한 느낄 수 있었습니다. 이 커다란 섬나라 주민들은 프랑스어와 말라가시어(마다가스카르어)를 함께 사용하고 있습니다. 안타나나리보 국립대학에서 개최된 학술 대회에서 영어를 전공하는 학생들이 우리들의 발표문을 프랑스어와 말라가시어로 번역해주었습니다. 학술 대회가 개최되기 전 이들의 스터디 모임에 참석할 기회가 있었습니다. 이 젊은이들은 말라가시어로 전해오는 전통 문화를 프랑스어와 영어로 번역하기 위해 정기적인 모임을 갖고 있었습니다. 우리는 이들이 번역한 작품 몇 편을 가지고 왔습니다. 나중에 소개할 기회가 있었지요. 이들의 모습에서 옛 제국의 흔적을 딛고 일어서는 마다가스카르의 미래를 보았다면 과장된 판단일까요?

3

우리 일행은 마다가스카르 일정을 마치고 요하네스버그로 돌아왔습니다. 흔히 남아프리카공화국은 수도가 셋이라고 합니다. 행정 수도는 프리토리아입니다. 경제적 중심지는 요하네스버그입니다. 케냐의 나이로비와 더불어 아프리카 각지를 잇는 허브 역할을 하는 도시지요. 케이프타운은 남아공, 나아가 아프리카의 문화 수도라 불리기도 합니다. 우리가 요하네스버그를 거점으로 마다가스카르, 프리토리아, 케이프타운을 차례로 방문하고 다시 요하네스버그를 경유해 한국으로 돌아온 이유도 여기에 있습니다.

우리는 프리토리아 국립극장을 방문했습니다. 동행한 일행이 국립극장 디렉터와 친분이 있어 그곳을 둘러보게 되었지요. 마침 우리에게도 익숙한 공연이 있어 관람하는 행운을 얻었습니다. 루이스 응꼬씨(Lewis Nkosi, 1936~2010)의 《검은 새의 노래》(창비, 2009)였습니다. 응꼬씨는 남아공의 대표적 작가입니다. 2007년 〈전주 아시아-아프리카 문학 페스티벌〉에 참석하기도 했습니다. 저는 이 행사에 언어분과 학술 담당 연구위원으로 참가했는데, 마침 응꼬씨가 언어분과 기조 발제를 하게 되어 인연을 맺게 되었습니다. 그는 '언어의 번역 불가능성'에 대해 이야기했습니다. 응꼬씨는, '공통의 인간성'을 전제하는 작가들이 항상 마주하게 되는 '문화적 번역 불가능성의 문제'를, 식민 모국의 언어(영어)로 창작 활동을 하고 있는 자신의 망명자적 처지에 빗대어 강조했지요.

〈전주 아시아-아프리카 문학 페스티벌〉이 계기가 되어 그의 대표작 《검은 새의 노래》가 한국에 소개되었지요. 그가 세상을 떠나기 바로 전해라 더 애틋하고 의미심장하게 여겨집니다. 《검은 새의 노래》로 번역된 작품의 원제는 'Mating Birds'입니다. '짝짓기를 하는 새들' 정도로 해석할 수 있겠지요. 작품의 서두에 제목과 관련된 의미 있는 장면이 제시되어 있어 인용해보겠습니다.

> 매일 아침 나는 창살에 달린 이 자그만 창가에 서서 하늘을 올려다본다. 매년 이맘때쯤이면 하늘은 눈부시게 푸르름을 더해간다. 공기는 서리처럼 맑고 단단해지며, 햇살은 잔잔한 아지랑이가 되어 춤춘다. 현기증이 날 정도로 눈부신 광경이다. 이따금 한 무리의 새들이 세차게 날개를 퍼덕거리며 하늘로 날아오른다. 때때로 그중 한 쌍이 탁 트인 하늘에서 자유롭게 짝짓기를 즐긴다. 행복에 겨운 그 새들은 살아 있음을 찬양하는 듯이 밝은 대기 속에서 서로를 애무한다. 그러다가 욕정을 참지 못한 수컷이 암컷의 몸속에 정자를 주입하려 한다. 하지만 여느 때와 마찬가지로 그 시도는 수포로 돌아간다. 짝 잃은 수컷의 씨앗이 대기 중에 흘러내리는 꼴을 보던 암컷은 미친 듯이 웃어젖힌다.(7~8쪽)

주인공은 죽음을 앞둔 흑인 청년입니다. 그는 백인 소녀를 강간한 혐의로 기소되었습니다. "현기증이 날 정도로 눈부신" "하늘에서 자유롭게 짝짓기"를 즐기는 새들의 모습을 보며 "좁디좁은 감옥에 갇혀 죽을 날"을 기다리는 자신의 처지를 씁쓸하게 되돌아보고 있군요. "욕정을 참지 못한 수컷"의 짝짓기 시도가 번번이 "수포"로 돌아가고 있습니다. "짝 잃은 수컷의 씨앗이 대기 중에 흘러내리는" 모습을 보고 "암컷은 미친 듯이" 웃어 젖힙니다. 화자는 "행복"에 겨워 "교성"을 내지르는 새들의 모습에 백인 소녀와 성적 교섭을 한 자신의 행위를 포개놓고 있습니다.

그렇다면 도대체 줄루 출신의 흑인 청년과 영국인 백인 소녀 사이에는 무슨 일이 있었던 것일까요?《검은 새의 노래》는 이 흑인 화자가 자신이 살아온 삶을 기록한 이야기입니다. 이는 흑인 청년이 백인 소녀를 강간한 범죄 이야기일 수 있습니다. 또한 인종이 다른 청춘남녀의 비극적이고 아름다운 사랑 이야기일 수도 있습니다. 하지만 인종법이 시퍼렇게 살아 있던 남아공의 현실에서는 이러한 이야기가 전혀 다른 맥락으로 이해될 수 있습니다.

화자는 줄루 대가족의 아들로 태어났습니다. 고향에서의 삶은 느리고 편안했습니다. 문명 세계(백인들의 삶)를 동경한 젊은 어머니는 아버지를 설득시켜 어린 화자를 학교에 보냅니다. 아버지는 어린 아들에게 "아들아, 백인 여자는 결코 탐하지 마라. 우리의 길은 백인들의 길과 다르다. 그들의 말도 우리의 말과 다르다"라는 경고 어린 말을 남깁니다. 하지만 아버지의 세계는 백인들에 의해 무참히 붕괴됩니다. 새로운 백인 정착촌 건설을 위해 마을 전체가 강제로 철거됩니다. 이 충격으로 아버지는 갑자기 세상을 떠나고, 가족들은 뿔뿔이 흩어지게 됩니다. 화자와 어머니는 고향을 떠나 도시로 이주하게 됩니다.

화자는 줄루족의 전통에서도, 백인들의 세계에서도 소외된 '이중의 상실자'입니다. 그는 전통을 고수할 수도, 그렇다고 백인들이 구축한 모순된 문명 세계에 동화될 수도 없는 처지이지요. 인종차별에 맞선 동맹 휴업에 참여했다가 퇴학당한 전직 대학생일 뿐이지요. 절망에 휩싸여 하릴없이 바닷가를 거닐며 소일하고 있을 무렵 한 백인 소녀가 눈에 들어옵니다. 화자는 그녀에게 급속히 빠져듭니다. 이러한 과정에서 백인 소녀가 보여준 태도는 많은 것을 생각하게 합니다. 그녀는 자신에게 빠져드는 흑인 청년의 모습을 의식하면서도 짐짓 그렇지 않은 듯 연기합니다. 그녀의 내면에는 타인의 시선에 대한 두려움과 새로운 모험에 대한 호기심이 공존하고 있는 것이지요.

> 그녀는 마치 어딘가에 자신을 혼란스럽게 할 정도로, 아니 어쩌면 자신을 파멸로 이끌 정도로 자신을 욕망하는 '원주민'이 있지 않고는 단 하루도 살 수 없는 사람처럼 보였습니다. 그녀를 가지려는 불가능한 욕망에 이끌려 언제라도 국가와 운명에 맞서 아둔한 싸움을 벌이고, 심지어는 목숨마저 초개와 같이 버릴 준비가 되어 있는 흑인 원주민 말입니다. 버로니카는 자신을 향한 제 욕망을 보면서 자신의 사회적 힘을, 또 자신의 성적인 힘을 느꼈을지 모릅니다. 타인으로 하여금 자신을 향해 꺼지지 않는 욕망을 피워내도록 하는 능력을 지녔음을 발견한 버로니카는 자신이 이 작고 부패한 세계 속에서 그 누구도 거부할 수 없는 무한한 존재의 필연성을 가지고 있음을 확인했을지도 모릅니다. 이런 측면에서 보자면, 그 소녀와 저는 서로가 서로를 낚은 것입니다. 우리 서로는 상대의 그 빈 존재에 집착했던 것입니다. 감히 말씀드리자면, 그녀가 저에게 마약 같은 존재였듯, 저 역시 그녀에게 마찬가지 존재였습니다. 그녀에게 저는 자신의 성과 인종이 지닌 힘을 비추어주는 완벽한 거울이었던 것입니다.(88~89쪽)

이 백인 소녀에 대한 화자의 감정은 간단히 설명될 수 있는 성질의 것이 아닙니다. 화자는 자신의 감정이 남아공의 인종법 때문에 "결코 가질 수 없는" 백인의 육체에 대한 "성적인 욕망"이 아니라고 말하고 있습니다. "눈이 멀 것 같은 격정"(분노)이 동반된, "단순한 욕망보다 더 크고, 더 슬프고, 더 깊은 감정"이라고 고백하고 있군요. 어쩌면 이들은 아파르트헤이트 시대의 남아공에서 인종이 다른 서로를 비추어보는 "완벽한 거울"이었는지도 모릅니다. 문제는 이 관계가 불균등하다는 것이지요. 남아공은 "세상의 모든 연인에게 허락된, 둘만의 관계가 막 싹트기 시작할 때의 느낌을 즐길 권한이 박탈"되어 있는 나라입니다. 심지어 남녀관계의 정점인 두 육체가 결합하는 순간까지도 이들은 완전히 남남인 상태가 되어 서로의 죄의식을 응시하고 있습니다.

백인 소녀는 이렇게 암묵적으로 화자를 초대했으나 이내 내쳐버립니다. 법정에 선 버로니카는 "너무 희고 연약해서 마치 어떤 마법에 걸려 어둠의 세계에서 막 깨어난 비현실적인 존재"처럼 보입니다. 그녀는 "검은 대륙의 악마 같은 힘에 강간당하고 유린당한 순수와 밝음 그리고 성스러운 육체를 상징"하는 존재로 탈바꿈합니다. 화자와의 "육체적 전투"에 대해 진술할 때는 마치 "사악할 정도로 창조적"이고 "정열적"인 마녀 같습니다. "사적인 부분을 상세하게 드러내는 데서 특별한 기쁨"을 느끼는 사람 같기도 합니다. 하지만 화자는 그녀의 "두 눈자위"에 "고통과 피로로 얼룩진 검은 띠"가 드리워져 있음을 놓치지 않습니다.

그녀는 "지루한 삶에서 벗어나려는 자신의 욕망과 허영심" 때문에 "앞날이 구만리 같은 젊은 아프리카인의 인생을 파멸"로 이끌었다는 일말의 죄책감을 느낄지도 모릅니다. 무심코 던진 돌에 개구리는 맞아 죽으니까요. 하지만 화자는 이를 "옳지 않은 시각"이라고 말합니다. 그녀는 "집시의 육체와 피"를 지닌 백인일 따름이라는 것입니다. 그녀는 "나머지 인류와 완전히 절연한 것은 물론 인간적 성숙의 가능성마저 완전히 봉쇄"한 남아공 사회의 부패가 "극악한 형태"로 나타난 "하나의 매개"에 불과했습니다. 그곳에 있었다는 이유만으로 "살인과 파괴에 대한 국가의 욕구를 합법적으로 드러내는 편리한 구실"이 된 "매혹적인 미끼"였다는 것이지요. "거짓"을 고할 수밖에 없는 소녀 또한 부조리한 사회의 희생양이라는 것이지요. 이 때문에 화자는 끝까지 백인 소녀를 원망하지 않습니다. 오히려 그녀가 하는 거짓말에 매혹되기까지 합니다. 그는 "한 인간이 다른 인간에 대해 품은 열정의 진실", 즉 자신의 실제 성격과 뿌리 그리고 자신의 미묘하고 복잡한 감정에는 털끝만큼도 관심이 없고, 오직 자신들이 보고 싶은 것과 듣고 싶은 것만 보고 듣는 남아공의 부조리한 사회 시스템에 항변하고 있는 것이지요. 그가 죽는 것은 "백인 여성의 미친 거짓말 때문"이 아니라 "백인이 진리이고 백인이 힘인 이 세상에 흑인으로 태어나는 용서받을 수 없는 죄"를 지었기 때문입니다. 화자는 "인간의 법보다 더 오래되고 문명보다 더 오래된 충동에 순순히 몸을 의탁"했다는 이유 때문에 법과 문명의 이름으로 처단되고 있는 셈이지요.

저는 이 작품을 읽으며 등장인물들이 살아 숨 쉬고 있다는 느낌을 받았습니다. "악마와도 같은 백야"의 "유령"인 "하얀 얼굴들"과

"도살당할 한 마리 양"을 동정하기에 급급한 "까만 얼굴들" 사이에 끼여 이러지도 저러지도 못하는 화자의 양가적 내면 의식은 복잡하게 얽힌 남아공의 인종차별 현실을 포착하는 데 효과적으로 기여하고 있습니다. 놀라운 것은 이 화자의 개방적 시선입니다. 그는 자신에게 적대적인 인물에게조차 따스한 공감의 시선을 보내고 있습니다. 이러한 태도는 자신의 삶을 파멸로 이끈 책임을 어느 한 개인에게 묻지 않는다는 점을 암시합니다. 나아가 자신들이 강요한 규율을 일탈한 한 흑인 청년을 앞에 두고 어찌할 바를 몰라 호들갑을 떠는 위정자들의 모습을 통해, "더럽고, 야비하고, 자비심이라고는 눈곱만큼도 찾아볼 수 없는" 백인들만의 세계가 기실 '사상누각'에 불과하다는 사실을 환기하고 있습니다. 뒤틀리고 왜곡된 한 개인의 욕망이 아파르트헤이트라는 인종차별 정책에 균열을 내는 지점도 바로 여기에 있습니다.

진한 여운을 남기는 작품의 마지막 장면입니다.

> 이따금 감옥 저편에서 힘을 주는 목소리들이 들려온다. 정치범들이 씩씩하게 부르는 자유의 노래이다. "아프리카는 반 로엔 너를 딛고 일어설 것이다!" "우리 아프리카인은 잃어버린 아프리카를 목 놓아 부른다!" "우리의 땅을 건드리지 마라!" 한 사람의 목소리는 나약하고 쉽게 흔들린다. 그러나 그 목소리들이 한데 뭉치면 하나의 강력한 소리가 되어 옥사 전체를 뒤흔들며 천둥 같은 함성 속으로 몰아넣는다. 그렇다. 정치범들이 씩씩하게 부르는 자유의 노래. 나는 바로 이 목소리들과 함께 갈 것이다. 신새벽의 자유를 노래하는 저 목소리들보다,

> 매일같이 하늘에서 거침없이 짝짓기를 하는 저 새들보다 더 훌륭한 송별은 내게 없을 것이다.(214쪽)

문득, 넬슨 만델라가 떠오릅니다. 만델라는 "정치범들이 씩씩하게 부르는 자유의 노래"와 "하늘에서 거침없이 짝짓기를 하는" 새들의 송별을 받으며 떠난 이 흑인 청년의 마음을 이어받았습니다. 그는 "자유의 노래"와 "새들의 짝짓기"를 통합하여 "탈아파르트헤이트 시대"를 열었습니다. 이제 만델라의 바통을 이어받은 후배들이 여전히 남아 있는 인종차별의 흔적에 맞서 싸우고 있습니다.

응꼬씨의 소설을 연극 무대에 올리는 남아공의 젊은 예술인들도 흑인 청년, 만델라의 후예들입니다. 남아공에서 공연되는 응꼬씨의 작품을 감상하는 기분은 한국에서 번역된 작품을 읽는 느낌과 달랐습니다. 객석은 만원이었습니다. 배우의 동작 하나하나에 호응하며 몰입하는 남아공 관객들 틈에 끼어 이방인이 된 듯한 기분에 휩싸이기도 했습니다. 십여 년 전 전주에서 응꼬씨가 강조한 "문화의 번역 불가능성"이라는 말이 새삼 떠올랐습니다. '그들은 이 공연을 보며 과연 어떤 느낌을 받을까?' '나와 그들은 이 연극을 통해 어떤 공통의 감정을 느낄 수 있을까?'라는 의문이 꼬리를 물었습니다. 대략의 줄거리는 알고 있었지만 공연에 몰입하기가 쉽지 않았습니다. 그럼에도 불구하고 응꼬씨의 작품 세계, 나아가 남아공의 현실에 한층 더 가까이 다가갔다는 생각이 들어 조금은 위안이 되었습니다. 응꼬씨가, 남아공의 벗들이 그리워지는 밤입니다.

제 4 장

여성

아프리카 여성으로부터 온 편지

마리아마 바, 《이토록 긴 편지》(열린책들, 2011)

작지만 큰 나라 세네갈

아프리카 서부의 작은 나라 세네갈은 약 150년간 프랑스의 통치를 받았고, 1960년에 프랑스로부터 독립했으나 지금도 프랑스 군이 주둔하고 있고 프랑스어를 공용어로 사용하는 등 여전히 프랑스의 영향 아래 놓여 있는 나라이다. 사정이 이렇고 보면, 이 작은 나라는 강대국의 힘에 눌려 제대로 숨도 쉬지 못할 것만 같다. 하지만 아프리카의 많은 나라들이 독립 후 정치적 혼란을 겪은 것과 달리 세네갈은 독립 후 쿠데타를 겪지 않은 거의 유일한 나라이다. 첫 대통령 셍고르(Leopold Senghor)는 임기 중에 제한적인 복수정당제를 도입(1976년)하고 1980년에 평화적으로 정권을 이양했다. 그리고 1981년에 아프리카 국가 중 최초로 완벽한 복수 정당 제도를 도입했다. 2000년도에는 독립 이후 40년간 집권한 사회당으로부터 세네갈민주당으로 정권이 바뀌었는데, 이때에도 차분한 민주적 정권 교체를 이루었다.

물론 정치적으로 아무런 갈등이 없었던 것은 아니다. 2012년에 와드(Abdoulaye Wade) 대통령이 말을 바꿔가며 3선 연임에 나서는 바람에 국민적 저항을 불러일으켰고, 국민 시위대를 진압하는 과정에서 사상자가 나오기도 했다. 그러나 이 역시 약속을 지키지 않은 권력에 대한 정당한 저항이므로, 세네갈의 민주적 힘을 보여주는 사례로 이해할 수 있다. 세네갈은 군대와 경찰이 정치에 개입할 수 없도록 헌법에 명문화하고, 군대와 경찰이 정치 활동에 절대 개입하지 않는 전통을 독립 이래 계속 유지해오고 있는 등 정치적으로 발달된 모습을 보여주는 나라이다.

또한 세네갈은 문화적으로도 발달되어 서부아프리카의 문화 중심이라 할 만하다. 세네갈은 노예무역의 중심지인 고레 섬이 위치한 나라로, 노예 신분으로 미국에 간 흑인들에 의해 시작된 음악인 재즈(Jazz)의 중심 국가이기도 하다. 초대 대통령이었던 셍고르는 시인이자 문화이론가로서 1930년대에 아프리카 문화를 찬양하고 흑인에 대한 인종차별에 반발하는 '네그리튀드(Négritude)' 운동의 핵심이었다. 저명한 인류학자인 안타 디오프(Cheikh Anta Diop)와 아프리카 영화의 아버지로 불리는 우스만 셈벤(Ousmane Sembene) 감독도 세네갈 출신이다. 2002년에 짐바브웨에서 열린 '20세기 아프리카 국제 도서전'에서 '20세기 아프리카 도서 100선'을 선정하였는데 그중 10권이 세네갈의 도서였다. 또한 1974~1987년까지 유네스코 사무총장을 지낸 아마두 마타르음보(Amadou Mahtar M'Bow)와 2013년에 흑인 최초로 '프랑스 미술 아카데미' 회원이 된 조각가 우스만 소우(Ous-mane Sow)도 빼놓을 수 없는 문화 인사이다. 우스만 소우는 쉰 살에 조각을 시작했다고 하는데, 이렇게 늦은 나이에 예술을 시작하고도 훌륭한 성취를 보여준 또 다른 인물이 있다.

이 글에서 살펴보려고 하는 작품의 작가 마리아마 바(Mariama Ba)가 바로 그이다. 첫 작품 《이토록 긴 편지(Une si longue lettre)》(1979)는 그녀가 쉰 살에 썼는데, 독립한 지 20년도 안 된 시기에 나이 든 아프리카 여성이 쓴 첫 작품이라고는 믿기지 않을 정도로 세련된 작품이다. 이 작품은 앞서 언급한 '20세기 아프리카 국제 도서전'에서 '20세기 아프리카 도서 100선'에 선정됐을 뿐만 아니라, 최고의 저작물 12권 중 하나로 선정되기도 했다. 이제 그 작품 속으로 들어가 보자.

나이 든 '청년' 여성

《이토록 긴 편지》는 화자 라마툴라이가 친구 아이사투에게 보내는 편지 형식으로 쓰인 소설이다. 두 친구는 자신들의 할머니 세대부터로부터 이어지는 인연으로 어린 시절부터 함께 자라면서 숱한 편지를 주고받았다. 이번 편지의 중심 내용은 '사랑과 결혼'이다. 라마툴라이는 남편 모두 폴이 갑작스럽게 사망하자 40일간의 장례를 치르면서, 30년에 걸친 자신의 결혼 생활과 친구 아이사투의 결혼을 돌아본다. 두 친구는 결혼 생활 중에 비슷한 아픔을 겪었다. 그것은 이슬람교에서 허용하는 일부다처제 때문이다.

세네갈은 국교가 정해져 있지는 않지만 국민의 94%가 이슬람교도인 나라이다. 따라서 대부분의 국민들은 이슬람교의 영향 아래 살고 있다. 이슬람교는 여성의 인권이 많이 억압되는 규율을 지닌 종교로 흔히 알려져 있다. 대표적인 것이 일부다처제이다. 라마툴라이와 아이사투를 비롯하여 남편의 새로운 아내들 역시 이 풍습으로 고통을 당한다. 라마툴라이는 큰딸의 친구를 새 아내로 맞이한 남편과 별거하며 아이들을 혼자 키우고, 아이사투는 새로운 아내를 맞이한 남편과 이혼하고 미국으로 이민 가서 홀로 아이를 키운다. 여성이 혼자서 아이를 양육하는 것은 어려운 일이다. 더구나 여성의 인권이 억압 받는 사회에서라면 그 어려움은 더욱 커질 수밖에 없다. 게다가 아이사투의 경우, 미국에서 이민자로 살아가기에 더욱 힘들었을 것이다.

그런데 이렇듯 남편과 거리를 두고 사는 두 사람뿐만 아니라 남편과 함께 사는 여성의 삶도 고통스럽기는 마찬가지이다. 그것은 라마툴라이의 남편이 새로 맞이한 신부, 즉 자신의 큰딸의 친구인 비느투의 모습을 통해 짐작할 수 있다. 친구의 아버지와 결혼한 비느투 역시 행복하지 않기는 라마툴라이나 아이사투와 마찬가지이다. 그녀는 "어른들의 세계에 갇혀서" 소비로 자신의 슬픔을 감추며 살아간다. 그리고 주변적 인물의 이야기 중에도 비슷한 사연이 등장하는데, 세네갈 남자와 결혼한 개신교도인 코트디부아르 여자 자클린이 남편의 방탕한 연애로 신경쇠약에 걸려 죽어간다는 이야기가 그것이다. 라마툴라이는 자신을 비롯한 이 여성들을 모두 안타깝게 바라본다.

반대로 일부다처제를 대하는 남자들의 모습은 문제적이다. 그들은 무례하고 비겁한 방법으로 도둑질하듯 다른 부인을 맞고(라마툴라이의 남편 모두 폴은 큰딸의 친구를 두 번째 아내로 맞으면서 결혼식 당일까지 아내에게 철저히 숨겼다), 본능을 앞세우며 두 번째 부인을 '먹을 거리' 차원으로 깎아내리거나 도리를 앞세워 합리화하고(아이사투의 남편 마우도는, 아들을 원하는 어머니의 소원을 거부할 수 없다는 것을 핑계로 삼으며 어머니가 젊은 여성을 자신의 방에 들여보냈기 때문에 어쩔 수 없었다고 말한다), 능력도 생각도 없이 막무가내로 결혼을 추진한다(모두 폴이 죽은 후, 그의 형 탐시르는 이미 존재하는 자신의 여러 신부와 자식들을 제대로 돌보지도 못하면서 라마툴라이에게 자기 부인이 되라고 말한다). 작가는 남성들의 이런 문제적 태도를 조목조목 꼬집는다. 일부다처제를 통해 남성들은 여러 여성을 아내로 맞이할 수 있는데, 그들은 여성을 성욕의 대상으로만 생각할 뿐, 가장의 역할은 제대로 수행하고 있지 않다. 그렇기 때문에 여성들은 더욱 고통 받을 수밖에 없다. 이런 일부다처제뿐만 아니라 이슬람식 장례 풍습이나 신분 차별도 여성들을 괴롭히는 주범이다.

그러나 작품은 그녀들의 고통보다는 그 이후의 삶에 초점을 맞추고 있다. 이혼을 결정하고 아이들과 미국으로 떠난 아이사투뿐만 아니라 새 아내를 맞은 후 지원을 끊은 남편과 이혼하지 않은 채로 아이들을 돌보는 라마툴라이 역시, 자기 나름의 방식으로 인생을 열심히 꾸려 나가고 있음을 보여주는 것이 오히려 이 작품의 핵심이다.

내가 이미 얘기했지. 내 삶을 다시 만들어 나가는 걸 포기하지 않겠다고. 이 모든 실망과 모욕을 겪고도 내 안에는 희망이 살아 있어. 더럽고 역겨운 부식토에서 초목이 돋아나듯이 내 안에서 새로운 싹이 고개를 내미는 게 느껴져.

남편의 재혼과 남편과의 별거 그리고 남편이 생활비 지원을 끊은 것이 겹쳐, 라마툴라이는 갑자기 곤고한 상황에 놓이게 되었지만, 그녀는 교사직을 통해 생활비를 충당하고 또한 정신적으로도 자존감을 잃지 않으며 살아간다. 아이사투에게 보내는 이 편지에는 "난 삶을 이어갔어"라는 문장이 반복되어 쓰이고 있는데, 이는 고난에 굴하지 않고 긍정적인 태도로 살아가고자 하는 라마툴라이의 의지를 드러낸다. 그것은 미국에서 워킹맘으로서 열심히 살아가는 라마툴라이의 경우에도 그대로 적용된다. 그렇기 때문에 이들은 결혼한 지 30년이 넘은 중년의 여성들이지만, 삶을 대하는 태도에서는 긍정적이고 적극적인 청년의 모습을 보여준다. 그녀들은 산전수전 다 겪고 지쳐버린 50대 여성이라기보다 의지력 강한 젊은이로 느껴진다. 이런 어머니와 함께 고독하고 힘든 삶을 이어가면서 아이들은 함께 성장한다.

그런데 작품의 중심 인물인 라마툴라이와 아이사투를 아프리카 또는 세네갈의 보편적인 여성으로 볼 수는 없다. 아프리카 여성들이 남편의 경제력에 의존하지 않고 스스로 전문직을 가지고 삶을 영위하는 것은 흔하지 않은 일이기 때문이다. 세네갈 거리 곳곳에 여자아이들이 그려진 포스터에 "나도 학교에 보내주세요"라는 문구가 쓰여 있듯이, 아프리카에서 여성들이 제대로 교육을 받는다는 것은 어려운 일이다. 더군다나 그 교육이 고등교육으로 이어지고 전문가가 되는 것은 더욱 드물다. 이 소설의 인물들이 이런 모습일 수 있었던 것은 작가의 삶이 일부 반영되었기 때문일 것이다.

어쨌든 소수의 특별한 경우라 할지라도, 여성이 교육 받을 권리나 일부다처제로 인해 고통 받지 않을 권리를 확보하는 것은 중요한 사안이다. 이 작품을 비롯하여 이슬람권 아프리카 소설에서는 이러한 문제 제기가 반복되면서 사회에 영향을 끼친다. 이것은 사회를 변화시키는 데 일조할 것이다. 이슬람교도가 대부분인 세네갈에서는 오늘날 여성들이 더 이상 본인의 동의 없이 결혼할 수 없도록 법률로 정해졌으며, 남성들은 첫째 부인의 동의 없이 첩을 들일 수 없고 법원의 승인 없이 이혼할 수 없다고 한다. 이러한 사회의 변화는 라마툴라이나 아이사투 같은 '청년' 여성들의 공헌이 적지 않을 것이다.

새로운 세대에 거는 희망

《이토록 긴 편지》에는 할머니 세대와 어머니 세대, 딸 세대라는 3대에 걸친 여성들의 대조적인 삶의 태도가 얼마간 도식적으로 그려진다. 이 세대 구분은 나이에 따른 것이라기보다는 인식과 태도에 따라 구분된다.

시어미니나 시누이들로 대표되는 1세대 여성들은 기존의 관습에 얽매인 사람들이다. 그들은 왕족이라는 신분을 내세우며 신분이 낮은 사람을 차별하거나 여자아이들에게 교육이란 산파 교육 정도만

이 필요할 뿐이라고 생각한다(마우도의 어머니, 즉 아이사투의 시어머니). 또는 형편없는 환경에서 벗어나고 싶어서 어린 딸을 늙은이에게 시집보내고 그에 기생한다(비느투의 어머니). 비느투의 어머니는 연배로는 라마툴라이와 비슷하지만, 인식에서는 이전 세대의 사고방식을 그대로 답습하고 있다. 이처럼 1세대 여성들은 대부분 부정적으로 그려진다. 시대에 뒤떨어진 사고방식으로 여성을 억압하는 여성이 되어버리고, 어떤 방식으로라도 일신이 편하게 사는 것만을 지상 과제로 여긴다. 그런 그녀들에게 여성은 며느리든 딸이든, 아들을 낳지 못했으면 제 역할을 못하는 사람으로 어떤 대우를 받아도 할 말이 없는 존재이다. 결혼에 있어서 감정은 고려 사항이 아니어서 손주를 얻기 위해서라면, 팔려오듯이 온 두 번째 며느릿감 여성의 감정이든 현재의 부인에게 충실하고 싶은 아들의 감정이든 무시된다. 가난한 친정을 먹여 살리고자 친구의 아버지와 결혼하면서 자신의 재능을 저버리는 딸의 우울함도 전혀 고려 대상이 되지 못한다.

이런 1세대의 왜곡된 인식으로 인해 고통 받는 2세대는 주인공의 세대이다. 이 세대에서는 삶에 대한 태도에서 분화가 일어난다. 아이사투처럼 자신과의 신의를 저버리고 어머니의 낡은 사고방식에 동조한 남편과 결별한 채 혼자만의 힘으로 아이들을 키우는 여성이 있는 반면, 라마툴라이처럼 딸의 친구를 두 번째 아내로 맞은 남편과 이혼하지 않은 채 살아가는 여성도 있다. 라마툴라이는 이혼을 하지 않음으로 해서, 남편이 죽은 뒤 그 장례와 장례에 따른 여러 의무를 다 감당한다. 심지어 죽은 이의 빚까지도 다 떠맡아야 하는 이슬람 율법을 그대로 감당할 마음을 먹는다.

그렇다고 해서 라마툴라이가 부당한 인습에 그저 희생당하고만 있는 것은 아니다. 구체적으로 라마툴라이가 왜 이혼을 하지 않는지, 왜 부당해 보이는 것을 감당하고 있는지 드러나지는 않지만, 그저 아무런 비판적 의식 없이 그저 되는 대로 살고 있는 듯이 그려지지도 않는다. 왜냐하면 남편의 사망 이후 그녀에게 다가오는 혼인 요청에 대해서는 분명히 거부하기 때문이다. 어찌 보면 그 땅에서 살아가는 데 있어서 재혼은 필수적인 일일 텐데도 라마툴라이는 욕을 먹으면서도 거부한다. 심지어 자신에게 순정한 사랑을 가지고 재혼을 요청하는 다우다 디엥도 거절한다. 그에게는 사랑하지 않는다고는 해도 이미 아내가 있기 때문이며, 무엇보다 라마툴라이 자신이 디엥을 사랑하지 않기에 주변 상황이나 생계를 위한 결혼을 할 수는 없다는 의지의 표명인 셈이다.

그리고 마지막 세대라고 할 수 있는 3세대는 전 세대가 보여주는 부정적인 모습과 한계를 극복할 수 있는 세대로 보인다. 이 소설은 2세대인 라마툴라이의 서술로 진행되므로 2세대의 이야기가 중심이 되지만, 작가가 더 마음을 쓰는 것은 3세대인 듯하다. 라마툴라이의 맏딸과 둘째딸 그리고 그들의 반려자들은 전 세대보다 훨씬 긍정적으로 그려진다. 심지어 단순한 에피소드로 다뤄지는 오토바이를 타는 젊은이조차도 작가는 인간을 존중하고 예의바른 모습으로 그려내고 있다.

부른 건 난데 대화를 시작한 건 그였어.

"사실을 말씀드리려고 제가 이런 만남을 얼마나 원했는지 모릅니다. 어머니에게 자식이 어떤 의미인지 저도 잘 알고, 아이사투가 어머님에 대해, 어머님과의 사이에 대해 얘기를 많이 해서 꼭 알고 지낸 것만 같습니다. 저는 연애를 좇는 사람이 아닙니다. 따님은 제 첫사랑입니다. 저는 이 사랑이 유일한 사랑이길 바랍니다. 이미 일어난 일에 대해서는 죄송하게 생각합니다. 어머님께서 허락만 해주신다면 아이사투와 결혼하겠습니다. 저희 어머님이 아이를 맡아주실 겁니다. 저희는 공부를 계속하겠어요."

그는 내가 듣고 싶어 하던 말을 전부 압축해서 말했어. …

이런저런 계획에 대해 난 아무것도 덧붙이지 않았지. 그 순간 나는 내 딸이 나로부터 떨어져 나가는 걸 느꼈어. 마치 새로 출산하는 것 같았지. 이 아이는 이제 내 보호 아래 있지 않았어. 나보다는 자기 남자친구에게 더 속했지. 내 눈앞에서 새로운 가족이 태어나고 있었어.

작품의 후반부에 등장하는 위의 장면은 라마툴라이의 딸 아이사투(라마툴라이는 이 딸에게 사랑하는 친구의 이름을 붙였다. 따라서 이 소설에는 두 명의 아이사투가 존재한다)가 아직 어린 나이에 임신을 한 것을 알게 된 후에 벌어진 일을 보여주고 있다. 어린 여성의 임신은 문제적이다. 보통은 제대로 보호 받지 못한 채 일상적인 삶에서 벗어나 절망적 상황에 처하는 경우가 많다. 그러나 딸의 남자친구는 역시 아직 대학생이라는 어린 나이지만, 자신의 사랑과 행동에 진중하게 책임지는 모습을 보여준다. 그리고 그것을 기쁘게 받아들이는 라마툴라이를 통해 2세대와 3세대가 화합하는 모습을 볼 수 있다.

식민지 종주국 또는 서구에 대한 우호적인 태도

아프리카 여성 작가들의 작품에는 교육을 받은 여성들이 많이 등장한다. 여성 작가들 자신이 교육을 받은 사람들이고, 작품에 그런 자신들의 모습이 투영되기 때문일 것이다. 이 작품의 주인공 라마툴라이에도 작가 마리아마 바의 모습이 투영되어 있다. 서구적인 교육을 받았다는 점, 교사라는 점, 많은 아이를 낳았다는 점 등이 공통된다.

이 작품에는 세네갈의 장례 풍습, 유산 분배, 여성의 지위(여성에 대한 인식), 교육(특히 여성 교육), 신분 차별, 식민 지배를 벗어난 독립국가 건설, 아프리카 내의 갈등(코트디부아르 출신 자클린), 흑백 인종의 갈등 등에 대한 다양한 인식이 담겨 있다. 그런데 이러한 많은 문제를 다루면서 작가가 보여주는 유연하고 균형 있는 시각은 인상적이다. 서구적 교육을 받은 신여성으로서 이런 많은 문제들에 비판적 목소리를 내지만, 자신의 인식에 못 미치는 다른 여성들에 대해 부정적 시각보다는 안타까운 시선을 보낸다. 또한 여성이 이중의 굴레 속에 살 수밖에 없는 아프리카라는 사회 구조 속에서도 남성을 무작정 적으로 돌리지 않는 균형감 있는 유연한 시각을 보여준다. 한국 근대 소설의 여성 작가들이 보여준 신경증적이고 우울한 분위기가 없다. 이러한 유연성은 어디에서 기인하는 것일까.

> 아이사투, 우리가 '평범하지 않은' 운명을 살길 바랐던 첫 백인 여성을 난 결코 잊지 못할 거야. … 우리의 맹렬한 학구열로 학교 담장이 떨리는 소리가 들리니. 밤마다 다 함께 희망을 가득 담아 저녁 기도를

부르고 그것이 울려 퍼질 때 심취한 분위기가 느껴지니. 지금은 독립 공화국들로 분리된 옛 프랑스령 서아프리카에서는 선발 시험을 통해 학생을 모집했기에 학교엔 다양한 인재와 특성, 습성, 풍습이 뒤섞였지. 특유의 인종적 특성만 뺀다면 다호메이의 폰족과 기니의 말링케족을 구분해주는 건 전혀 없었잖니. 학교에서 맺어진 우정은 세월이 흐르고 서로 멀리 떨어져 지내도 이어졌어. 우리는 해방자의 임무를 맡도록 운명 지어진 친자매들이나 다름없었지.

전통과 미신, 관습의 수렁에서 빠져나올 것. 우리의 문화를 부인하지 않으면서 다른 문화를 존중할 것. 세상을 바라보는 비전을 정립하고, 인성을 함양하고, 우리의 장점을 키우고 결점을 억누를 것. 보편적 도덕 가치들이 우리 안에서 결실을 맺게 할 것. 바로 이것이 존경스러운 교장 선생님이 세운 목표였잖니. '사랑하라'는 그분의 말에는 각별한 울림이 있었지. 그분은 우리의 땋은 머리가 뻗치건 누웠건, 우리가 캐미솔을 입었건 아랫도리만 가렸건 간섭하지 않고 우리를 사랑하셨잖니. 우리의 장점을 발견하고 존중할 줄 아는 분이었지.

주인공 라마툴라이는 작가의 체험이 많이 녹아 있는 인물이다. 작가 마리아마 바 역시 백인 교사로부터 인상적인 교육을 받은 경험이 있는 것처럼, 라마툴라이는 톨레랑스 정신을 실천하는 백인 교장 선생님으로부터 위와 같이 인생을 살아가는 자세를 배운다. 작가는 서구가 아프리카에 여러 부정적 흔적을 남겼지만 이처럼 여성을 교육시키고 관용의 정신을 전수한 것도 부정할 수 없는 일임을 인정한다. 교육을 받은 아프리카 여성들이 이런 정신을 자신의 동족들을 대하는 자세로까지 확대하면서, 일견 부정적인 모습을 타개하지 못한 남성이나 여성들에게도 유연한 자세를 취할 수 있었던 것이 아닐까.

아프리카 페미니즘과 하위주체
: 한국의 페미니즘 연구를 위한 제언

베시 헤드, 《마루》(문학동네, 2013)

아프리카 페미니즘과 베시 헤드

통상적 의미에서 '페미니즘'은 '성'이라는 범주를 '주체'의 구성 과정에서 의도적으로 배제한 남성중심주의 또는 남근중심주의를 비판적으로 심문하는 이론이다. 그간 서구의 페미니즘은 남성 혹은 남근 중심의 사유를 발본적으로 내파함으로써 '여성'이라는 타자의 성을 새로운 인식 기제로 확보하여 새로운 세계관의 틀을 세우는 데 일말의 공헌을 한 것이 사실이다. 그러나 서구의 페미니즘은 그간 적지 않은 성과를 산출했음에도 불구하고, 비서구 여성의 관점에서 볼 때는 기왕의 유럽중심주의와 남근주의가 범한 논리적 오류를 그대로 답습하는 한계를 노출하고 있다.

비서구 여성의 관점에서 볼 때, 서구 페미니즘이 드러내는 명시적 한계는 '인종'에 대한 사유의 부재 또는 결핍과 깊은 관련을 맺고 있다. 서구의 페미니스트들은 젠더의 불평등이 남성에 비해 열등한 지위를 차지하고 있던 여성의 사회적 관계에서 비롯한다고 생각했다. 따라서 이들은 "여권옹호론"•이니, '성 평등'이니, "음순담론"••이니, 혹은 "감성노동"•••이니 하는 따위의 의제들을 '여성성 중심의 기제'들을 강화하는 방식으로 제출하여 가부장 질서를 혼란시키거나 아니면 전복하려는 시도들을 감행했다. 그러나 불평등한 세계의 기원을 구성하는 구체적인 물적 토대로서 '인종'이라는 기제의 직간접적인 배제는 비서구 여성의 존재론적 지위를 서구 여성의 타자 또는 주변부로 배치시키는 정치적 형국을 초래했다.

베시 헤드(Bessie Head)는 백인도 흑인도 아닌 "칼라드"••••라는 자신의 '잡종적인' 혹은 '혼종적인' 인종적 특수성을 전유하여 서구 페미니즘이 간과한 '인종'이라는 기제가 아프리카와 같은 비서구 지역에서 얼마나 중차대한 문제 틀로 작동하고 있는지를 선명하게 드러내는 작가이다. 서구의 식민주의적 인종차별주의 및 성차별주의를 잠재적으로 내면화한 탈/후기 식민 아프리카 사회를 심문하기

• 메리 울스턴크래프트(Mary Wollstonecraft)가 1792년에 상자한 《여성의 권리옹호(A Vindication of Rights of Woman)》 에서 처음으로 사용한 말이다.

•• 가부장 사회가 여성의 몸을 재생산의 도구로만 보는 것에 저항하는 의미로 프랑스 페미니스트 이론가인 뤼스 이리가레이(Luce Irigaray)가 제출한 개념이다. 이리가레이는 1975년에 발표한 《하나이지 않은 성(This Sex which is not One)》이라는 작품에서 재생산의 범주를 벗어난 여성의 몸이 지닌 욕망을 서로 포옹하는 두 입술을 닮은 '음핵' 또는 '음순'으로 표상한다.

••• 임신, 출산, 육아처럼 전통적 의미의 노동 개념으로 환원되지 않는 여성의 몸만이 경험할 수 있는 노동을 뜻한다. 프랑스 구조주의 계열의 페미니스트들이 처음으로 사용했으나 차후에 가야트리 스피박이 정식화했다.

•••• 아파르트헤이트 시절의 남아프리카공화국에서만 쓰이던 독특한 개념으로 '혼혈인'을 뜻한다.

위해 베시 헤드는 다분히 신비로운 기제를 동원하는데, 그것이 바로 "계시"이다.

"계시"의 존재론과 《마루》

베시 헤드의 텍스트는 거의 예외 없이 종교적 또는 신비주의적 "계시"에 존재론적 지위를 부여하는데, 이유는 그것이 작게는 그녀 자신의 자전적 경험 그리고 크게는 아프리카 사회의 특수성과 일말의 관련을 맺고 있기 때문이다. 베시 헤드는 서구의 '과학'과 '근대' 그리고 '형이상학'을 가지고는 설명하기 쉽지 않은 아프리카의 여성과 사회의 특성을 아프리카적인 방식으로 독해하기 위해 "계시"라는 다분히 직관적이면서도 선험적인 개념을 제출한다. 그런 의미에서 "계시"는 서구와 아프리카가 접촉하고 충돌하는 지점에서 베시 헤드가 과감하게 제기한 도전적 인식 틀이라고 말할 수 있다. 이를 보다 명료하게 이해하기 위해서는 베시 헤드의 출생 배경을 살펴볼 필요가 있다.

베시 헤드는 1937년 남아프리카에서 태어났다. 흑인 아버지와 백인 어머니 사이에서 사생아로 태어난 그녀는 출생 직후 한 선교사 집안에 양녀로 입양된다. 인종 간 결합이 금지된 나라에서 태어난 데다 아버지가 흑인이었던 터라, 그녀의 출생은 여러 가지 염문을 뿌리며 비밀에 부쳐졌다. 출생의 비밀을 모른 채 어린 시절을 보낸 베시 헤드는 중등교육을 마친 후 교사가 되는 교육을 전문적으로 받았다. 약 4년이라는 짧은 기간을 교사로 지낸 뒤 그녀는 보다 본격적으로 글을 쓸 요량으로 《드럼》의 기자로 직업을 바꾸었다.

기자로 활동하던 시절에 남아프리카의 정치적 격변에 휘말리면서 본의 아니게 보츠와나로 망명을 하게 된 베시 헤드는 그곳에서 주옥같은 삼부작을 써 내려간다. 처녀작으로 1969년에 출간한 《비구름이 모일 때(When Rain Cloud Gathers)》와 그로부터 2년 후에 상자를 하게 되는 《마루(Maru)》 그리고 남녀 간의 권력 문제를 깊이 있게 천착한 수작인 《권력의 문제(A Question of Power)》(1973)가 바로 그 주인공들이다. 이 삼부작은 모두 작가 자신의 전기를 일정한 방식으로 반영하고 있다.

이들 삼부작 중 《마루》는 아프리카 사회에 만연한 성차별과 계급차별 그리고 인종차별의 착종을 가장 서정적으로 예각화하고 있는 작품이다. 베시 헤드는 미래에 대한 모종의 '계시적' 내용을 담고 있는 '그림'을 상징적 매개물로 활용하여 아프리카를 목적 의식적으로 신비화하는 전략을 사용한다. 이는 흑과 백, 명과 암 그리고 선과 악 등속과 같은 이원론을 동원해 아프리카를 바라보던 기왕의 서구의 관습적 시선을 심문하는 데 절묘한 효과를 발휘한다.

베시 헤드는 《마루》에서 자신의 분신처럼 보이는 인물인 마가레트를 통해 "계시"로 가득한 그림의 내용을 아래와 같이 묘사한다.

> "아주 이상한 경험을 했어요." 마가레트가 또박또박 말했다. "눈을 감을 때마다 이 그림이 제 머릿속을 가득 채웠어요. 먼저, 집 한 채가 보였어요. 집은 물론이고 그 주변도 모두 찰흙처럼 새까맸어요. 그런

데 창틈으로는 밝은 빛 하나가 비질거리며 흘러나왔죠. 전등불 같지는 않았어요. 그 빛이 야금야금 퍼져가더군요. 전 이 그림에 집중을 하기 시작했죠. 그러자 이 그림이 순식간에 사라지더니 다른 그림이 나오는 거여요. 시야가 확 트인 드넓은 하늘과 들판이 나오더군요. 새까만 구름이 하늘을 떠가고 있었죠. 그런데 제 발 밑에는 노란 데이지 꽃들이 만발해 있는 거여요. 꽃들이 살랑살랑 흔들리는 모습이 마치 춤을 추는 것 같았어요. 꽃들이 그렇게 춤을 추자 앞에 나타났던 그 빛이 다시 사방으로 퍼지기 시작하는 거여요. 그 순간 저는 그 예쁜 데이지 꽃 사이로 난 길을 따라 어딘가를 향해 걷고 있더군요. 눈을 들어 멀지 않은 앞쪽을 보자 두 사람이 서로 포옹을 하고 있는 모습이 보였어요. 전 눈에 힘을 주어 그들이 누군지 애써 보려고 했죠. 잘 보이지 않았거든요. 그런데 두 사람의 형체가 집과 하늘처럼 까만색으로 뒤덮여 있는 거여요. 그러더니 어느새 그 노란 빛이 나타나 그 두 사람을 감싸더군요. 전 아주 황망했어요. 들키면 안 되는 누군가의 비밀을 몰래 훔쳐본 것 같은 느낌이 들었거든요. 그래서 전 가던 걸음을 멈추고 뒤로 돌아 냅다 줄행랑을 쳤죠. 바로 그때 아주 세찬 강풍이 일더니 저를 포옹을 하고 있는 두 연인이 있는 방향으로 곤두박질을 치더군요. 전 무서웠어요. 두 연인은 그 어떤 누구에 의해서도 방해를 받고 싶어 하지 않는 눈치였거든요. 전 그걸 강하게 느낄 수 있었어요. 전 땅바닥에 쓰러져 강풍에 날려가지 않으려고 데이지 꽃줄기를 있는 힘껏 붙들고 있었죠. 그러고서는 눈을 떴죠. 그런데 재미있는 일이 일어난 거여요. 이 모습이 거듭거듭 눈을 감을 때마다 나타나는 거여요. 결국 이 모습을 화폭에 담아내고 나서야 사라지더군요."●

마가레트는 자신의 머릿속을 채웠던 인상을 세 가지 장면으로 나누어 그린다. "창가로 빛이 새어 나오는 고독한 집 한 채를 따로 그렸고, 데이지 꽃밭을 또한 따로 그렸다. 그리고 끝으로 낮게 깔린 하늘을 그렸다. 아울러 빛 한 줄기를 배경으로 어두운 두 형체가 서로 포옹을 하면서 서 있는 모습도 그렸다."(103쪽) 마가레트가 그린 이 그림의 세 가지 형상은 각각 나름의 의미를 가지고 있다. 먼저, "창가로 빛이 새어 나오는 고독한 집"은 성차별과 인종차별이 일상적으로 작동하는 공간을 넘어선 일종의 초월적 공간을 상징한다. 부시맨/마사르와 출신이라는 신분상의 차이 때문에 바츠와나의 원주민들에게조차도 늘 차별대우를 받던 마가레트는 장차 이 공간에서 운명적 사랑을 만나 현실의 논리를 초월한 이상적 세계를 건설하는 꿈을 꾼다. 둘째로, "데이지 꽃밭"은 마가레트가 꿈꾸던 이상적 세계가 현현한 모습이다. 셋째로, "포옹을 하고 있는 두 형체"는 마가레트가 그 운명의 이상향을 함께 개척해갈 동반자를 만났음을 상징한다.

미구에 벌어질 일을 미리 예단이라도 하는 듯한 "계시적인" 그림을 감상하던 마가레트의 동료인 디켈레디는 앞서 말한 세 가지 이미지 중 "포옹을 하고 있는 두 형체"를 자세히 들여다보고는 깜짝 놀란다. "두 형체"의 주인공이 왕족의 혈통인 것은 물론이고 미래를 투사하는 천리안을 가진 자신의 오빠인 마루와 신분상으로 노예에 가까운 부시맨/마사르와 출신의 마가레트였기 때문이다. 오빠인 마

• Bessie Head, *Maru*, London: Heinemann, 1971, p. 103. 앞으로 본문에 인용된 글은 이 책을 기준으로 쪽수만 표기한다.

루와 동일한 왕족의 혈통을 타고난 디켈레디는 인종차별적인 바츠와나 원주민들에 비해 '인종적 타자'이자 '소수자'인 마가레트를 비교적 잘 이해하는 동정심 많은 인물임에 틀림없다. 그러나 마루가 인종적, 사회적 그리고 성적 약자의 처지를 명확히 이해하고 있는데 반해, 디켈레디가 보이는 타자에 대한 이해는 동정의 차원을 넘어서지 못한다. 이는 장차 원주민 사회가 어떤 방향으로 흘러갈 것인지를, 혹은 흘러가야 하는지를 미리 예고해주는 "계시"에 대한 몰이해 때문이다.

한편 "계시"와 "꿈"을 "사랑"하고 그 둘을 존재론적 신념의 차원으로까지 격상시키는 인물은 마루이다. 그는 "계시"와 "꿈"의 세계를 허무맹랑한 허구의 세계가 아니라 자신이 섬기는 "신이 정의를 실현하는 세계"(110쪽)라고 믿는 인물이다. 따라서 마루는 "계시"를 일종의 정치적 자원으로 활용하여 정적인 몰레카로부터 사랑하는 여인을 지키고, 자신의 오랜 '염원'인 "인류 전체가 함께 진보"하는 사회를 건설하는 데 사용한다.

> 마루는 그가 꾸는 꿈과 계시를 사랑했다. 그 꿈과 계시를 통해 자신뿐만 아니라 인류 전체가 함께 진보할 수 있는 분위기를 만들 수 있다고 믿기 때문이었다. 그의 꿈과 계시가 미치지 않는 곳은 없었다. 그것은 온갖 장애물과 터부를 넘어 불가능해 보이는 것조차 껴안았다. 그 꿈과 계시 속에 노예나 동정의 대상으로서의 인간 따위는 없었다. 그런 세계를 만들어갈 꿈을 꾸고 있긴 했지만, 그는 바보가 아니었다. 사악하고, 이기적이며, 잔인한 사람들이 함께 살고 있었고, 불행을 창조

하는 이들의 능력 또한 과소평가할 수 있는 것이 아니었다. 능력이 허락하는 한 그는 그런 자들을 모두 땅바닥에 못 박고 싶었다. 그러나 최대한 조심하지 않으면 안 되었다. 거꾸로 그자들의 먹잇감이 될 수도 있었다. 그리하여 그는 마음이 시키는 것을 따르기로 결심했다. 그것만이 그를 어리석고, 무지하며, 거기다가 잔인하기까지 한 사회, 그가 현재 태어나 살고 있는 그런 사회의 희생 제물이 되지 않도록 도울 것이라고 믿었다. 그가 거짓과 회유책을 적절히 사용하고 있는 이유도 실은 그 때문이었다.(110쪽)

《마루》와 하위주체

'하위주체(subaltern)'라는 개념은 이탈리아의 마르크스주의자인 안토니오 그람시(Antonio Gramsci)가 처음 사용한 것으로 "우리 눈에 잘 보이지는 않지만 공기처럼 우리를 우리로 존재하게 하는 소중하고 없어서는 안 되는 실체를 가리킨다."• 그러나 하위주체의 실체를 최초로 제공한 인물은 카를 마르크스(Karl Marx)이다. 마르크스는 〈루이 보나파르트의 공화력 2월 18일〉이라는 글에서 나폴레옹을 지지해 혁명을 일으켰으나 정세가 변하면서 그 존재가 망각되어버리고 마는 프롤레타리아 계급을 미학적 '재현'과 정치적 '대변'이 불가능한 실체로 녹해해내면서 '하위주체'의 기반을 제공한다.

• 태혜숙, 《탈식민주의 페미니즘》, 여이연, 2001, 117쪽.

그러나 생산과 임노동이라는 전통적인 경제적 토대와 밀접한 관계를 맺고 있는 '프롤레타리아' 개념을 가지고는 현대 사회의 보다 역동적이고 다원적인 '소외'와 '착취'의 문제를 정확히 간파해낼 수 없다고 보고 스피박은 보다 다양한 지배의 틀이 동시다발적으로 작동하는 '하위주체'라는 개념을 새롭게 견인한다. 스피박이 강조하는 '하위주체'란 생산이 중심이 되던 전통적인 자본주의 체제를 떠받치던 프롤레타리아 계급은 물론이고, 가부장제와 제국주의 그리고 후기자본주의의 지배 틀에 의해 동시에 종속되어 있는 특정한 성과 인종 그리고 문화적으로 주변부에 속하는 사람들을 모두 포괄한다. 동시에 스피박은 "그람시가 간과하고 있는, 하위주체의 젠더화(gendering) 과정을 중시하고, 그 과정에서 여성 하위주체의 삶과 그 삶에 대해 '말하기'나 문화적 재현에 결부된 문제들을 부각시킨다."• 그러나 "스피박의 궁극적 관심사는 몇 중으로 침묵되고 가려져 있는 이른바 제3세계적 포지션에 처한 보통 여성, 즉 여성 하위주체의 삶에 대해 '말하기'와 거기에 지식인이 어떻게 접근할 것인가 하는 '말걸기'의 문제이다."••

《마루》에 등장하는 인물 중 '하위주체'의 지위를 완벽하게 전유하고 있는 인물이 바로 마가레트이다. 마가레트는 바츠와나 종족과 같은 아프리카 흑인 원주민보다도 신분상으로 열등한 인물이다. 식민주의가 강제한 인종적 위계질서 상에서 말단의 지위를 차지하고 있

• 태혜숙, 앞의 책, 117~118쪽.

•• 태혜숙, 앞의 책, 118쪽.

는 부시맨/마사르와의 피가 흐르고 있기 때문이다. 그렇기 때문에 마가레트가, 바츠와나 왕가의 피가 흐르는 마루와 마찬가지로 미래에 대한 '계시'로 가득한 그림을 그릴 줄 아는 놀라운 재능을 가지고 있음에도 불구하고, 원주민들의 눈에는 "얼굴도 없고, 목소리도 없으며, 이름도 없는 여자", 즉 존재감 자체를 부정당한 인물로 보이는 것은 당연하다. 마가레트가 그림을 매개로 수행한 '미학적 재현'을 온당하게 독해할 권력 주체가 부재하기 때문이다. 뿐만 아니라 마가레트, 나아가 부시맨/마사르와가 처한 현실을 정치적으로 공정하게 '대변'할 지식인 주체가 부재하기 때문이다. 이 점에서 마루는 예외이다. 그런 의미에서 마루는 '하위주체'에게 '말을 걸어' '하위주체'로 하여금 스스로를 '재현'하고 '대변'할 수 있게 하는 유일한 인물이다.

마루는 그가 랑코에게 했던 표현이 액면 그대로 접수되기를 소망했다. 이토록 기운생동하는 그림을 그려낸 인물은 누구라도 훌륭한 인물이 될 수 있었다. 모 부족 출신이니 혹은 모 인종 출신이니 하는 따위의 어떤 부수적이거나 부대적인 설명은 필요가 없었다. 극도로 개인주의적이었던 탓에 마루는 한 인간을 평가하는 데 부족과 인종의 틀을 사용하기를 꺼렸다. 그러나 그를 둘러싸고 있는 환경은 판이하게 달랐다. 그로 하여금 마가레트 같은 여자를 그 여자가 대표하는 종족의 상징으로 바라보게 만들었다. 그리하여 그는 그 여자를 통해 피억압 민중의 해방을 향한 욕망을 이해하게 되었다. 왜냐하면 그녀가 그린 그림 속에 해방을 향한 바로 그 정념과 열정이 놀랄 만큼 선명하게 부각되어 있기 때문이었다. 그렇지만 그 여자는 그 마을에서 얼굴도 없고, 목소리도 없으며, 이름도 없는 여자로 오랫동안 살아왔다. 이런 여자에게도 인생이 있고 영혼이 있다는 점을 사람들은 인정하지 않았다. 가장 원초적인 이유는 이들이 피정복민인 데다 혼인을 통해 흡수된 부족이기 때문이었다. 그런데 이 마사르와 출신의 여자는 누가 흡수할 것인가? 아프리카 여자도 아니고 중국 여자처럼 보이는 이 여자를?(108쪽)

《마루》에서 '하위주체'인 마가레트의 주변부성이 적나라하게 드러나는 대목은 그녀가 디켈레디와 맺고 있는 관계이다. 마가레트는 인종과 계급의 착종에 의해 성적으로 동일한 여성인 디켈레디로부터도 온당한 '미학적 재현'과 '정치적 대변'의 권리를 누리지 못한다. 마가레트나 디켈레디 모두 성적으로는 여성이지만, 인종적이고 계급적인 지위는 다르다. 디켈레디가 끝내 마가레트와 소통에 실패하는 이유도 인종과 계급의 차이가 성적 동일성을 압도하기 때문이다. 문제는 마가레트와 디켈레디 간의 차이가 인종과 계급의 차이로만 끝나는 것이 아니라 종국에는 성적 동일성마저 해쳐 그간 두 사람을 아슬아슬하게 연결시켜주던 기반 자체가 균열되기에 이르고 만다는 것이다. 이는 유럽의 페미니즘이 제3세계 페미니즘, 나아가 아프리카 페미니즘과 다른 기반과 배경을 전유할 수밖에 없는 저간의 사정을 설명하는 데 도움이 된다. 그런 의미에서 마가레트와 디켈레디의 차이는 부시맨/마사르와와 바츠와나라는 단순한 차원의 종족적 차이를 넘어 아프리카인과 백인이라는 보다 거대한 인종적 차원의 차이로 이행한다.

> 사람들(바츠와나인들)은 백인들이 흑인들을 대하는 태도와 완전히 같은 방식으로 마사르와를 대했다. '그 종자들은 혼자서는 아무것도 할 수가 없지. 아는 게 아무것도 없으니 말이야.' 이것이 흑인을 대하는 전형적인 백인의 언어였다. 문제는 여기서 그치지 않았다. 힘이 센 자들은 힘이 약한 자들을 붙잡아 그들을 곡마단에나 출연할 법한 동물로 만들었다. 그뿐만이 아니었다. 약자들을 비참과 굴종의 지위로 추락시킨 채 그들로부터 인간성을 약탈해갔다. 세 가지 전략의 합성을 통해 이 일을 이루었다. 첫째는 정복 그리고 둘째는 피정복민을 향한 경멸의 눈초리를 통해서였다. 셋째는 온갖 종류의 공포와 사악한 행위를 통해서였다. 바츠와나인들은 자기들이 백인들보다 안전하다고 믿었다. 백인들은 피억압 민중들이 격노하여 봉기라도 일으키는 날에는 지배자들을 갈기갈기 찢어 죽일 수도 있다는 사실을 너무나 잘 알고 있었다. 그렇지만 바츠와나인들은 속으로 백인들의 그런 공포를 비웃고 있었다. 그들은 백인들이 마사르와인들을 인간으로 인정하는 날이 결코 오지 않을 것이라고 확신하고 있었다.(109쪽)

심연에 가까운 차이에도 불구하고, 디켈레디와의 궁극적 소통을 갈망하며 그 소통이 끝내 이루어지고 있다고 믿는 마가레트의 소망이 더욱 비극적으로 읽히는 이유도 그 때문이다. 마가레트와 디켈레디는 몰레카라는 동일한 인물을 동시에 좋아한다. 둘과의 관계에서 권력자의 정체성을 가지고 있어 욕망의 대상과 내용을 보다 명시적으로 드러내는 디켈레디와 달리, 하위주체인 마가레트는 자신의 '주이상스(jouissance)'를 제대로 드러내지 못한다. 두 사람이 지닌 신분의 차이는 결국 '주이상스'를 구가하는 방식의 차이로도 확장된다. 자신이 사모하는 몰레카가 디켈레디와 결혼한다는 말을 디켈레디의 입을 통해 전해 들은 마가레트는 자신의 '주이상스'가 '몸'을 통해 굴절되고 은폐되는 경험을 한다. 마가레트의 '주이상스'가 가장 극심한 형태로 '굴절'과 '은폐'를 경험하게 되는 때는 역설적이게도 마가레트가 디켈레디를 "특질과 입장"이 같은 동일한 "여자"로 느낄 때 찾아온다. 몰레카라는 한 '남자'를 공히 사랑하는 두 "여자"라는 잣대를 들이댈 때, 디켈레디와 "평등"해진다고 믿기 때문이다.

그녀는 디켈레디의 입이 좀 더 오래 움직이는 것을 보았다. 그러나 그 이름(몰레카)을 들은 이후로는 그 어떤 소리도 들리지 않았다. 그녀의 삶을 엮어 매고 있던 몇 가닥의 치명적인 실이 목 뒤에서 뚝하고 끊어지는 것 같았다. 머리끝에서 발끝까지 죽음의 공포로 덜덜 떨리는 것 같았다. 참을 수 없을 것 같은 고통이 너무 심하게 밀려와 그녀는 입술을 피가 나도록 꽉 앙다물어야만 했다. 그렇지 않으면 입 밖으로 커다란 비명이 새어 나갈 것 같았다. 체면치레 따위도 차리고 싶지 않았다. 그녀는 더 이상 마사르와가 아니었다. 여성이라는 특질과 입장 면에서 볼 때 앞에 앉아 있는 여자와 하등 다를 바가 없었다. 둘은 공히 평등했다. 디켈레디가 육중한 망치의 힘을 능가하는 무의식적 괴력을 휘둘러 그녀를 무너뜨린 것도 어찌 보면 평등함 때문에 가능한 일이었다. 그 어느 누구도 그녀를 이토록 참혹하게 무너뜨린 적이 없었다. 그러나 그녀는 디켈레디를 속속들이 알아가고 있었다. 그녀의 영혼은 드높은 탑 같은 것이었다. 그녀는 절반쯤 부러진 목을 가까스로 쳐들고 지난 한 해 동안 디켈레디와 나누었던 애정을 추억케 하거나 상기시키는 어떤 말을 찾아보려고 애를 썼다. 그렇지만 단단하게 조인 매듭처럼 고통이 목 끝을 눌러왔다. 그녀는 손바닥에 아직 부러지지 않은 목 부위를 간신히 올려놓고 정서적인 균형을 잡으려 혼신의 힘을 기울였다.(118쪽)

'말 걸기'와 지식인

'말 걸기'란 존재감과 목소리를 부정당한 '하위주체'의 욕망을 견인하기 위해서 스피박이 고안해낸 한 방편이다. 마르크스를 비롯하여 '하위주체'의 욕망을 대변 및 재현하려던 시도는 줄곧 지속되어 왔다. 그러나 기존의 '말 걸기'가 '하위주체'의 욕망을 대변 및 재현한다는 미명 아래 '말 걸기' 주체의 욕망을 직간접적으로 드러내는 데 그쳤다면, 스피박의 '말 걸기'는 '하위주체'로 하여금 본인의 욕망을 스스로 재현하고 대변하도록 동기를 부여하는 의미를 띤다. 스피박은 해체주의와 포스트모더니즘의 영향으로 지식인의 역할이 탈역사적 행태를 보이는 것을 개탄하며 그람시가 말한 "유기적 지식인"의 유형을 보다 동시대적으로 되살려내고자 한다. 스피박은 가부장제와 제국주의 그리고 인종주의가 복잡다단하게 착종되어 있어 통찰해내기가 쉽지 않은 동시대의 모순을 적실하게 발굴해내는 역할을 지식인의 의무로 규정하여, 이를 '하위주체'의 문제와 연동시킨다. 실로 복잡하기 그지없는 동시대의 모순 속에 갇혀 스스로의 욕망과 존재감을 부정당한 '하위주체'에게 말을 걸어 그들로 하여금 그들 자신의 문제를 발언하게 만드는 것이다. 이를 통해 동시대 모순과 문제의 본질을 찾아내는 것이다.

베시 헤드의 《마루》는 인종주의라는 이름의 식민주의적 유제가 부정적 형태로 남아 있는 아프리카에 지식인의 '말 걸기'가 얼마나 유의미한 결과를 초래할 수 있는지를 잘 보여주는 대표적 작품이다. 《마루》라는 작품에 나오는 등장인물 중 '하위주체'의 욕망과 목소리를 가장 직관적으로 흡수할 줄 아는 유일한 주인공은 마루이다. 따라서 그가 부시맨/마사르와 출신의 여선생인 마가레트가 그린 그림을 보고 그 속에서 피억압 민중의 목소리를 듣는 일은 어찌 보면 당연하다.

> 바로 그런 이유 때문에 마루는 그림 속의 메시지가 마음속 깊이 사무치는 것을 느꼈다. 그 그림들은 말하고 있었다. '자, 보시다시피 이 나라에서 진정한 생명력의 소유자는 바로 나와 나의 부족들이오. 당신들은 그 생명력을 잃었소. 당신들이 우리에게 마루를 닦게 하고 또 당신들의 자식들과 가축들을 돌보라는 명령을 내린 순간부터 당신들의 생명력은 끝난 것이나 마찬가지요. 지금 우리가 원하는 것은 당신들의 손아귀에서 벗어나는 것이오. 그리하여 우리도 우리만의 문제를 고민하는 것이오.' (107~108쪽)

마루는 신분상의 이유로 '침묵을 강제당한' 마가레트가 그림을 통해 본연의 의지를 표현하고 있다고 믿는다. 그리고 그 그림 속에 담긴 화가의 의지를 제대로 읽어내는 일이 신이 자신에게 부여한 임무라고 생각한다. "마루가 종족적 정체성 혹은 인종적 정체성 따위를 거부한 것"(109쪽)도 바로 신이 그에게 그것을 요청했다고 믿었기 때문이다. 그는 그가 공경하는 신이 "매우 편협한 특정 집단이나 계급 질서에 구속된 행위를 그가 하지 않기를 바랄 것이라고"(109쪽) 믿어 의심치 않는다. 주목할 만한 것은 마루의 '말 걸기'가 서구의 합리주의나 과학주의와 같은 근대의 서사 체계로는 쉽게 이해할 수 없는 방식으로 이루어진다는 점이다. 앞서 말한 '계시적' 혹은 '신비주의적' 방식이 그것이다. 마루는 특정한 욕망을 가지고 있는 마가레트의 꿈속을 찾아들어가 그 꿈에게 말을 걸어 그 꿈이 자발적 발언을 할 수 있도록 동기를 부여한다. 마가레트는 결국 그 꿈을 그림으로 표현하게 되고, 마루는 그 꿈을 현실화하면서 아프리카 사회의 모순을 수정해간다. 마루가 수정한 모순은 "사해 만민을 향해 내내 불어치던 자유의 바람이" 되어 "잠자고 있던" 부시맨/마사르와의 인간성을 깨우는 데까지 확장된다.

> 마사르와 부족민들 또한 마루의 결혼 소식을 들었다. 자신들과 같은 부족 출신의 한 여자와 결혼을 했다는 소식을 들은 것이었다. 이 소식을 들은 부족민들은 비좁아 터지고 어두컴컴한 대다가 공기조차 제대로 통하지 않는 방에 있는 문이란 문들을 말없이 열어젖혔다. 그들의 영혼을 오래토록 가두어두었던 문들이었다. 사해 만민을 향해 내내 불

어치던 자유의 바람이 마침내 그들의 방까지 불어닥친 것이었다. 그들은 신선하고 맑은 공기를 들이마시며 잠자고 있던 자신들의 인간성을 깨웠다. 동시에 그들은 자신들의 삶의 조건들을 돌아보았다. 상하고 탁한 공기와 배설물들에 에워싸여 있었다. 인간이라는 이름의 종으로 살고 있다고 보기에는 너무 끔찍한 조건이었다. 머리는 인간인데 몸뚱이는 당나귀인 반인반수의 삶을 살고 있었다. 그들은 당혹감을 감추지 못한 채 제 머리를 벅벅 긁으며 웃어댔다. 그들은 어쩌다가 이런 비인간적인 지경에 빠지게 되었는지 도통 알 수가 없었다. 그들 또한 다른 사람들과 마찬가지로 인간이기 때문이었다. 그들은 햇빛을 향해 달리기 시작했다.(126~127쪽)

《마루》가 남긴 과제

아프리카를 대표하는 여성 작가인 베시 헤드가 쓴 《마루》는 여러 가지 측면에서 주목할 만한 공적들을 남겼다. 먼저, 페미니즘 문학사에서조차 생경한 감이 없지 않은 아프리카 페미니즘의 한 전형을 제시했다는 점이다. 동시대에 유통되고 있는 페미니즘 전사에서 아프리카 페미니즘은 제3세계 페미니즘 또는 아프리칸-아메리칸 페미니즘의 한 아류 정도로 취급되고 있는 것이 현실이다. '민족'과 '인종'이라는 기제를 '계급'과 '성'이라는 기제보다 우위에 놓고 논리를 전개한다는 이유 때문이다. 그러나 이는 온당한 평가가 아니다. 이른바 '아프리카 여성'이라고 할 때 '아프리카'와 '여성'이라는 두 개념을 관통하는 여러 다양한 기제들, 예컨대 제국주의와 가부장제 그리고 자본주의와 인종차별주의 등속의 매개들을 동시에 고려하지 않고서는 '아프리카에서 여성으로 사는 존재들의 삶'을 제대로 이해할 수 없기 때문이다. 베시 헤드는 《마루》를 통해 '아프리카에서 여성으로 사는' 다양한 삶 중의 하나를 제시하고 있다.

둘째는 '하위주체'라는 범주의 복잡성과 '말 걸기'의 방식을 아프리카 식으로 제시했다는 점이다. '인종'이 주체 구성의 지배적 범주로 작동하는 아프리카와 같은 곳에서는 '존재의 사슬' 맨 윗자리를 백인들이 차지한다. 이들 백인과의 관계에서 아프리카 흑인들을 포함한 비백인들은 모두 '하위주체'의 지위를 벗어나지 못한다. 그러나 아프리카에서 '인종'을 중심으로 한 위계 체계는 여기서 끝나지 않는다. 식민주의자들이 수행한 '인종'의 차이에 따른 분류 체계를 내면화한 아프리카인들이 이른바 '비백인'의 범주를 같은 방식으로 재분류하기 때문이다. 그 결과로 아프리카 흑인들은 부시맨/마사르와 또는 혼혈/칼라드보다 우월한 인종의 지위를 구가하게 된다. 베시 헤드는 아프리카의 '하위주체들'이 처한 복잡다단한 지위를 있는 그대로 드러냄으로써 '말 걸기'의 주체에게 또한 명확한 과제를 제시한다. 어떤 '하위주체'에게 어떻게, 혹은 어떤 '말'을 '걸 것인가'라는 과제 말이다.

끝으로, 《마루》를 비롯해 《비구름이 모일 때》와 《권력의 문제》라는 베시 헤드가 남긴 삼부작의 문제점을 간단히 언급하기로 하자. 세 작품은 모두 혼혈이자 소수 인종으로 아프리카 땅에 살았던 작가 자신의 자전적 경험을 짙게 투영하고 있다. 베시 헤드는 이 세 작품을 일종의 연작 형태로 썼는데, 문제는 이 세 작품이 모두 지나칠 정도로 신비주의적인 결말을 제공하고 있다는 점이다. 앞서 언급했듯이 《마루》에 등장하는 신비주의는 아프리카 사회에 만연한 모든 모순을 일거에 척결할 만한 물적 기반이 갖추어지지 않은 상태에서 아프리카인들이 취할 수 있는 어찌 보면 거의 유일한 대안에 가깝다. 거기에 더해 아프리카의 우주관과 결합한 신비주의는 나름 리얼리즘적 면모를 풍기기도 한다. 그러나 아프리카의 모든 문제를 신비주의적 방식으로만 해결하려는 태도는 자못 편의주의의 혐의를 제공할 수도 있다.

'흑인의 탄생' 혹은 '최종 심급'으로서의 '인종'

치마만다 은고지 아디치에, 《아메리카나 1, 2》(민음사, 2015)

'최종 심급' 으로서의 '인종'

치마만다 은고지 아디치에(Chimamanda Ngozi Adichie)의 《아메리카나》는 지적이면서도 감각적인 문체, 섬세하고 날카로운 현실 인식, 유연하면서도 명징한 내면 묘사 등이 어울려 소설 읽는 재미를 쏠쏠하게 하는 작품입니다. 작품은 '나이지리아 → 미국(이페멜루)/영국(오빈제) → 나이지리아'의 구성으로 되어 있습니다. '미국'에서의 경험을 매개로 조국(나이지리아)의 현실을 발견하고 새로운 삶을 찾아간다는 구성은 이페멜루와 오빈제의 만남과 이별, 재회라는 애틋한 러브스토리와 포개집니다.

그런 점에서 작품의 모두에 해당하는 제1부는 인상적입니다. "혼자만의 소리 없는 확신"으로 "마땅히 있어야 할 곳"으로 돌아가기 위해 머리 손질을 하고 있는 이페멜루의 섬세한 내면(1장)과 영국에서 강제 송환되어 조국에서 살아가고 있는 오빈제의 진솔한 자의식

(2장)은 이들이 겪은 파란만장한 삶에 대한 암시와 더불어 앞으로 나이지리아에서 펼쳐질 새로운 삶을 예감하며 극적 분위기를 연출하고 있습니다. 특히 "본래의 자신과 전혀 다른 인물"을 연기해야 하는 "부유한 안락의 도시"(미국)와 "뿌리를 내리고 난 뒤에도 계속해서 그 뿌리를 뽑아내어 흙을 털고 싶은 충동을 느끼지 않을 장소"(나이지리아) 사이의 간극은 이 소설을 추동하는 원동력이라 할 수 있습니다.

'아메리카나'라는 제목이 표상하듯 이페멜루의 '미국'에서의 삶이 작품 전체를 압도하고 있습니다. 하여, 이 작품의 최종 심급은 '인종'입니다. 작가에 따르면 인종은 생물학적 문제가 아니라 사회학적 문제입니다. 인종은 '인종주의' 때문에 문제가 됩니다. 인종주의가 터무니없는 이유는 사람의 혈통이 아니라 외모에 관한 것이기 때문입니다. 그것은 피부색과 코 모양과 머리카락의 곱슬곱슬함에 관한 것입니다. 태어났을 때 피부가 검으면 그걸로 끝입니다. 미국에서는 자신의 인종을 스스로가 결정하는 것이 아닙니다. 남들이 결정해줍니다. 미국의 많은 백인들은 자기 조상들이 백여 년 전에 부정한 방법으로 축적한 재산을 물려받아 살고 있습니다. 그 유산이 시퍼렇게 살아 있는데 어떻게 노예제도의 산물인 인종주의가 사라졌다 말할 수 있겠습니까?

작가가 끈질기게 탐색하고 있는 이 최종 심급에는 구미 중심의 인종주의 담론, 식민주의가 강제한 흑인 디아스포라, 신자유주의의 탈을 쓴 미국의 민족주의(종족주의) 등 200여 년에 걸친 근대의 역사가 함축되어 있습니다. 또한 이를 둘러싸고 전개되는 비미국인 흑인, 미국인 흑인, 백인 진보주의자(자유주의자) 등이 펼치는 인종 담론의 허와 실은 우리에게 '낯선 친밀감'을 선사하기에 부족함이 없습니다.

'흑인의 탄생'과 미국에서의 인종 문제

먼저 나이지리아가 처한 현실적 모습이 생생하게 드러나고 있는, 미국으로 떠나기 전의 이페멜루의 삶을 살펴보겠습니다. 특히 어머니/아버지의 모습에 대한 비판적 인식은 이페멜루의 삶을 이해하는 데 도움을 줍니다. 부활 성인 교회, 기적의 샘, 인도하는 회중 교회 등을 전전하는 어머니의 지나친 종교 활동은 서구에서 유입된 종교에 대한 회의감을 싹트게 합니다. 어머니의 기도 대상이 "하느님"에서 "장군님"으로 옮아가는 모습은 종교와 권력이 결탁된 나이지리아의 현실을 적나라하게 보여줍니다. 한편 "과도하게 열성적인 식민지 주민"으로 표상되는 아버지의 "고상하고 격식 차린 영어"는 "빛바랜 열망"으로 가득 찬 무기력한 중산층 지식인의 나약한 모습을 보여줍니다. 자신들의 하찮은 욕망을 '종교'와 '영어'라는 외투로 가려야만 하는 부모님들의 삶은 독립 후 나이지리아가 처한 현실을 잘 보여주고 있습니다.

한편 대학의 파업으로 학업을 이어갈 수 없게 되자 나이지리아의 인재들은 줄줄이 외국으로 떠납니다. 이페멜루 또한 미국 대학의 합격 통지서와 장학금 제안서를 받고 미국으로 떠납니다.

비미국인 흑인은 미국에 도착하는 순간, 한때 니그로로 불렸던 사람들의 무리에 처음 편입되는 경험을 합니다. 미국에 와서 비로소 흑인이 되는 것입니다. 하지만 미국인들은 인종 문제를 가장 불편해 합니다. 작가에 따르면 인종주의가 복잡한 문제라고 생각하는 것이야말로 지나친 단순화입니다. 인종적 논란의 여지가 있다는 말은 인종차별적이라는 말이 불편하다는 뜻입니다. 더 이상 인종을 문제 삼지 말고 다 같은 인류로 지내자는 논리는 백인들의 특권에서 비롯된 것입니다. 미국인들은 흑인들이 인종차별에 대해 화를 내선 안 된다고 생각합니다. 흑인들은 불평해선 안 되고, 가능하면 차별적 현실을 유머로 승화시키는 것이 좋다고 여깁니다. 미국인들은 모든 인종차별을 용서하는 순응적이고 친절한 흑인을 원합니다.

하여, 미국의 흑인들은 인종에 관한 솔직한 이야기를 쓸 수 없습니다.

이 나라에서는 인종에 관한 솔직한 소설을 쓸 수가 없어. 사람들이 실제로 인종에 의해 어떤 영향을 받는지 쓴다면 너무 뻔한 이야기가 될 테니까. 이 나라에서 소설을 쓰는 흑인 작가 세 명 — 표지만 화려한, 흑인 빈민가에 관한 쓰레기 같은 책을 쓰는 만 명 말고 — 모두에겐 두 가지 선택이 있어. 몸을 사리거나 아니면 허세를 부리거나. 둘 다 거부하면 사람들은 어찌할 바를 모르게 되지. 그러니까 인종에 관한 책을 쓸 거면 아주 서정적이고 모호하게 써서, 행간을 읽지 않는 독자는 그게 인종에 관한 얘기인지조차 모르게 해야 돼. 그러니까 프루스트식 명상 같은 거지. 아주 희미하고 흐릿해서 결국 그냥 희미하고 흐릿한 채로 끝나고 마는.

아니면 그냥 백인 작가가 쓴 책을 읽어. 백인 작가들은 인종에 대해 직설적으로 얘기해도 그 분노가 위협적이지 않아서 운동가라는 소리

나 듣고 마니까.(《아메리카나》 2, 104~105쪽)

또한 미국인들은 인종을 초월하기를 원합니다. 마치 인종이 다른 액체들을 섞어서 부드럽게 만들어야 맛있는 맥주인 양, 안 그러면 백인들이 삼킬 수 없는 것인 양 말입니다. 그들은 인종 문제를 복잡하게 만들어서 그것이 인종 때문만은 아닌 것으로 만들고 싶어 합니다. 자신을 어떤 집단의 구성원이 아닌 개별적 개인이라고 생각하게 하고 이러한 개인의 성취에 의해 지금의 위치에 다다랐다고 여기게 만들려 하는 것이지요.

비미국인 흑인의 시선과 인종주의 극복의 가능성 혹은 불가능성

아디치에의 《아메리카나》는 이러한 불문율을 깨고 있습니다. 이 작품은 인종에 관한 불편한 진실을 끊임없이 환기하며 미국인들의 허위 의식을 폭로합니다. 작품 속 화자 이페멜루는 '인종 단상 혹은 (과거에는 니그로로 알려졌던) 미국인 흑인들에 대한 비미국인 흑인의 여러 가지 생각'이라는 블로그를 통해 미국의 인종 문제를 적나라하게 들추어냅니다. 작가는 이 블로그를 통해 미국에 와서 비로소 흑인이 된 사람들의 침묵, 즉 그들이 말하지 않는 것 혹은 말하지 못한 것들을 당당하게 이야기하고 있습니다.

'비미국인 흑인' 즉 미국에 유학 온 나이지리아인이라는 '외부인의 시선'은 인종 문제에 관한 불편한 진실을 자유롭게 제기할 수 있는 공간을 마련해줍니다. 나아가 작가는 미국 내 소수 민족들의 연대의 가능성 혹은 불가능성을 끈질기게 탐색하고 있습니다.

> 미국의 소수 민족들 — 흑인, 히스패닉, 아시아인, 유대인 — 은 모두 백인들에게 갈굼을 당한다. 종류는 다르지만 갈굼은 갈굼이다. 각 집단은 마음속으로 자신들이 가장 심하게 갈굼을 당한다고 생각한다. 그러므로 국제 피탄압자 연맹 같은 것은 없다. 하지만 흑인을 제외한 나머지 집단들은 자신들이 흑인들보다 우월하다고 생각한다. … 많은 소수 민족들은 와스프의 하얀 피부가 가져다주는 특권에 대해 이율배반적인 열망을 갖고 있다.(《아메리카나》 1, 334쪽)

아디치에는 이페멜루의 사랑을 통해 인종 문제를 구체적 형상으로 제시합니다. 작가는 한 매체와의 인터뷰에서 스스로를 'Happy African Feminist'라고 규정합니다. 서구와 구별되는 적극적이고 주체적인 여성상을 염두에 둔 것이지요. 이런 작가의 의지는 주인공 이페멜루의 모습에 그대로 투영되어 있습니다. 그녀는 이성 관계에서 늘 당당하며 적극적입니다. 블레인을 처음 만났을 때 그녀는 먼저 연락처를 알려 달라고 요구합니다. 그리고 적극적으로 통화를 시도합니다. 커트와 사귈 때는 연하의 남자와 바람을 피우기도 합니다. 연인에게는 호기심 때문이었다고 말하고 용서를 구합니다. 특히 오빈제와의 관계에서는 유부남인 그를 가정에서 뛰쳐나오도록 당당하게 요구합니다. 이러한 이페멜루의 모습은 우리에게 다소 낯설게 다가옵니다. 자신의 욕망과 행복을 당당히 추구하는 여성은 우리 사회에서 손가락질 받기가 일쑤니까요.

다음은 아프리카계 미국인 흑인 블레인과의 사랑을 살펴보겠습니다. 블레인은 "선의라는 이름의 단단한 갈대"를 가진 사람입니다. 그는 모르는 게 없습니다. 이페멜루는 이것이 무섭고 자랑스러운 동시에 약간 혐오스럽다고 느낍니다. 몸에 좋은 "탄산수 같은 존재"인 그와 함께라면 "한 단계 더 나은 세계"에서 살 일만 남아 있는 듯합니다. "신념과 원칙"이라는 공중에 떠다니는 추상적인 것이 지배하는 블레인의 세계는 "머나먼 사람을 향한 존경심", 즉 "제자가 된 느낌"을 가지게 하는 데 그칩니다. "아프리카의 아동 노동을 종식"시키고 "저임금 아시아 노동자가 만든 옷을 사지 않"는 "세상을 바라보는, 비실용적이면서도 눈부신 진지함이 감동적이긴 했지만 납득되진 않았"기 때문입니다.

다음으로는 자유주의적 성향의 백인 커트와의 사랑입니다. 커트는 "헝클어진 금발, 잘생긴 얼굴, 근육질의 몸, 화사한 매력과 돈 냄새"를 풍기는 부유한 백인입니다. 이페멜루는 그를 사랑했고 그가 가져다준 활기찬 삶을 사랑했지만 일부러 거슬리는 부분을 만들고 싶은, 조금이라도 그의 해사함을 망가뜨리고 싶은 욕구와 싸워야만 했습니다. 커트와의 관계는 그녀가 원했던 것, 인생이라는 파도의 최고점이었음에도 그녀는 도끼를 집어 들어서 그것을 내리찍습니다.

이페멜루는 아프리카계 미국인(블레인)의 경직성과 진보주의적 성향의 백인(커트)의 자유분방함 사이에서 방황하다가 나이지리아로 돌아가기로 결심합니다.

조국의 발견과 아메리카나의 시선 넘어서기

나이지리아에 돌아온 이페멜루는 '아메리카나'의 시선을 벗어나기 위해 노력합니다. 이는 미국인의 눈으로 나이지리아의 현실을 바라보는 태도를 넘어서는 것입니다. '월드 나이지리안 클럽'은 이페멜루에게 불안감을 증폭시킵니다. 그녀는 '월드 나이지리안 클럽'이 편했지만, 편하지 않았으면 좋겠다고 생각합니다. 이페멜루는 라고스의 재발견을 통해 "과거를 물신"으로 만들어야 스스로를 지탱할 수 있는, "전성기"가 지난 구미적 세계관을 상대화합니다.

라고스는 지금껏 한 번도 뉴욕 또는 다른 어떤 곳과 비슷했던 적도 없고 앞으로도 영원히 비슷하지 않을 것이며, 그렇게 되고 싶어 한 적도 없다. 라고스는 늘 명백하게 자기 자신이었지만, 일군의 젊은 귀국민들이 매주 모여서 마치 라고스가 뉴욕처럼 되려고 했던 적이 한 번이라도 있는 것처럼 라고스가 뉴욕과 다른 점들에 대해 불평하는 월드 나이지리안 클럽이라는 모임에서는 이 사실을 알 수 없을 것이다. 여기서 밝힌다. 나도 그들 중 한 명이다. 우리 대부분은 돈을 벌기 위해, 사업을 시작하기 위해, 정부 계약 및 인맥을 갖기 위해 나이지리아에 돌아왔고, 나머지 사람들은 주머니에 꿈을 품고, 나라를 바꿔보겠다는 갈망을 안고 돌아왔다. 하지만 우리는 나이지리아에 대해 불평하느라 시간을 다 보낸다. 우리의 불평이 설사 정당한 것이더라도 나는 이렇게 말하는 아웃사이더가 되는 상상을 해본다. 네가 떠나온 곳으로 돌아가라! … 그러니 잘난 척 그만하고 이곳의 삶의 방식이 그냥 그렇다

는 것을, 모둠이라는 것을 깨달아라.(《아메리카나》 2, 316쪽)

그녀는 조국 나이지리아에서 새로운 블로그를 개설합니다. 이 블로그에는 내부인이 본 라고스의 실용적인 정보가 담깁니다. 라고스 공항에 내렸을 때 그녀가 더 이상 흑인이 아니게 되었듯이 인종이 아니라 그냥 삶에 대한 내용입니다.

그녀의 마음은 평화로웠다. 집에 돌아와서 블로그를 쓰고 있어서. 라고스를 다시 발견해서. 그녀는 마침내 자기 자신을 완전히 존재하게끔 만들었던 것이다.(《아메리카나》 2, 402쪽)

그리고 '낯선 친밀감'을 느끼며 첫사랑 오빈제와 재회합니다.

한국문학과 인종주의

한국문학 담론에서 '인종'에 대한 논의는 그리 활발하지 않은 듯합니다. 우리는 "역사적으로나 현실적으로 뚜렷한 실체이면서도 그 가두리와 세목은 종잡을 수 없을 정도로 불분명하고 복잡"한 인종주의의 역사를 의도적으로 외면해온지도 모릅니다.

인종이라는 용어에는 지리상의 발견에서부터 식민제국주의를 거쳐 최근의 탈식민주의 시대에 이르기까지 합목적적 진보의 과정으로 포장되어온 서구 근대사의 이면을 이루고 있는 비서구 세계에 대한 정복과 식민주의적 착취, 노예무역과 노예화, 제국주의적 침탈의 체험이 스며 있다. 인종이 야기하는 현금의 정서적 반응과 태도에는 이처럼 모순에 찬 근대사의 총체적 경험이 집적되어 있다.(신문수, 《타자의 초상 : 인종주의와 문학》, 집문당, 2009, 21쪽)

개화기에서 일제강점기, 해방과 전쟁 그리고 산업화 과정에 이르는 우리 근·현대사의 주류 담론에는 구미 중심의 인종주의 담론이 알게 모르게 투영되어 있습니다. 이제는 '인종주의' 문제를 구체적으로 논의해야 할 시기가 아닌가 싶습니다. 이러한 문제의식을 지닌 한 연구자의 말을 곱씹으며 글을 맺겠습니다.

한국에서 '단일성'에 대한 지나친 강조는 '다름'에 대한 경계심과 배타성으로 나타났고, 다른 인종에 대한 직접적인 경험이 없는 상태에서 인종주의적 태도를 형성했다. 그러다가 급격한 개방과 세계화로 다양한 문화로부터 이주민들이 몰려오자, 이미 형성돼 있던 인종주의에 대한 제대로 된 비판과 고민 없이, 어느 틈엔가 인종주의는 나쁘다는 인식만이 우리의 사고를 지배하게 되었고 이제 우리는 다문화주의를 찬양하고 있다.(김경태, 《인종주의》, 책세상, 2009, 145쪽, 밑줄은 인용자)

제 5 장

분쟁

주변에서 중심을 심문하다

누르딘 파라, 《지도》(인천문화재단, 2010)

1

우리는 하나의 목소리가 지구를 장악하고 있는 신자유주의 시대에 살고 있습니다. 자본과 힘의 논리에 바탕을 둔 동일성 담론(Identity discourse)은 매우 위험합니다. '거짓 이야기'라기보다 '불완전한 이야기'이기 때문입니다. 다양한 삶의 이야기들을 억압하고 오직 하나의 관점만을 강요하기 때문입니다.

최근 우리나라에서 비서구 문학(Non-Western Literature)에 대한 관심이 높아지고 있습니다. 비서구 문학의 연대와 가치를 지향하는 문예지들이 발간되고 있으며, 비서구 작가들의 소통과 토론의 장이 꾸준히 이어지고 있습니다. 이는 비서구 문학의 소통과 연대를 통해 온전한 세계 문학의 생태계를 복원하기 위한 노력의 하나입니다. 구미중심주의 담론이 주도면밀하게 은폐한 비서구적 가치를 재조명함으로써 온전한 지구 문학을 건설하기 위한 시도이지요. 비서구 문학의 다양한 목소리들이 한국 문학을 풍요롭게 하고 있습니다.

몇 년 전 소말리아 해적을 소재로 한 영화 〈캡틴 필립스(Captain Phillips)〉(2013)가 개봉되었습니다. 돈을 노리고 미국 배를 탈취한 소말리아 해적을 다룬 실화 영화입니다. 미국의 연기파 배우 톰 행크스(Tom Hanks)가 납치된 배의 멋진 선장역을 맡았습니다. 영화는 국제적 범죄 집단으로부터 가까스로 탈출한 백인 선장의 영웅 이야기를 담고 있습니다. 소말리아 해적들은 볼품없는 외모, 신경질적인 반응, 폭력적 성향, 오직 돈밖에 모르는 몰염치한 태도 등을 지닌 캐릭터로 묘사되지요. 해적 행위를 할 수밖에 없는 소말리아 국민들의 속사정은 구체적으로 드러나지 않습니다. 작품 전반부에 소말리아 해적의 일상이 스케치되기는 합니다. 무장한 군벌들의 강요에 의해 반강제적으로 해적이 된 소말리아 어민들의 모습을 짐작할 수 있을 정도지요. 그럼에도 불구하고 이 영화는 필립스 선장의 영웅담일 수밖에 없습니다. 미국 국적의 백인 남성에게 소말리아는 도저히 이해가 되지 않는 야만의 나라일 뿐이지요.

영화에서 소말리아 해적들은 협상금을 노리고 미국 배를 탈취합니다. 상황이 어렵게 되자 해적들은 구명보트에 선장을 태우고 소말리아로 향합니다. 그들은 협상금만 받을 수 있다면 선장의 목숨은 해칠 생각이 없습니다. 하지만 이러한 급박한 상황에 대처하는 미국의 태도는 어떠합니까? 그들은 협상을 제의하며 해적들을 안심시킵니다. 해적의 우두머리를 속여 미국 군함으로 데려옵니다. 그리고 구명보트에 타고 있던 해적들을 조준 사격하여 살해합니다. 자국 시민(필립스 선장)의 목숨을 구하기 위해 소말리아 해적 세 명을 아무런 죄의식 없이 죽이는 것이지요.

저는 해적들의 범죄 행위를 옹호할 생각은 없습니다. 다만 '생명보다 소중한 가치는 없다'는 사실을 환기하고 싶을 따름입니다. '생명'을 담보로 협상금을 노리는 행위는 용서 받을 수 없는 범죄입니다. 하지만 그렇다고 해서 이러한 범죄자들의 생명을 빼앗는 행위가 정당화되지는 않습니다. 생명이 소중하다면 해적들의 목숨을 비정하게 앗아가는 방식이 아니라 다른 해결 방식을 찾을 수도 있다는 것입니다. 그들이 해적이 될 수밖에 없는 상황을 이해하고 이를 해결하기 위한 노력을 해야 한다는 것이지요. 몇몇 범죄자를 퇴치한다고 해서 해적 행위가 근절되는 것은 아니기 때문입니다.

저는 이 영화에 나타난 강대국(미국)의 논리가 지닌 모순성을 지적하고 싶습니다. 그들은 자국민 한 명의 목숨을 구하기 위해 타국의 여러 생명들을 앗아갑니다. 마치 '자신들의 핵무기는 지구의 안전을 지키는 평화의 수단이고, 타국의 그것은 세계 평화를 위협하는 불온한 도구'라는 식의 논리입니다. 그들은 다른 사람들의 이야기에 귀를 기울이지 않습니다. 오직 자신의 관점에서 타자들의 목소리를 해석합니다. 이것이 바로 타자들의 삶을 억압하는 그들만의 이야기입니다.

다른 관점에서 소말리아 해적의 이야기를 다룬 작품도 살펴보도록 하겠습니다. 최근 우리나라의 젊은 작가가 《아프리카의 뿔》(2012)이라는 소설을 발표했습니다. 소말리아 해병대(Somali Marines) 소속의 한 소년이 주인공입니다. 소말리아 해병대 소속 10여 명의 전사가 한국의 원양어선을 납치합니다. 그들은 이를 모선으로 먼 바다에 나가 미국의 석유 회사 유조선을 탈취합니다.

소설 속 그들의 목소리를 직접 들어볼까요?

"우리는 소말리아 해병대다. 너희는 우리나라의 바다에서 어업을 했기 때문에 우리에게 붙잡히게 되었다. 소말리아 해병대로부터 어업 허가를 받지 않고 이 바다에서 어업을 한 어선은 대가를 치러야만 한다. 이봐, 선장. 허가증은 갖고 있나?" …

"이봐, 너희들은 정말 큰 실수를 했군. 소말리아 과도 정부는 우리를 대표하지 않는다. 그건 미국 놈들과 에티오피아 겁쟁이들이 만든 허깨비 집단일 뿐이야. 과도 정부가 헐값으로 팔아넘긴 저 따위 종이는 우리에게 아무런 의미도 없어. 이봐, 알아들었나?"(하상훈, 《아프리카의 뿔》, 문학동네, 2012, 19~20쪽)

소말리아는 거의 무정부 상태입니다. 소말리아 국민을 대표하는 뚜렷한 정부가 없습니다. 그런 나라의 해역(海域)을 다른 나라의 선박들이 자유롭게 드나듭니다. 경제가 붕괴된 소말리아에서는 이를 노리는 해적 행위가 경제의 한 축이 되고 있습니다. 그들의 관점에서 해적 행위는 생존의 한 방편일 수 있습니다. 또한 그들이 인정할 수 없는 과도 정부에 대한 저항이자 자국의 해역을 지키기 위한 활동의 하나일 수 있습니다. 앞에서도 분명하게 밝혔듯이, 이들의 해적 행위가 정당하다고 주장할 생각은 전혀 없습니다. 하지만 이들의 이야기를 경청할 필요는 있다는 사실을 강조하고 싶습니다. 서로의 상황에 관심을 가졌을 때 비로소 대화와 소통이 가능할 수 있기 때문입니다. 타자의 이야기에 눈과 귀를 닫고 자신의 이야기만 강조했을 때 돌이킬 수 없는 재앙이 발생할 수 있습니다.

소말리아 소년을 주인공으로 내세웠기에 이 소설은 강대국(미국)의 논리와 음모는 물론, 소말리아 내부의 균열과 폭력을 효과적으로 드러낼 수 있었습니다. 소설 속에 다양한 이야기들이 살아 숨 쉬고 있지요. 소말리아에 가본 적이 없는 한국 작가가 그들의 삶에 대해 이야기를 한 셈이지요. 사실과 다른 부분도 있을 것입니다. 하지만 그들의 삶에 관심을 가지고 그들의 목소리에 귀를 기울이고 있다는 사실이 중요합니다. 작가는 선과 악, 피해자와 가해자라는 이분법 너머에 존재하는 삶의 다양한 목소리를 포착하고 있습니다. 나아가 소말리아 해적의 목소리를 통해 미국과 소말리아 사이에 있는 한국의 모습까지 성찰하고 있습니다.

한국은 서구 제국주의를 모방한 일본의 식민 지배(1910~1945)를 받았습니다. 독립이 된 이후 서구 열강(미국과 소련)의 개입으로 나라가 분단되었으며, 한국전쟁(1950~1953)이라는 엄청난 재앙을 겪었습니다. 이러한 고통의 역사를 지닌 한국에 여전히 과거 제국주의자들의 목소리가 투영된 이야기가 넘쳐나고 있다는 사실은 매우 놀랍습니다. 이러한 이야기들은 아프리카를 비롯한 비서구 국가들에 대한 고정관념을 확산시키고 있습니다.

고정관념은 하나의 이야기를 '유일한 이야기'로 만듭니다. 아프리카 대륙에는 다양한 목소리들이 공존하고 있습니다. 그럼에도 아프리카는 여전히 낯은 사람들에게 재난이 끊이지 않는 빈곤의 땅이라는 단일한 이미지로 이야기되고 있습니다. 재난 이외에도 다른 이야기들이 많습니다. 고정관념을 넘어 다양한 이야기를 들려주는 것이 중요합니다.

2

소말리아는 오늘날 세계에서 가장 '실패한 국가'로 손꼽힙니다. 그 이유는 나라 전체가 폭력으로 물들어 있으며 정부가 국민의 기본적 생존마저 보장해주지 못하기 때문입니다. '해적의 나라'로 불리기도 합니다. 소말리아 사람들을 해적질로 내모는 강한 동기는 외세의 착취에 대한 불만이라 할 수 있습니다. 소말리아인들 사이에는 외세로부터 착취를 당한다는 피해 의식이 만연해 있고, 이는 외국 화물선 약탈을 정당화하는 구실로 이용되고 있습니다.•

소말리아는 1991년 이래 20여 년간 지속된 내전으로 약 40만 명이 사망하고, 140여만 명의 피난민이 발생하는가 하면, 70만 명에 가까운 사람들이 조국을 떠나 외국으로 피신해 있는 상태입니다. 국제사회가 지원하는 중앙정부의 통치는 수도인 모가디슈에 한정되어 있을 뿐이고, 전국이 군벌과 반군 세력으로 찢겨 있습니다. 소말리아인들은 유럽 열강들에 의해 이산가족처럼 되어버렸습니다. 이들은 식민지 이전에 중앙정부만 없었을 뿐, 다수의 부족 집단이 비교적 끈끈한 공동체 의식을 갖고 있었습니다. 그러나 소말리아인들은 식민지 시대에 영국, 프랑스, 이탈리아, 에티오피아 4개국에 의해 찢어져버렸고, 독립 이후에는 케냐, 에티오피아, 소말리랜드, 소말리아, 지부티 등 5개 지역으로 흩어져버렸습니다.••

이런 소말리아에는 천문학적인 수의 무기가 넘쳐나고 있습니다.

• 피터 아이흐스테드, 강혜정 역, 《해적국가》, 미지북스, 2011, 102쪽 참조.

•• 윤상욱, 《아프리카에는 아프리카가 없다》, 시공사, 2012, 205~236쪽 참조.

소말리아를 취재하고 돌아온 한 일본 기자의 글은 소말리아의 현실과 관련하여 많은 것을 생각하게 합니다.

여러 현장을 취재하는 동안에도 모가디슈 시내에서는 산발적으로 총성이 울려 퍼졌다. 시내 중심부에 있는 바카라 시장에는 무기를 파는 노점상이 즐비하다. 비레(현지 통역인)는 이 시장에서 무기를 사는 손님이 시험 삼아 쏴보는 일이 많기 때문이라고 했다.

나와 나카노는 차를 타고 바카라 시장을 둘러보러 갔다. 사진 촬영이나 차에서 내리는 일은 너무 위험했기 때문에 차 한 대가 겨우 지날 수 있는 좁은 시장 길을 천천히 달렸다. 거기서 나는 창문 너머로 평생 잊지 못할 광경을 보았다. 권총, 자동소총, 기관총, 수류탄, 박격포, 대전차포, 지대공미사일, 지뢰 등 인류가 지상에서 사용하는 모든 무기를 늘어놓은 듯 보이는 노점상이 200미터나 되는 거리 양쪽에 줄지어 늘어서 있었고 어느 가게 앞이든 무기를 손에 들고 품평하는 남자들로 넘쳐났다. 사방을 둘러보아도 모두가 똑같은 풍경이었다.

사람이나 교육에 열정을 쏟는 사람들을 만나면서 무정부 국가의 장래에 일말의 희망을 품었던 나는 바카라 시장의 처절한 광경이 직접 존재한다는 사실 자체가 믿어지지 않았다. 마치 할리우드 SF 영화 속 한 장면을 보는 것 같은 착각이 들었다. 나중에 일본에서 소말리아 해적에 대한 이야기를 들었을 때도 제일 먼저 바카라 시장이 떠올랐다. 그리고 그것이 만만치 않은 싸움이 될지도 모르겠다는 생각이 들었다.(시라토 게이치, 이정은 옮김, 《오늘의 아프리카》, 현암사, 2011, 304~305쪽)

우리와 같은 외부인의 눈에는 이러한 소말리아의 암담한 현실이 "SF 영화 속 한 장면"으로 비칠 수도 있겠지요. 그들의 눈에는 어떻게 보일까요? 여기 처절한 조국의 현실을 온몸으로 껴안고 소설을 통해 희망의 빛을 밝히고 있는 한 작가가 있습니다. 누르딘 파라(Nuruddin Farah)입니다.

3

소말리아에 관심을 갖게 된 것은 '2007 전주 아시아 · 아프리카 · 라틴아메리카 문학 포럼'(AALA)에서 소말리아 출신의 작가 누르딘 파라를 만나면서부터입니다. 누르딘 파라는 '2000년대 들어 줄곧 노벨문학상 후보에 오르내리는 아프리카의 대표 작가'입니다. 그의 대표작 《지도》(1986)가 한국어로 출간되기도 하였습니다. 이미 스물한 개 언어로 번역된 작품이지요. 《지도》는 '오가덴'이라는 지역을 가운데 두고 소말리아와 에티오피아 사이에서 벌어진 영토 분쟁을 배경으로 한 작품입니다. 소말리아는 19세기 이래 유럽 강대국의 침략, 에티오피아와의 전쟁, 끊이지 않는 내전 등으로 많은 어려움을 겪고 있습니다. 누르딘 파라는 "글을 통해 자신의 조국을 생생하게 살아 숨 쉬는 곳으로 만들고 싶"다고 밝히고 있습니다.

《지도》는 퍽이나 낯선 성장 소설입니다. 이 작품은 우리에게 익숙한 서구의 교양소설 혹은 성장소설과 그 성격이 다릅니다. 주인공, 즉 성장의 주체가 이른바 서구적 의미의 '근대적 개인'으로 거듭나지 않기 때문입니다. 소설의 화자 아스카르는 서구적 의미의 '근대성'에 끊임없이 회의의 시선을 보내며, 이와 팽팽한 긴장 관계 속에서 '소말리아(아프리카)적 정체성'을 탐색하고 있습니다. 고향 오가덴과 소말리아공화국의 수도 모가디슈는 화자의 정체성을 형성하는 두 축으로 기능합니다. 미스라•와 연결된 충만함의 세계는 모가디슈로 떠난 아스카르에게 끊임없이 영향력을 미치며, 힐랄 삼촌으로 대변되는 모가디슈의 세계 또한 아스카르의 새로운 고향으로 자리 잡습니다. 아스카르는 오가덴과 모가디슈 사이에서 자신의 정체성을 끊임없이 심문하고 있는 셈이지요.

화자는 미스라의 충만한 우주(고향 오가덴)에서 힐랄 삼촌의 세계(소말리아의 수도 모가디슈)로 순례를 떠납니다. 이윽고 미스라와의 관계에 균열이 발생합니다. 그는 미스라의 대체물을 찾는 과정에서 자신의 조국 소말리아를 발견합니다. 하지만 이 조국은 아스카르의 욕망을 온전하게 충족시키지 못합니다. 남자인 아스카르가 월경을 하는 모습이나 이유 없이 입에 피가 고이는 현상 등은 새롭게 발견

• 작품에서 미스라는 아스카르의 새엄마 역할을 하고 있습니다. 아스카르의 생모는 출산 도중 목숨을 잃습니다. 미스라는 우연히 이들을 발견하고 아스카르를 거두어 돌보게 됩니다. 이후 미스라는 혈통과 고국이 다른 아스카르와 한 몸이 됩니다. 미스라는 에티오피아의 계약 결혼인 다모스 결합으로 태어났습니다. 그녀는 소말리아의 적인 에티오피아 출신입니다. 그녀는 전쟁의 희생양(전리품)이 되어 거부(巨富)에게 입양된 후 그의 아내가 됩니다. 미스라는 남편을 살해하고 다시 돈 많은 사내(꾸락스 삼촌)를 만납니다. 이후 가정부에서 정부(情婦)로 몸을 바꾸어 아스카르를 만나게 된 것입니다. 미스라의 이름은 '이 땅의 토대 혹은 기초'라는 의미를 지닙니다. 그녀는 자신의 종족과 아스카르의 종족이 같다고 여깁니다. 그녀가 가장 사랑하는 사람이 아스카르이기 때문입니다. 이러한 미스라의 동족 의식은 혈연, 인종, 민족, 국가 등을 넘어선 공동체 의식이라 할 만합니다.

한 조국 소말리아에 온전히 동화하지 못하는 모습을 상징합니다. 몸이 남자(국가/조국)가 되기를 거부하는 것이지요. 이는 근대 국민국가의 이데올로기에 함몰된 조국(소말리아)의 모습을 비판하려는 의도를 함축하고 있습니다.

아스카르의 영원한 어머니이자 우주 그 자체인 미스라는 아스카르의 정체성을 표상하는 소말리아의 비극적 역사를 정화시키는 역할을 하고 있습니다. 화자는 '미스라'를 통해 새로운 생명을 얻습니다. 이 미스라와의 유대는 그가 추구하는 새로운 조국의 모습을 암시하는데, 힐랄 삼촌을 지탱해오던 이성적이고 합리적인 학문 태도를 무너뜨리기에 이릅니다. 서구적 의미의 근대성을 바탕으로 한 국민국가(소말리아공화국의 수도 모가디슈의 세계)의 이념과 질적으로 다르기 때문입니다. 이렇듯 아스카르는 온전한 어미(온전한 조국)에서 다시 태어나고 싶은 욕망을 지니고 있는 인물입니다.

4

《지도》는 1인칭, 2인칭, 3인칭을 넘나들며 이야기를 전개하고 있습니다. 특히 2인칭 화법이 강조되고 있는데, 이는 주관성과 객관성에 함몰되기 쉬운 극단적 현실 인식을 경계하려는 의도로 보입니다. 또한 하나로 쉽게 통합될 수 없는 소말리아의 복잡하고 미묘한 정체성과 이를 서술하는 화자의 분열된 자의식을 반영하고 있기도 합니다.

이 작품은 '과거 → 현재 → 미래'로 이어지는 시간의 선조성을 구부리는 파편적 구성을 취하고 있습니다. 18세의 아스카르가 자신이 살아온 삶을, 현재와 과거를 넘나드는 진술 양식을 통해 재구성하고 있는 셈이지요. 이는 '나는 누구인가?'라는 질문에 대한 응답이며, 또한 소말리아의 정체성에 대한 심문과 다르지 않습니다.

주인공 '아스카르'는 이미 성장한 인물, 즉 예언자나 선지자의 모습을 띠고 있습니다. 그의 '시선(응시)'은 합리적 이성 너머의 초월적인 그 무엇을 상징합니다. 아스카르의 응시는 온전한 모습으로 태어나고 싶은 소망 혹은 하나의 온전한 존재가 되고 싶은 소망을 반영하기도 합니다. 이는 소말리어를 구사하는 지역 전체의 재통합 의지를 함축하고 있습니다.

이렇듯 아스카르는 "어른의 정신"을 가지고 태어난 인물이며, "앎과 이해"를 갖춘 자입니다. 그는 우리가 이미 아는 것 너머의 진실을 보여주려는 작가의 의도를 체현하고 있습니다. 이러한 아스카르의 사명은 "파편화된 육체의 이야기들" 혹은 "파편화된 이야기의 육체들", 즉 조국의 분단으로 인한 "상심한 가슴과 상한 영혼에 관한 이야기들"을 들려주는 것입니다. 작가가 제시하는 아스카르의 꿈은 "소말리어를 공용어로 사용하던 사람들의 땅과 바다를 온전히 되찾는 것"입니다. 이는 국가와 민족의 경계를 넘어선 새로운 공동체의 모습으로 드러납니다. 작가는 모가디슈(힐랄 삼촌)와 오가덴(미스라) 사이, 즉 국가적 정체성(공화국)과 인종적·민족적 정체성(고향)의 통합에서 새로운 공동체의 가능성을 타진하고 있는 것이지요.

힐랄 삼촌의 말처럼, 아프리카에서 벌어지는 전쟁은 일반명사와 구체명사의 싸움입니다. 일반명사는 외부인이 아프리카인들을 타자화한 명칭이지요. 에티오피아라는 말은 '까만 얼굴을 가진 사람'이란 뜻입니다. 이러한 일반명사에 속하는 국가의 사람들은 자기만의 고유한 정체성을 지니고 있지 못합니다. 반면에 소말리아는 구체적입니다. 소말리 사람들의 나라라는 뜻입니다. 즉 소말리어를 공동으로 사용하고 공동의 조상을 가진 사람들의 나라입니다. 소말리아 사람들은 한 인종임에도 불구하고 여러 갈래로 나뉘어 있습니다. 일반명사를 추구하는 외세와 이를 지지하는 아프리카 국가들의 강압적 논리 때문입니다. 작가는 소말리어를 사용하는 사람들의 통일 조국, 즉 구체명사의 공동체를 꿈꾸고 있습니다.

2015년 여름 남아프리카공화국의 케이프타운에서 누르딘 파라를 다시 만났습니다. 그는 살아 있는 조국의 현실을 이해하기 위해 소말리아 방문을 앞두고 있었습니다. 6개월 정도 체류할 예정이라고 했습니다. 누르딘 파라는 우리 일행을 자신의 작업실로 초청했습니다. 우리들을 위해 손수 음식을 준비했습니다. 소박하면서도 정성스런 음식이 무척이나 푸근하게 다가온 행복한 저녁 시간이었습니다. 그는 자신의 작업실과 작품 메모, 소설 창작 과정 등을 소개해주기도 했습니다.

누르딘 파라와의 대화를 통해 우리 일행은 외세의 강압에 의해 분열된 한반도의 현실을 되새겨볼 수 있었습니다. 이는 서구와 비서구 사이에 낀 우리의 초상을 재발견하는 계기가 되었습니다. 소말리아의 상황은 하나 된 민족국가를 꿈꾸는 우리 모습과 비슷한 점이 많았기 때문입니다. 그와의 만남이 각별했던 이유도 여기에 있습니다.

공동체 의식이 그리는 미래의 지형도

치누아 아체베, 《사바나의 개미 언덕》(민음사, 2015)

독립 그리고 전쟁

나이지리아는 영국으로부터 1960년에 독립합니다. 독립 이후 나이지리아 동부 이보족이 비아프라공화국으로 분리 독립을 선언하지요. 나이지리아 연방 정부는 선전포고를 하고 1967년부터 1970년까지 비아프라 전쟁을 벌입니다. 《사바나의 개미 언덕》은 1987년에 발표된 작품입니다. 치누아 아체베는 비아프라공화국에서 공보처 장관을 지내지요. 나이지리아는 이후로 여러 번의 쿠데타를 겪습니다. 이 작품에는 이 시대의 경험이 녹아 있습니다. 백인들이 물러간 이후에 나라를 세우는 과정에서 중요한 문제는 무엇이고 필요한 것은 무엇인가에 대한 고민이 담겨 있습니다.

한반도는 1945년에 광복을 맞이합니다. 독립이라고는 하지만 소련과 미국의 신탁통치를 받는 상황이니 완전한 독립이라 말하기는 어렵습니다. 1950년에는 한국전쟁이 일어납니다. 나이지리아에서는 부족 간의 다툼으로 인해 전쟁이 일어났다면 한반도에서는 이데올로기 다툼으로 인해 전쟁이 일어납니다. 전쟁이 일어나면 어느 전쟁이나 그렇듯이 주변 국가들도 함께 참전을 하지요. 비아프라전쟁과 한국전쟁 모두 서구 열강들이 참전했습니다. 나이지리아는 다시 나이지리아연방공화국이 되었습니다만 한반도는 아직도 휴전 상태이고 분단된 상황입니다. 그리고 이 소설에는 군인이면서 쿠데타를 통해 정권을 잡은 샘이라는 대통령이 등장합니다. 이렇게 생각한다면 《사바나의 개미 언덕》은 우리와 동시대적 고민을 공유하는 작품이라고 볼 수 있습니다.

샘과 크리스 그리고 이켐은 모두 명문 학교인 로드 루가드 칼리지를 함께 다닌 젊은이들이었습니다. 모두가 훌륭하게 자랐지요. 캉안이라는 국가를 이끌어가는 엘리트가 되었으니 말입니다. 샘은 대통령이 되고 크리스는 공보처 장관, 이켐은 《내셔널 가제트》라는 관보의 편집장이 됩니다.

> 이 정권의 주된 실패는 바로 우리 지도자들이 바로 국가라는 존재의 심장부에서 마음의 상처를 입은 채 고통스럽게 떨고 있는 이 나라의 빈곤층이나 경제적 파산자와 긴요한 연결 고리를 확고하게 재확립하지 못했다는 점이다.(241~242쪽)

이켐은 이러한 문제의식을 안고 있습니다. 지배 계층이 민중들과 나라를 분리한 채 나라를 이끌어 나가는 데만 골몰한 것이지요. 이러한 자각은 크리스에게도 나타납니다. 죽기 직전에 남긴 말이 “마지막 미소(The Last Grin)" 입니다. 비어트리스는 사람들에게 그 말은 "마지막 녹색(The last green)" 이라고 말해주지요. 언어유희를 통해 드러내고자 했던 진정한 의미는 "자기 자신을 조롱하는" 농담이라고 말입니다.

> 담 위에 아슬아슬하게 놓인 병들이 건방지게 거기서 세상 사람들을 내려다보고 있는 거예요. 크리스는 우리에게 정신 차리라는 메시지를 보내려던 거였어요. 어떤 소규모의 정당 위원회가 아무리 재능이 뛰어난 사람들로 구성되었다고 해도 이 세상은 그 위원회가 아니라 이 세상 사람들의 것이라는 것을요…….(390~391쪽)

소설은 크리스의 시점(1~2장, 5장)과 이켐의 시점(3~4장), 비어트리스의 시점(6장)이 번갈아 등장하고 이후에는 전지적 시점으로 바뀝니다. 엘리트층(비어트리스는 재경부 수석비서관)이라 할 수 있는 세 인물의 목소리와 그 주변에 있는 민중들의 목소리를 들려주지요. 이들의 목소리를 통해 비아프라전쟁까지 겪었던 작가가 말하고자 하는 바는 도대체 무엇일까요?

진화하는 공동체 의식

《모든 것이 산산이 부서지다》와 《더 이상 평안은 없다》를 통해 아체베에게 있어서 아프리카 공동체 의식이라는 것이 그리 만만한 것이 아님을 잘 알 수 있었습니다. 아프리카의 부족 사회는 서구 문물이 들어오기 전부터 이미, 나름의 질서가 확고한 공동체 사회였습니다. 가라타니 고진(柄谷行人)은 호수(互酬)적 관계에 있는 공동체 사이에서는 정주, 축적에 의해 생겨나는 부와 힘의 격차를 막기 때문에 국가로의 이행이 방해된다고 합니다.• 서로 받은 만큼 내놓아야 하는 호수제의 원리 때문에 상위 공동체가 생기는 과정이 방해된다는 것입니다. 즉 증여 관계에 불균형이 생길 경우에는 전쟁이 일어나지만 균형이 잡힐 경우 공동체와 공동체 사이에서도 유대가 생기게 된다는 것이죠. 가라타니 고진은 이러한 씨족 공동체에서 근대 국가로 이행할 수 있었던 까닭이 정주화가 진행되면서 축적이 이루어지고 그로 인한 불평등, 계급 분화, 국가 형성이 가능했다고 설명합니다. 역설적으로 근대 국가에서 이러한 호수제의 원리를 회복해야 한다고 주장하는 데까지 나아갑니다.

확실히 《모든 것이 산산이 부서지다》에 나오는 사회는 이러한 사회가 맞는 것처럼 보입니다. 그런데 나이지리아는 영국의 식민지를 겪으며 반강제적으로 근대 국가를 형성하게 됩니다. 지역, 부족, 종교 간의 분쟁을 효과적으로 해결할 어떤 원리가 준비되지 않은 채로 말입니다. 영국인들이 떠난 자리를 소수의 아프리카인들이 독점하게 되었지요. 겉으로 보아 나라의 구조 자체는 크게 바뀌지 않았습니다.

이 소설에 등장하는 이들을 보아도 역시 처음부터 화합이 잘 이루

• 가라타니 고진, 조영일 옮김, 《제국의 구조》, 도서출판b, 2016, 65~69쪽.

어지고 다툼이 없는 공동체였던 것처럼 보이지는 않습니다. "주인이던 백인들이 흑인 전체에 대하여 했던 말들"을 이제는 권력을 잡은 흑인들이 불쌍한 흑인들에게 합니다. 비어트리스는 이켐이 "집에 불이 나서 거의 다 타버린 후에야 여자들에게 소방관 역할을 맡긴다고" 비난합니다. 이켐은 교통 체증이 극심한 도로 위에서 "소중한 공간"을 놓고 택시 기사와 경합을 벌이며 그를 비난하지요. 지배층과 기층 민중들 사이의 괴리감, 남성들에 비해 소외당하는 여성, 일상이 힘든 민중들 사이의 피로감 등등 소설의 전반부에는 캉안이라는, 아직 안정적이지 않은 국가의 모습을 보여줍니다.

> 물론 여자들은 이 세상에서 수적으로 가장 많은 피압박 집단이고 우리가 창세기를 믿는다면 가장 오래된 집단이다. 하지만 그들만이 유일한 피압박 집단은 아니다. 다른 집단으로는 모든 나라의 시골 농민들, 산업화된 나라의 도시 빈민층, 아프리카 흑인을 포함하여 전 세계에 퍼져 있는 흑인들, 모든 나라에 존재하는 민족적 · 종교적 소수 집단과 계층들이 있다. 실제로 가장 두드러진 난점은 이 문제의 엄청난 규모와 이질성이다.(169쪽)

이켐은 비어트리스의 영향으로 위와 같은 글을 씁니다. 이켐은 "자유의 진전이 단편적이고 느리며 극적이지 못하다"(170쪽)는 것도 알고 있습니다. 이렇게 분열된 개인들에게 "기대할 수 있는 최상의 것은 그것을 재-형성"(171쪽)하는 것이라고 주장합니다. 다만 "인격의 주변부에서 몇 가지 세부 사항을 재정비하기를 바랄"(171

쪽) 수 있다는 것이죠. 사회의 경우도 "지적이고 추상적인 개념의 주변부가 아니라 실재의 핵심, 그 주변부를 재-형성할 뿐" (171쪽)이라고 말합니다. 우리의 삶은 이렇듯 모순으로 가득 차 있음을 인정해야 한다는 것도요.

소설에서 실제로 연설을 통해 민중들에게 감동을 주거나 의식을 통해 사람들을 규합하는 작업을 하는 사람들이 등장합니다. 그들은 바로 마을의 연로한 노인 또는 무당입니다. 이켐은 아바존에서 온 노인의 연설에 감동 받아 자신의 연설에서 그 이야기를 인용하곤 합니다. 재미있는 건 비어트리스입니다. 비어트리스는 어렸을 적부터 이야기를 접하며 자란 것도 아니고 런던대학 영문학과에서 우등상을 받은 인재이지만 무당이자 예언자임을 자각합니다. 문학을 공부하며 갈고 닦은 섬세한 감수성이 그러한 영감을 얻게 해주었을 것이라고 비어트리스는 생각합니다. 무당으로서의 진가는 엘레와의 딸아이에게 남자 이름인 "아마치에나(길은 결코 닫히지 않을 것)"(373쪽)란 이름을 붙여주는 명명식을 하면서 드러납니다. 전통적인 방식에서 지켜야 할 날짜를 지키지 않는다든가 아빠가 아이의 이름을 선포한다든가 하는 것들은 지켜지지 않습니다. 이러한 부분은 중요합니다. 《모든 것이 산산이 부서지다》에서도 공동체 내에서의 금기에 대한 처벌이 등장하지요. 아체베는 같은 금기라도 어떤 금기인지에 대해 끝까지 따져 물어야 한다고 생각하는 듯합니다. 지금-여기를 살고 있는 혹은 살아가야 할 누군가의 삶을 위협한다면 그러한 금기는 깨버려야 한다고 주장하는 것처럼 느껴집니다. 전통이란 삶을 구가하는 사람들을 보호하고 더 나은 삶을 살기 위해 존재하는 것이라고 말입니다.

아이는 상실 속에서 태어났지만 어떻게든 살아가게 되겠지요. 비어트리스는 그 순간을 축복해주고자 했던 것입니다. 뒤이어 엘레와의 삼촌이 이름을 지어주러 왔지만 그 역시도 자신이 해야 할 일을 젊은이들이 대신하는 것은 당연하다고 받아들입니다. 중요한 것은 삶이지 의식이 아니라는 것이죠.

그렇다면《더 이상 평안은 없다》를 떠올려볼까요? 오비는 마을 사람들의 지원에 힘입어 유학을 다녀오지만 실질적으로 돈이 필요한 곳이 너무 많아 결국 비리를 저지르고야 말았죠.《사바나의 개미 언덕》에서 이켐 역시 아바존이 자랑하는 아들입니다. "아침에 우는 수탉"은 어느 한 집의 소유지만 "목소리는 동네의 자산"인 것처럼요. 마을의 원로는 연설을 통해 "이 세상의 일은 구분"되어 있고 "각자에게 합당한 은혜"가 있다고 말합니다. 즉 이켐이 잘할 수 있는 일을 못하게 되면서까지 마을을 돌볼 필요는 없단 뜻입니다. 공동체의 작은 이익보다 넓고 길게 봐서 큰 이익을 추구하자는 뜻이지요. 마을 이기주의처럼 느껴졌던 공동체 의식은 이렇게 진화합니다.

이야기꾼을 믿는 사람들

이 소설은 공동체 내에서 중요한 것 하나를 지속적으로 강조합니다. 그것은 바로 "이야기"입니다. "이야기만이 전쟁과 용사를 능가하여 지속"(213쪽)될 수 있고 "우리 자손들이 눈먼 거지들처럼 뾰족

한 선인장 담장에 부딪치는 걸 막아줄"(213쪽) 수 있다고 합니다. 이야기는 영원합니다. 영원히 남아서 삶 속에서 시간이 쌓여야 알 수 있는 경험을 전달하지요. 경험을 전달하는 이야기꾼에 대해 이켐은 이렇게 이야기합니다.

> 그러니까 이야기꾼은 위험을 초래하기 때문이지요. 그들은 모든 통제의 달인들에게 위협이 되고 국가, 교회나 회교 사원, 정당 회의, 대학 또는 그 어디에서든지 인간 정신의 자유권을 빼앗는 사람들의 간담을 서늘하게 만들지요.(260쪽)

소설 초반부에 크리스도 재미있는 이야기를 합니다. 공보처 장관으로서 국무회의에 참석해서 대통령의 눈치만 보고 진부한 이야기를 늘어놓으며 아첨에만 능한 동료들과 함께 있는 자신을 한탄하죠. 이 자리에 남아 있는 까닭은 "이 모든 과정을 지켜보기 위해 빈둥대며 붙어 있지 않는 한 이 글을 쓸 수가 없기 때문"(9쪽)이라고 밝힙니다. 작가로서의 글쓰기, 이야기를 짓는 것은 단순한 예술 활동에 그치지 않습니다. 이것은 후손들을 위한 저항입니다.

> 옛날에 오랜 기간 거북이를 잡으려고 노력하던 표범이 마침내 한적한 길에서 거북이와 우연히 마주쳤지요. 표범이 아하, 마침내 외나무다리에서 만났군! 이제 죽을 각오나 하시지 하고 말했어요. 그러자 거북이가 날 죽이기 전에 한 가지 청을 들어주실래요? 하고 애원했답니다. 표범은 부탁을 들어줘도 될 것 같아 그러라고 했지요. 마음을 가다

듬게 몇 분만 기다려주세요 하고 거북이가 말했어요. 표범은 또다시 별 문제 아니라고 생각하고는 허락했어요. 하지만 표범이 예상했던 것과 달리 거북이는 길에 가만히 서 있는 대신 이상한 행동을 하기 시작하는데 글쎄 미친 듯이 두 손 두 발로 땅을 긁어 대며 모래를 사방으로 뿌려 댔답니다. 어째서 그런 짓을 하는 거지? 당황한 표범이 물었죠. 거북이는 "내가 죽은 후라도 여길 지나가는 누군가가 '그래, 어떤 친구가 여기서 상대편과 격렬한 투쟁을 벌였구나'라고 말해주기를 바라서요" 하고 답했답니다.(220쪽)

아바존의 원로가 들려준 이야기는 정치적 투쟁을 바라보는 관점을 제시해줍니다. 누가 봐도 지는 싸움이라고 하더라도 정치적 투쟁은 의미가 있다고 합니다. 첫째로 우리 후손들을 보기에 부끄럽지 않을 것이고, 둘째로 우리 후손들이 투쟁을 이어갈 것으로 믿기 때문입니다. 공동체 의식은 이렇게 정치적 투쟁에도 의미를 부여할 수 있습니다. 삶이란 나에게서 끝나는 것이 아니기 때문에, 삶이란 공동체 내에서 영원한 것이므로 정치적 투쟁 역시 아무 의미 없는 것으로 남지 않을 것이라는 믿음은 우리에게 비장미까지 선사합니다.

죽은 자들의 목소리가 살아 있는 이유

소설에는 "국무 연구 위원회(SRC)"라는 단체가 등장합니다. 이 단체의 대표는 존슨 오사이 소령입니다. 소령은 샘의 오른팔처럼 행동합니다. 국무 연구 위원회는 "비밀경찰에 해당"(29쪽)한다고 하는데, 정치인 암살이나 소요, 비밀 재판 등의 사건에 개입합니다. 독재자는 권력의 정당성을 얻지 못할 경우에 폭력을 통해 자신의 정당성을 보호합니다. 소설 초반부에서 샘이 아바존 마을에서 온 사람들의 시위를 그토록 막으려 했던 것도 권력의 정당성이 인정받지 못함을 대내외에 알리게 되는 것을 두려워했기 때문입니다. 제국주의 국가들이 다른 나라를 착취함으로써 근대 국가를 성립시켰다면, 식민지였던 나라들은 강제적으로 근대 국가가 됩니다. 이 경우 대부분 권력을 쥔 외세에 빌붙던 자들이 외세가 물러간 뒤에도 권력을 이어받게 됩니다. 그렇다면 온전한 의미에서 독립국가라고 보기는 어렵지 않을까요? 이 소설에서 죽어간 이들이 말하고자 했던 바도 결국엔, 정당하지 않은 방법으로 권력을 쥔 사람들의 경우 인민을 위한 정치를 할 수 없으므로 그들의 집권을 막아야 한다고, 끝까지 저항해야 한다고 주장하는 것이 아니었을까요.

아체베의 소설을 읽고 처음 느낄 수 있는 것은 아프리카의 공동체 의식입니다. 《모든 것이 산산이 부서지다》를 통해 서구 문물을 맞이하기 이전의 공동체 의식을 접할 수 있다면, 《더 이상 평안은 없다》에서는 서구의 가치관과 전통의 가치관이 혼재된 시기의 공동체 의식을 만나볼 수 있습니다. 《사바나의 개미 언덕》에서는 새로운 국가를 건설하기 위해 고민하는 지점에서 아프리카의 공동체 의식이 어떤 시사점을 던져주는지 살펴볼 수 있습니다. 아프리카에 남아 있는 공동체 의식의 궁극적 목적은 모두가 "인간다운 삶"을 누리는 것처럼 느껴집니다. "인간다운 삶"을 위해 신에게 제물을 바치지만 신이

제멋대로이거나 인간의 희생을 더 요구할 경우 이보족들은 신의 사당을 파괴해버리고 말 것•이라는 크리스 아바니(Chris Abani)의 말처럼, 아프리카의 공동체 의식은 "인간다운 삶"을 위해 계속 발전해가는지도 모르겠습니다.

• 크리스 아바니, 〈인간애에 대해 사색하다〉, Ted 강연, 2008년 2월.

우리에 대해 알고 싶었지만 비아프라 사람들에게 물어보지 못한 것들

치마만다 은고지 아디치에, 《태양은 노랗게 타오른다》(민음사, 2010)

존재하지 않는 아프리카, 비아프라

당연한 말이지만, '아프리카'는 나라 이름이 아니다. 그런데 우리는 광대한 아프리카 대륙에 존재하는 수많은 나라들을 그저 '아프리카'라고 묶어 부르는 데 익숙하다. 예컨대 남아프리카공화국에서 테러가 발생하면 아프리카에서 테러가 일어났다고 전하고, 가나를 여행하고선 아프리카를 다녀왔다고 말한다. 또한 세네갈 사람들을 그저 아프리카 출신이라고 부른다. 그러나 가만히 생각해보면 이런 표현들은 어딘가 이상하다. 아프리카 대신 유럽이나 아시아를 대입해보면 금방 알 수 있다. 프랑스에서 테러 사건이 발생했을 때 우리는 유럽에서 테러가 발생했다고 보도하지 않고, 인도를 여행하고선 아시아를 다녀왔다고도 둘러대지 않는다. 일본인을 아시아 출신이라고 말하는 것은 어색하기 짝이 없다. 아프리카의 여러 국가들을 그저 '아프리카'라고 뭉뚱그려 말하는 것을 단순히 관습적 표현이라고 두둔할 수 없는 이유다.

마이클 키벅은 《황인종의 탄생》(현암사, 2016)이라는 책에서 피부색으로 인종을 분류하는 사고방식의 허위를 비판한다. 그에 따르면 아시아인의 피부색을 가리키는 '황색'은 실제 피부색과는 무관하며, 단지 서구인과 같은 백색인이 아님을 가리키는 인종적 범주일 뿐이다. 즉 황인종은 '백인 아님'을 뜻하는 말이다. '아프리카'를 명명하는 논리도 이와 유사하지 않을까. '아프리카'는 단지 '서구 아님'을 가리킬 뿐이다. '아프리카'라는 단어는 실제 아프리카 국가들의 역사와 문화를 지칭하지 않는다. 제각각 고유성을 지닌 아프리카의 언어, 부족, 국가를 그저 '아프리카'라는 대명사로 통칭할 때 아프리카 사람들의 개별적인 역사와 문화는 말해지지 않은 채 삭제된다. 아프리카는 서구보다 인종적 · 문화적 · 정치적으로 열등하다고 분류되기 위해 단지 '아프리카'라고 불리는 것이다.

이러한 기이한 말버릇을 만든 사고방식은 다름 아닌 서구중심주의다. 특히 근대 이후 서구 열강이 '아프리카'를 지배하고 착취하면서 고유한 아름다움을 지닌 아프리카 사람들의 풍요로운 문화는 원초적인 자연과 원색적인 동물성, 고통스런 기아와 잔인한 폭력의 세계로 쪼그라들었다. 심지어 아프리카에는 어떤 문화도 없는 듯이, 개별성을 상실한 그저 검은 동물들의 무리가 사는 땅으로 치부된다. '아프리카'라는 말이 어떤 의미도 담지 못하는 것은 바로 이 때문이다.

당연히 '아프리카'는 하나가 아니다. 세계 육지의 20%에 해당하는 광활한 대륙은 54개의 나라로 분할되어 있고, 대략 12억 명의 인구가 거주한다. 그들이 사용하는 언어는 2,136개에 이르며, 그 언어의 가짓수보다 많은 부족들이 존재한다. 그 역사 또한 장구하다. 잘 알다시피 아프리카 대륙은 인류가 태어난 요람이자 문명이 시작된 땅이다. 이 대륙의 이야기는 곧 인류사와 문명사의 스케일과 맞먹는다. 이렇듯 아프리카는 우리가 생각하는 것 이상으로 거대하고 복잡하다. 어쩌면 아프리카에 관한 모든 것을 말하는 것 자체가 불가능할지도 모른다. 그러나 아프리카에 관한 모든 지식을 안다고 하더라도 과연 그것이 아프리카의 참모습을 알게 해줄까? 오히려 아프리카의 참모습은 우리가 말하지 못한 '아프리카'에서 찾을 수 있지 않을까?

치마만다 은고지 아디치에의 《태양은 노랗게 타오른다》는 우리에게 알려지지 않은 미지의 아프리카에 관한 소설이다. 이 소설의 국적은 나이지리아이지만, 그 내용은 비아프라공화국에 관한 이야기다. 비아프라공화국은 오늘날 세계지도엔 존재하지 않는 나라다. 1967년 5월 30일 나이지리아의 구성원인 이보족이 독립을 선언하며 수립한 나라인 비아프라는 이후 약 3년간 이어진 독립 전쟁에서 패배하여 1970년 1월 15일 역사 속으로 사라졌다. 《태양은 노랗게 타오른다》는 나이지리아의 역사에 묻혀버린 이 패배한 부족과 사라진 국가의 이야기를 되살려낸다. 소설의 원제인 '반쪽짜리 노란 태양(half of a yellow sun)'은 비아프라 국기에 새겨진 상징으로, 새벽녘에 떠오르는 태양을 형상화한 것이다. 그것은 미완에 그친 독립 전쟁의 의지와 희망의 상징이면서 부족 갈등이 해소되지 않은 현재의 나이지리아가 반쪽짜리 국가에 불과하다는 비판적 의미도 담고 있다.

사라진 비아프라공화국은 나이지리아 현대사의 공백이다. 나아가 그것은 종전 이후 아프리카 대륙에 불어닥친 정치적 격랑 속에서 사라져간 수많은 부족과 언어 들을 대표하는 이야기이기도 하다. 아프리카 대륙의 현대사는 부족 단위로 나누어진 전통적인 사회를 국민국가 단위로 재편하는 과정이었다. 그것은 서구 지배로부터 벗어나는 탈식민의 역사이기도 하지만 전통적 삶의 방식을 해체하고 근대적 사회체제로 전환하는 근대화의 과정이기도 했다.

수많은 아프리카의 신생 독립국들은 하나같이 부족 간 갈등이 야기하는 내전의 소용돌이에 휩싸였으며, 그러한 내전이 낳은 상처와 고통은 아직까지도 지속되고 있다. 따라서 비아프라공화국의 역사는 곧 나이지리아 현대사, 나아가 아프리카 현대사의 공통된 음화라고 할 수 있다. 비아프라의 독립은 실패했지만, 그 공백의 이야기는 완전히 지워질 수 없다. 《태양은 노랗게 타오른다》는 바로 그것을 증언하는 소설이다. 지금은 존재하지 않는 낯선 비아프라의 이야기를 통해 우리는 알려지지 않은 아프리카의 모습을 직시할 수 있다.

피비린내 나는 학살과 쿠데타로 이어진 아프리카 신생 독립국들의 역사는 제2차 세계대전 이후 제3세계 국가들이 밟는 비극적인 현대사와 크게 다르지 않다. 당장 전쟁과 분단, 독재와 저항, 쿠데타와 혁명으로 점철된 한반도의 현대사를 돌아봐도 그 유사점은 쉽게 찾을 수 있다. 그런 점에서 나이지리아와 한반도의 두 현대사는 닮은꼴이다. 저 멀리 지구 반대편에 위치한 아프리카 대륙의 나이지리아, 그 안의 사라진 나라 비아프라공화국은 우리를 비추는 낯설지만 낯익은 거울이다.

어떤 점에서 비아프라공화국의 역사를 모르는 것은 우리 자신에게 무지한 것과도 같다. 우리와 닮았음에도 우리는 여태 지구 반대편 우리의 닮은꼴을 제대로 발견하지 못했기 때문이다. 여전히 서구중심주의의 눈으로 '아프리카'를 기아와 폭력이 들끓는 검은 대륙으로만 바라본다. 기아와 폭력의 끔찍한 세계에서 우리가 얼마나 멀리 떨어져 있는지 증명하기 위한 사례인 듯이 말이다. 그러나 낯설고도 먼 어느 아프리카 부족의 패망사는 우리의 과거에 다름 아니다. 이제 읽어볼 이보족의 존재가 아무리 봐도 너무 낯설다면 그것은 우리가 스스로에게 얼마나 낯선 존재인지를 말해주는 것이다.

비아프라 독립 전쟁을 바라보는 세 가지 시선

《태양은 노랗게 타오른다》는 세 인물의 시점이 교차되며 전개된다. 바로 으그우와 올란나 그리고 리처드이다. 으그우는 이보족 출신의 13세 소년으로 전통적 부족 사회에서 자란 가난한 하층민이다. 올란나는 상류층에서 태어난 자기 주관이 뚜렷한 진취적인 여성이다. 그리고 리처드는 미국인 백인 남성으로 나이지리아 정세를 취재하기 위해 방문한 기자로 등장한다.

작가 아디치에가 이들 세 인물을 서술자로 선택한 것은 비아프라 독립 전쟁을 타자의 시각에서 바라보려는 의도로 보인다. 일반적으로 전쟁 이야기는 남성중심주의적이며, 국가권력 또는 지배계급의 이데올로기에 따라 기술된다. 그런 점에서 미개한 하층민 소년의 눈으로, 독립적인 여성의 시선으로, 외국에서 온 이방인의 관점으로 바라보는 것은 비아프라 독립 전쟁에 얽혀 있는 이데올로기들, 예컨대 남성중심주의와 민족중심주의, 서구중심주의와 인종주의 등을 비판하고 해체하는 효과를 낳는다.

먼저 주목할 인물은 올란나다. 올란나는 소설에서 가장 복잡한 갈등을 겪는 인물인데, 그 갈등의 양상은 크게 두 축으로 정리된다. 하나는 카이네네와의 관계고, 다른 하나는 오데니그보와의 관계다.

카이네네는 올란나의 쌍둥이 자매다. 그러나 둘은 기질이나 성향, 가치관과 신념에서 상반된다. 올란나는 이데올로그인 남편 오데니그보와 마찬가지로 이념적인 성향이 강하다. 또 자신의 감정에 솔직하고 충실하며, 강인한 의지와 열정을 지니고 있다. 반면 카이네네는 냉정한 현실주의자다. 카이네네는 어떤 이념이나 민족과 같은 추상적 가치를 추종하기보다 합리적인 이해타산을 더욱 중요하게 여긴다. 인간을 살아가게 만드는 것은 이데올로기가 아니라 물질적 이익이라고 믿기 때문이다. 그녀는 전쟁 중에도 적지에서 밀무역을 추진하고, 그로부터 얻은 이익과 물자를 난민 수용소에 제공한다. 이러한 카이네네의 실용주의적 원칙과 행동은 올란나가 전쟁 중에도 지속적으로 아이들을 가르치며 비아프라의 미래를 준비하는 모습과 대조를 이룬다.

한편 둘의 차이점은 연애의 양상에서도 드러난다. 소설에서 올란나와 오데니그보의 사랑은 에로틱한 성애 묘사가 동반되며 정열적으로 그려지는 반면에 카이네네와 그녀의 연인 리처드의 관계는 차갑고 메마르게 묘사된다. 카이네네는 자신의 감정 표출에 수동적이지만, 올란나는 적극적으로 의사를 표현하며 구애한다.

이처럼 올란나와 카이네네는 여러 면에서 다르다. 공통점이라곤 타인에게 의존하지 않는 자립심과 스스로 문제를 해결하는 강인한 의지를 지녔다는 점뿐이다. 아무튼 상반된 성향 때문에 올란나와 카이네네는 어느 때부터인가 의견 대립이 생기고 다툼이 잦아 서로 냉담하고 소원해지고 만다. 특히 이보족의 독립 문제를 둘러싼 가치관의 충돌로 둘의 사이는 급격히 악화된다. 그러다 올란나가 카이네네의 연인 리처드와 외도하면서 결국 자매의 연은 파국을 맞는다.

도덕심이 강한 올란나의 반윤리적 일탈은 오데니그보의 외도 사실에 충격을 받고 충동적으로 저지른 행위였다. 오데니그보는 어머니가 데려온 원주민 처녀와 의도치 않은 성관계를 맺는다. 평소 오데니그보는 자기 주장이 분명하고 무엇이든 직접 부딪히고 해결해야 직성이 풀리는 실천적 지식인이다. 그러나 유독 어머니와의 관계에서는 다분히 우유부단한 면모를 보이며, 어머니와 올란나 사이에 벌어지는 고부 갈등을 외면한다. 올란나는 전근대적인 사고방식과 비합리적인 미신을 믿으며 얼토당토않은 주장을 내세우는 어머니를 이해하는 것보다 그런 어머니를 전혀 설득할 생각 없이 방치하는 오데니그보에게 더욱 크게 실망한다. 그런 와중에 어머니의 계략으로 오데니그보가 원주민 처녀와 동침을 하자 분노와 모멸감을 느끼고 홧김에 리처드를 유혹한 것이다.

올란나의 충동적 외도는 결과적으로 올란나와 오데니그보, 카이네네와 리처드 네 사람의 관계에 돌이킬 수 없는 상처를 입힌다. 소설의 후반부는 이 파국의 관계가 다시 회복되는 과정을 다루는데, 그 이야기는 정확히 비아프라전쟁의 진행 과정과 겹친다. 그들은 비참하고 고통스러운 전쟁의 포화 속에서 갈등과 분열을 일으켰던 불신과 오해, 비난과 모욕이 얼마나 어리석은 행동이었는지, 나아가 나약한 인간으로서 서로가 서로에게 얼마나 필요한 존재인지를 깨닫게 된다.

올란나는 전쟁의 참상을 헤쳐 나가며 극단적 폭력 앞에 발가벗겨진 인간의 민낯, 즉 나약하고 비겁하며 이기적인 인간의 모습을 목도한다. 무엇보다 전쟁의 폭력은 이데올로기의 명분조차 초라한 공상으로 만든다. 이데올로기에 대한 신념은 전쟁이 가져온 고통을 견디지 못하고 한순간에 허물어질 뿐이다. 올란나는 전쟁의 포화 속에서 목숨을 잃은 어머니에 대한 죄책감과 상실감에 빠져 한낱 나약하고 고독한 인간이 되어버린 오데니그보를 바라보며 깊은 절망감에 빠진다. 오데니그보의 강철 같은 신념도 가족을 잃은 슬픔 속에 용해되어버리고 마는 것이다.

작가 아디치에는 비아프라의 독립 전쟁을 우호적으로 편들지 않는다. 이보족의 시선으로 나이지리아의 현실을 해부하고 비록 전쟁에 패배해도 비아프라의 꿈은 여전히 계속되고 있다고 강조하지만, 아디치에가 보여주고자 하는 것은 나이지리아 현실에 대한 비판이나 정치적 명분과 희망에 대한 믿음이 아니다. 올란나의 눈에 그려진 것은 전쟁의 폭력에 부서지고 패배하는 이념이 아니라 인간의 나약함 위에 세워질 수밖에 없는 이념의 불완전성이다. 그러므로 다시 이념의 토대를 굳건하게 만들기 위해서는 인간에 대한 믿음과 유대부터 먼저 재건해야 한다. 따라서 올란나가 깊은 절망의 수렁에 빠진 오데니그보가 구원 받기를, 실종된 카이네네의 무사귀환을 간절히 희망하는 것은 가족애나 휴머니즘 때문이 아니라 비아프라공화국의 독립이라는 이상이 뿌리내릴 토양이 바로 그들이기 때문이다.

'우리가 고통 받을 때 세상은 침묵했다', 하지만 …

'우리가 고통 받을 때 세상은 침묵했다'는 리처드가 구상하고 집필했던 책의 제목이다. 리처드는 그 책에서 비아프라전쟁의 참혹한 실상, 하우사족이 권력을 잡은 나이지리아 정부의 무자비한 학살, 석유 이권을 앞세운 서구의 정략적 개입, 비아프라공화국을 바라보는 인종차별적 프레임을 고발하고 비판한다. 어떤 면에서 《태양은 노랗게 타오른다》는 바로 리처드의 책이 세상에 나오기까지의 경위를 적어 나간 것이기도 하며, 두 책은 결국 하나의 책이라고 봐도 무방하다.

그러나 《우리가 고통 받을 때 세상은 침묵했다》가 세상에 나오려면 어떤 반전이 필요하다. 책을 쓴 저자가 바로 리처드에서 으그우로 바뀐다는 사실 말이다. 《태양은 노랗게 타오른다》는 낯선 이방인의 전쟁보고서가 어떻게 이보족의 짧은 건국사로 바뀌게 되었는지 그 주체의 변화를 기록하고 있다.

소설에서 으그우와 리처드의 존재는 특별하다. 위상은 서로 다르지만 역할이 유사하다. 앞서 말했듯 으그우는 이보족 원주민이고 리처드는 영국에서 온 외국인인데, 이 미개한 미성년과 낯선 이방인의 눈은 비아프라의 독립 전쟁을 타자의 시점에서 바라보는 효과적인 장치라고 할 수 있다.

소설은 으그우가 대학교수이자 상류층 인사인 오데니그보의 집에 하인으로 들어가는 장면에서 시작하는데, 이것은 소설의 기본 관점이 곧 무지한 미성년 으그우의 시선이라는 점을 말해준다. 으그우는 오데니그보의 집에 머물며 이른바 '오데니그보의 세계', 즉 독립 이후 근대화된 나이지리아의 생활, 나이지리아의 현실을 둘러싼 복잡한 국내외 정세, 그러한 정치 상황을 설명하는 이데올로기를 보고 듣고 배우며 점차 주변적 관망자의 위치에서 주체적 참여자의 자리로 이동한다.

그 변화의 결정적 계기는 참전의 경험이다. 으그우는 올란나의 경고에도 불구하고 부주의한 순간 군대에 강제 징집되어 전선에 배치된다. 으그우는 올란나와 그녀의 가족이 걱정되지만 다른 한편 자신도 비아프라공화국을 위해 싸울 수 있다는 사실에 자부심을 갖는다. 그리고 자부심만큼 전투에서 승리를 이끄는 전과를 올리며 득의양양한 위세까지 얻는다.

그러나 승리감에 도취된 나머지 으그우와 그의 전우들은 우연히 찾아든 술집에서 여주인을 윤간한다. 으그우는 알량한 남성다움을 부추기는 전우들의 조롱에 떠밀려 성폭행에 가담하고 만다. 마치 승리의 전리품을 나눠 가지듯 으그우와 일당들은 무고한 여성을 상대로 자신들의 성적 욕망을 분출한다. 으그우가 저지른 성폭력은 전쟁의 추악한 이면이다. 전쟁 폭력은 신성한 대의에 의해 정당화된다고 하지만, 사실 그것은 여성을 향해 휘두르는 성폭력과 본질적으로 다를 것이 없다. 전쟁이라는 극단적 폭력의 상황에서 누군가는 끔찍한 고통을 받으며 죽어간다. 인간의 고통을 정당화할 수 있는 대의는 없다. 으그우와 리처드, 올란나와 카이네네 그리고 오데니그보의 시선을 통해 공통적으로 그려지는 비아프라 독립 전쟁의 과정은 인간적 삶의 터전을 파괴하고 비참한 고통만을 안겨주는 폭력의 연속일 뿐이다.

으그우는 자신에게 강간당한 여주인이 쏘아보던 증오 어린 시선을 잊지 못하고 죄책감에 괴로워한다. 적의 공격을 받고 간신히 목숨을 건진 으그우의 의식을 지배하는 것은 그 여주인의 시선이다. 으그우를 찾아낸 리처드는 으그우에게 자신이 쓰고 있는 책의 제목을 말해주는데, 그 제목을 듣고 으그우는 부끄러움과 죄의식을 감추지 못한다. "더러운 바닥에 누워 자신을 증오 어린 눈으로 노려보던 여주인의 무표정한 얼굴이 저절로 떠올랐기 때문이다."(2권, 337~338쪽) 고향에 돌아온 으그우는 여동생이 적군 병사들에 의해 강간을 당하고 비참하게 죽었다는 사실을 듣는다. 여동생을 죽음으로 몰고 간 전쟁 폭력의 가해자는 바로 자신이었던 것이다.

비아프라 독립 전쟁에 참전하는 것을 자랑스러워했던 으그우는 자신이 한낱 전쟁 폭력의 범죄자에 지나지 않음을 깨닫는다. 전쟁은 추악한 폭력일 뿐이었다. 이러한 자각 뒤에 으그우는 자신의 죄를 반성하고 속죄하기 위해 글을 쓰기 시작한다. 전쟁의 고통을 겪고, 그 자신이 저지른 죄를 반성하면서 으그우는 비로소 비아프라 독립 전쟁을 기록하는 주체로 이행하는 내면적 성장을 이루는 것이다.

바로 이 지점에서 《우리가 고통 받을 때 세상은 침묵했다》는 본래 리처드가 쓰려던 책과는 전혀 다른 책이 된다. 리처드는 비아프라에 우호적인 이방인의 관점에서 외롭고 처절한 전쟁을 벌이는 비아프라의 진실을 기록한다. 반면에 으그우의 책은 단지 비아프라 독립 전쟁을 옹호하는 관점에서 쓰여진 것이 아니다. 제목이 가리키는 '세상의 침묵'에는 으그우 자신, 달리 말해 비아프라 사람들 역시 포함되기 때문이다. 올란나와 카이네네, 오데니그보와 리처드는 비아프라의 독립을 옹호하며 그것을 위해 싸웠지만, 그들이 일으킨 전쟁이 그들의 삶을 송두리째 파괴하며 그들 자신을 괴물로 만드리라는 것은 전혀 짐작하지 못했다. 그런 의미에서 으그우가 쓰는 책은 비아프라 독립 전쟁사가 아니라 전쟁의 고통에 대한 기록이라고 할 수 있다.

비아프라 독립 전쟁사는 완성되지 못한다. 실제로 비아프라 독립 전쟁이 실패로 끝났기 때문이 아니다. 미완으로 그친 비아프라 독립 전쟁은 이방인인 리처드의 내적 퇴행과 관련된다. 리처드는 적진으로 들어가 돌아오지 못한 카이네네를 그리워하며 전쟁을 일으킨 모든 것을 원망하며 깊은 상실감에 빠져든다. 이러한 리처드의 퇴행은 으그우가 자신의 죄를 깊이 참회하며 의식의 성장을 이루는 모습과 대조된다. 그리고 바로 이 점이 으그우가 비아프라 독립 전쟁을 기록하는 적임자로 낙점된 까닭이기도 하다. 달리 말해 비아프라 독립 전쟁은 비아프라의 관점에선 언제나 미완일 수밖에 없다. 비아프라 독립 전쟁의 궁극적 목표는 인간의 해방이기 때문이다. 비아프라 독립 전쟁은 인간의 관점에서 쓰여져야 하고, 아이러니하게도 이방인 리처드는 오히려 비아프라의 특수한 관점에서 빠져나오지 못하고 잃어버린 비아프라(카이네네)를 그리워하다 좌절하는 것이다. 소설의 마지막 장면에서, 올란나가 반드시 카이네네가 돌아올 것이라는 희망의 끈을 놓지 않는 모습은 비아프라 독립 전쟁이 여전히 진행 중이며, 결코 실패할 수 없는 이야기라는 것을 웅변한다.

이 소설에서 다섯 명의 주요 인물들이 맡고 있는 상징적 관점들, 곧 계급, 여성, 인종은 어떤 도식화된 시각이 아니다. 아디치에는 계급과 성과 인종의 시각을 보여주는 인물을 설정하고, 그들이 현실적 문제와 부딪치는 과정을 추적한다. 그것은 비아프라 독립 전쟁이란 과연 무엇인가라는 질문을 던지는 방식이다. 아디치에는 독립 전쟁을 바라보는 익숙한 틀을 고수하지 않았다. 그녀는 이데올로기의 바깥으로 나가기 위해 그러한 세 시점의 인물을 동원한 것이다. 계급 · 여성 · 인종의 선분들이 그려내는 비아프라전쟁의 모습은 종래 독립 전쟁에 관한 시각을 바꿔놓는다. 그것은 전쟁이란 인간적 삶의 모든 터전을 파괴하는 폭력에 불과하다는 것이다.

낯익지만 낯선 비아프라 이야기

《태양은 노랗게 타오른다》는 여러 면에서 한국의 분단 소설들과 같으면서 다르다. 일단 하층민 출신이지만 의식화 과정을 거치며 성장하는 으그우와 같은 인물은 낯익다. 반면에 상류층의 두 자매가 전쟁을 겪으며 성장하고 화해하는 이야기는 드물다. 여성이 주인공으로 등장하는 한국 분단 소설은 대개 강인한 생존력을 지닌 어머니의 희생담으로 귀결된다. 성스러운 국가/민족은 오직 희생적인 모성만을 허용하기 때문이다. 그런 점에서 여성이 주 인물로 등장한다고 해도 분단 소설은 기본적으로 남성 서사의 이데올로기를 재생산한다.

앞서 밝혔듯 《태양은 노랗게 타오른다》의 두 쌍둥이 자매 카이네네와 올란나는 대조적인 성격의 인물이지만, 자기 삶에 대한 주체적인 자기 결정권을 행사하는 여성이라는 점에서 공통분모를 지닌다. 특히 두 여성은 성적 욕망과 행위에서 능동적이고 적극적이다. 두 여성 인물뿐 아니라 오데니그보나 으그우 역시 성적 욕망을 적극적으로 표출한다. 아마도 성욕과 성행위에 관한 능동적이고 자유분방한 인물들의 모습이 한국 분단 소설의 양상과는 가장 판이하게 다른 점일 것이다. 한국 분단 소설의 중심에 놓인 민족은 워낙 성스러운 영역인 탓에 민족과 성이 결부되는 양상은 거의 나타나지 않는다. 그런데 이 흑인들의 독립 투쟁사에서 민족과 이데올로기의 문제는 부단히 인물들의 성적 욕망과 얽혀 있고, 서사적 갈등과 해소 역시 성적 행위를 통해 표현되는 국면이 적지 않다. 우리는 인종 간 성적 능력의 차이를 다투며 흑인들의 성적 능력을 과대평가하는 경향이 없지 않지만, 이 소설을 보면 인간의 성을 바라보는 아프리카 사람들의 태도나 관점이 개방적이며 또한 건강한 생명력의 표출로 인식된다는 것을 이해하게 된다.

여하튼 《태양은 노랗게 타오른다》는 성적 · 지적 측면에서 독립을 쟁취하며 자기 삶의 온전한 주인으로서 성장하는 두 여성의 개인사를 비아프라의 독립 운동사와 겹쳐놓는다는 점에서 한국 분단 소설의 일반적 이야기와 아주 다르다. 더욱이 이보족의 위기와 비아프라의 독립 전쟁은 올란나의 위기, 즉 오데니그보의 외도와 그 외도의 결과 태어난 아이를 받아들이고 양육하는 과정과 일치한다. 올란나가 오데니그보의 외도를 용서하고 그와 아말라 사이에 태어난 아이를 받아들이는 결정은 모성애나 휴머니즘의 발로가 아니라 자신의 삶을 위한 선택이었다. 여기선 한국 분단 소설처럼 혈통이나 적통의 문제가 제기되지 않는다.

올란나의 행동은 자기 삶의 고통을 해소하기 위한 적극적인 행동에 값한다. 요컨대 오데니그보가 수시로 외쳤던 우리 자신의 문제는 우리가 해결해야 한다는 주인 의식을 올란나가 실천한 것이다. 그런 점에서 한국 분단 소설이 가족 소설의 범주를 벗어나지 않는 것과 달리, 올란나의 양육 과정과 오데니그보와의 화해는 단순히 가족 이야기로 환원되지 않는다. 그것은 가족 이야기라보다는 여성의 이야기로 읽힌다.

카이네네와 올란나 사이의 위기와 화해 과정은 더욱 흥미롭다. 속물 부르주아 부모 아래서 성장한 두 자매는 어느 순간부터 불화를 겪으며 관계가 소원해진다. 앞서 보았듯, 올란나가 열정적인 정치 투사에 가까운 반면 카이네네는 냉소적인 사업가다. 두 자매 사이의 잠재적 위기는 오데니그보의 외도로 상처 입은 올란나가 카이네네의 연인 리처드와 외도를 벌이는 계기로 발화된다. 여기서 아디치에는 일반적인 삼각관계, 즉 한 명의 여성을 두고 벌이는 두 남성의 경쟁과 대립의 서사를 완전히 뒤집고 있다. 이 두 여성(자매) 사이의 남성 교환(공교롭게도 외국인 남성)으로 비롯된 위기와 화해의 과정을 비아프라의 독립 운동 속에 녹여놓는 방식은 흥미로운 문제 제기다.

이것은 민족사나 전쟁사를 여성의 관점에서 재편하려는 아디치에의 야심이 아닐까? 우리는 과연 한국전쟁을 여성의 이야기로 치환하여 읽을 수 있을까?

한편이 필요한 아이들의 이야기

우웸 아크판, 《한편이라고 말해》(은행나무, 2010)

불행의 역사, 무너지는 개인의 삶

시대의 흐름은 필연적으로 개인의 삶의 방식에 영향을 미치고, 그 시간을 살아가는 생의 기록들이 모여 다시 역사를 만들어낸다. 이런 점에서 본다면 역사와 개인, 개인과 역사는 분리되기 어려운 하나의 덩어리이다. 때문에 참혹한 전쟁과 기아의 상황에서 선택할 수 있는 삶의 방식 또한 한정적일 수밖에 없다. 현대 아프리카는 식민 지배와 내전 등으로 인해 다양한 형태의 폭력에 노출되었다. 《한편이라고 말해》는 이 불행의 역사가 개인의 삶을 어떻게 무너뜨리고 있는지를 적나라하게 드러내는 작품이다. 종교 · 인종 등의 문제로 발생한 내전, 극심한 기아, 돈을 벌기 위한 성매매, 고위층의 부정부패까지 아프리카의 아픈 현대사를 배경으로 다루고 있는 이 소설은, 혼돈의 시대를 살아가야만 하는 개인의 현실이 상상 이상으로 잔혹하고 고통스럽다는 것을 보여준다. 작가는 약자들의 고통을 극대화하는 방식으로 어린아이의 시선을 택하고 있다. 작품집에 들어 있는 다섯 편의 중 · 단편 모두 열 살 내외의 아이들이 주인공으로 등장한다. 아직 보호 받아야 할 어린아이들이 겪는 위태로운 삶은 어두운 현재의 모습이자 불투명한 미래의 모습이기에 더욱 비참하게 다가온다.

〈크리스마스 성찬〉에 나오는 큰누나 마이샤는 고작 열두 살이지만 가고 싶은 학교 대신 가족을 먹여 살리기 위해 매일 거리로 나선다. 백인 남자들의 자동차를 따라다니며 열심히 몸을 팔고 있지만 집안의 장남인 동생 지가나를 학교에 보내기 위해서는 더 많은 돈이 필요하다. 겨우 등록금을 모으고 교복을 샀지만, 그것 외에도 학교 갈 때 신을 구두도 사야 하고 육성회비를 낼 돈도 필요하다. 마이샤는 풀타임으로 일을 하기 위해 집을 떠나기로 한다. 이런 모습은 열 살인 둘째 나에마의 멀지 않은 내일의 모습이 될 것이다.

생계를 위해 딸을 거리로 내모는 부모에게 아동 학대를 운운하기엔 현실이 지독히도 열악하다. 인간이 삶을 영위하기 위해 기본적으로 필요하다는 의식주, 그 어느 것 하나 제대로 갖추어진 것이 없다. 지가나의 가족은 임시 천막 같은 집에서 접착제 카비레를 마시며 허기를 달랜다. 어린 쌍둥이 동생들의 젖병에도 우유 대신 본드를 넣어준다. 때문에 집 안에는 구두 수선 가게에서 나는 냄새가 가득하다. 이들은 허기를 없애주는 귀한 이것을 금지하는 정부보다는, 물건을 구해준 이웃에게 감사한다. 소매치기 아빠는 자신의 일터가 되는 기다란 버스가 오기만을 기다리고, 만삭의 엄마는 임신한 개를 꾀어내 뱃속의 강아지들을 팔아 지가나의 책을 마련할 궁리 따위를 한다. 아기들은 구걸을 위한 미끼로 쓰인다. 아기를 내보이며 구걸을 하면 행인들이 더 많은 돈을 주기 때문이다.

이런 지가나 가족의 이야기는 케냐 나이로비 빈민가의 흔한 가족사이다. 분쟁이 끊이지 않는 아프리카에서 가난한 사람들이 선택할 수 있는 삶의 방식이란 그리 많아 보이지 않는다. 이들에게 인간답게 산다는 것은 무엇일까. 매일의 허기와 치열하게 싸우는 이들에게 과연 도덕과 윤리를 기준 삼아 그들의 인생을 재단하고 평가할 수 있을까.

지가나 가족에게 이번 크리스마스 시즌은 특별한 의미가 있다. 크리스마스가 되면 사람들이 거지들에게 더 많은 돈을 주기 때문에 진짜 크리스마스 음식을 먹는 행복을 누릴 수 있다. 다른 거리의 가족들과 다르게 그동안 지가나 가족은 그러한 행복을 모두 함께 누릴 수 있는 행운이 있었지만, 시즌이 끝나면 마이샤가 떠나기 때문에 마냥 기뻐할 수만은 없다. 지가나는 큰누나가 집을 나가는 것이 다 자기 때문인 것 같아 죄책감에 시달린다. 가족의 미래를 짊어지고 나갈 희망이 되어야 한다는 사명감을 갖기에 여덟 살은 너무 어린 나이다. 온 가족이 자신을 위해 치러야 하는 희생이 부담스럽고 싫을 뿐이다. 장남이기에 학교를 다녀 쓸모 있는 사람이 되어야 한다는 가족들의 뜻은 잘 알지만, 그 돈을 벌기 위해 눈앞에서 가족이 해체되는 것을 보는 것은 견딜 수 없는 일이다.

실은 학교가 너무나 가고 싶어서 교복이 생겼을 때는 이틀 동안 여덟 번이나 입어볼 만큼 들뜨기도 했고, 펜으로 손바닥에 글씨를 써보고 연필의 향을 맡아보기도 했다. 설레고 기뻐했던 만큼 미안함도 클 수밖에 없다. 큰누나가 거리에서 어떤 일을 겪으며 돈을 버는지, 제대로 먹지도 못하는 가족들이 그 돈을 쓰지 않기 위해 어떻게 살아야 하는지 잘 알기 때문이다. 슬픔을 견디는 방식을 아직 배우지 못한 여덟 살 소년은 차라리 거리의 깡패가 된다면 누나가 집을 떠나지 않아도 될 것이란 생각을 하게 된다. 걷잡을 수 없이 자꾸 치밀어 오르는 분노를 누나를 데리고 가는 백인 무숭구들에게 겨누며, 힘이 세어져서 흠씬 패주고 싶지만 그럴 수 없는 현실을 괴로워한다.

마이샤가 떠나는 날, 큰누나가 가지고 온 크리스마스 음식 봉투에서 희망을 발견하는 다른 가족들과 달리 지가나는 막사 안에서 혼자 접착제를 흡입하며 공책을 갈기갈기 찢어버린다. 연필과 펜을 분지르고 누나가 사준 교복 꾸러미는 건드리지도 않고 울기만 하다 결국, 집을 뛰쳐나와 거리의 아이들 무리에 섞여 사라지면서 소설은 막이 내린다.

거리로 자취를 감춘 여덟 살 아이의 미래가 희망적일 가능성은 그리 많아 보이지 않는다. 거리로 나가든 천막 안에서 계속 살든 가난과 굶주림에 시달리는 생활은 크게 변하지 않을 것이다. 인간으로서 존엄하게 살아갈 기회조차 빼앗긴 이들에게 남은 것은 그저 본능에 충실한 삶뿐이다. 핍진한 일상이 주는 이 가족의 비극이 마음을 무겁게 내려앉게 하는 이유가 여기에 있을 것이다. 일상에 묻어 있는 아픔과 고통은 삶을 버리지 않는 한 계속된다. 비극의 시대를 살아가는 개인은 주어진 삶을 치열히 살아내며 견딜 수밖에 없다. 고통의 삶일지라도 기어이 살아내야 한다. 이 이야기의 실제 주인공인 거리의 아이가 "거칠고 난폭한 무리 속에서도 자신의 온화한 성품을 잃지 않기를 기도한다"는 작가의 말이 참으로 씁쓸하고 가슴 아프게 다가온다.

동심을 통해 보여주는 현실의 잔혹함과 미래

아이들의 시선과 목소리는 다른 작품에서도 이어진다. 작가는 계속해서 어린아이들을 등장시켜 어른들의 위선과 기만을 보여준다. 〈가봉에 가기 위해 살찌우기〉는 부모님이 에이즈에 걸리는 바람에 삼촌에게 맡겨진 열 살 소년 코칙파와 여동생인 다섯 살 예와의 이야기다. 자그마한 체구의 부지런한 삼촌은 베냉과 나이지리아 국경지대에서 호객꾼으로 일한다. 어느 날 삼촌이 새 오토바이를 사 가지고 온 것을 보고 아이들은 생활 여건이 나아지고 있다고 생각한다. 아무것도 모르는 순진한 남매는 가난에서 벗어날 수 있다는 희망에 들떠 행복해한다. 하지만 실상은 삼촌이 아이들을 인신매매단에 팔아넘긴 상태다. 게다가 어른들의 위험한 말과 행동도 아이들에게는 그저 놀이와 장난일 뿐이다.

NGO 단체에서 나온 사람들은 아이들이 살찌워 팔아버릴 계획을 가진 노예 장사꾼이라는 것을 독자는 곧 눈치챌 수 있지만, 순수한 아이들의 눈에는 맛있는 음식을 주고 학교에도 보내주는 따뜻하고 인자한 양부모님들로 보인다. 고마운 분들에게 잘 보이고 싶어 갖은 애를 쓰는 아이들의 모습은 안쓰럽기만 하다. 아이들을 배에 태워 팔아버릴 계획을 철두철미하게 세운 어른들은 남매에게 노예선에서

숙지해야 할 것들에 대해 교육하기 시작한다. 내용이 좀 이상하고 때론 우스꽝스러운 상황이 벌어져도 이미 삼촌과 양부모님 그리고 자기를 팔아버리는 데 일등 공신인 빅가이까지 모두 좋아하게 된 아이들은, 그저 말 잘 듣는 착한 아이가 되기 위해 계속 노력한다. 자신들이 갇히게 될 집의 구멍을 막고 자물쇠를 다는 일을 나서서 돕기까지 한다.

"자신의 아이나 조카를 파는 일은 다른 아이들을 파는 일보다 더 어려운 법"이기에 크페 삼촌은 점점 양심의 가책에 시달린다. 왼쪽 얼굴에 난 상처 때문에 늘 웃는 얼굴인 삼촌의 표정은 점점 굳어지고, 결국 남매를 탈출시키려고 하지만 실패로 끝나 죽임을 당한다. 자신에게도 아이들이 있지만, "그저 내게 주어진 일만 할 뿐"이라고 말하는 새로 온 감시자의 모습에서 어른들의 기만과 위선이 다시 한 번 확인된다. 개인의 양심 문제를 상황 때문에 벌어지는 어쩔 수 없는 일이라고 합리화시키는 사회에서 아이들이 겪을 고통은 짐작 그 이상일 것이다. 도망치는 삼촌과 아이들을 잡으려고 하는 일행 속에서 축구 감독 에이브러햄 선생을 보게 되었을 때 코칙파의 실망감은 절정에 이른다. 그는 코칙파가 상황이 뭔가 이상하다고 느끼기 시작했을 때 학교에서 관심을 보이고 포도당을 주며 위로를 해주었던 선생님이었다. 그런 그가 실은 조직적인 계략을 꾸미는 일당의 한패라는 것을 알게 되면서 더 이상 어떤 어른도 신뢰해선 안 된다는 것을 배우게 된 것이다. 코칙파는 더 이상 어느 누구에게도 의지하지 않고 거짓말과 음모로 가득 찬 어른들의 세계에서 자신의 힘으로 탈출하기로 마음먹게 된다.

르완다 내전을 다루고 있는 〈부모님의 침실〉도 주인공 소녀의 시선을 통해 사건이 그려진다. 부모님의 대화는 들어도 그 내용을 알 수 없지만 셴지는 본능적으로 뭔가 심상치 않은 일이 일어나리라는 것을 느낀다. 밤에 외출을 한 엄마는 사실 침실 위 다락에 숨어 있던 것이며, 귀신이 있다고 믿은 집에 정말로 사람들이 숨어 있다는 사실을 차차 알게 된다. 이웃집 아저씨라고 생각했던 사람들이 집을 부수고 자신을 강간하려 하고, 급기야 후투족 아빠가 투치족인 엄마의 머리를 내리쳐 죽여야만 하는 장면을 눈앞에서 보게 된다. 아프고 무섭지만 아무도 소녀의 말에는 귀를 기울여주지 않는다. 만 열 살인 아이가 이 모든 상황을 이해하고 받아들이기는 어렵다. 정신은 제멋대로 흘러 급기야 피를 흘리는 엄마를 보면서도 천장에 있는 사람들 중에 엄마가 있다고 생각하기 시작한다. 이토록 잔혹한 이야기를 소녀를 통해 듣게 되는 독자는 끔찍한 장면들에서 한동안 벗어날 수가 없다. 작가는 아이가 보는 만큼만을 전달하고 나머지 상황은 독자의 상상에 맡겨버린다. 상황을 따라가는 독자는 사건의 여백 속에서 소녀가 받았을 충격과 공포를 극대화시키게 된다. 삶의 고통과 절박함을 아는 어른들은 아이들에게까지 전해지는 참혹한 현실에 절망하게 된다.

그러나 소설 속 아이들은 극한 상황에서도 끝까지 포기하지 않는다. 〈부모님의 침실〉의 셴지는 극도의 충격에도 불구하고 칭얼거리는 어린 남동생 쟝까지 보살펴가며 폭도를 피해 몸을 숨긴다. 아이가 가진 것은 "두려워하지 말라"는 엄마의 말과 부러진 십자가뿐이지만, 죽고 싶지 않다는 열망이 소녀를 강해져야 한다고 다짐하게 만든다. 〈가봉에 가기 위해 살찌우기〉의 코칙파도 극적으로 탈출에 성공한다. 열쇠를 찾아 창문을 열고 뛰어내려 덤불 속으로 몸을 숨긴다. 작가가 아이들의 시선을 통해 의도한 것은 사건이 진행됨에 따라 어른들의 미묘한 갈등과 그 안에 담긴 엄청난 진실들을 세밀하고 극적으로 보여주는 효과 그 이상일지도 모른다. 고통스러운 현실을 살아가고 있지만 이 아이들에게도 내일은 있다. 아이들은 종교 · 인종과 같은 갈등 때문에 서로가 서로를 죽이는 잔혹한 현실이 얼마나 끔찍한지를 보여주는 장치이자, 동시에 그것에서 자유로울 수 있는 다음 세대에 대한 기대이기도 하다. 물론 맨몸의 아이들이 현실에서 얼마나 벗어날 수 있을지는 알 수 없다. 그러나 "동생의 울부짖음에서 벗어나지 못하리라는 것을 알았지만, 달리고 또 달렸"던 코칙파처럼 고통의 삶을 이겨내려고 애쓰는 아이들을 보면서 희망을 포기할 수 없게 된다. 힘없고 약한 아이들이지만 용기를 잃지 않는 아이들을 위해, 어른들이 만들어낸 끔찍한 세상에서 달아나 강해져라, 좌절과 괴로움이라는 현실에 지지 말고 조금 더 나은 세상에서 살아남으라는 간절한 기도를 하게 만든다.

인간의 보편 가치, 한편이라고 말해

〈이건 무슨 언어지?〉는 에티오피아에서 벌어진 종교 분쟁을 배경으로 하고 있다. 여기에 등장하는 두 소녀는 마주보고 있는 집에 사는 단짝 친구다. 두 아이의 부모님들은 비록 종교는 다르지만 아이들을 자유롭게 키워야 한다는 생각은 같다. 셀람은 '너'의 가족을 따라 교회에 가기도 하고, 원하면 돼지고기를 먹어도 된다는 허락을 받기도 했다. 그러나 두 가족이 함께 이웃 마을에서 자전거 경주를 관람하고 온 어느 날, 동네 집들이 불에 타서 집 안에 타는 냄새가 가득했던 그날부터 두 아이는 부모님으로부터 다시는 함께 놀아서는 안 된다는 말을 듣게 된다. 두 아이는 서로가 그리워도 어른들의 명령에 따라야만 했다. 더 이상 만나지 못하고 말을 나눌 수도 없게 되었지만, 두 아이는 관계를 포기하지 않는다. 어른들의 시선을 피해 2층 발코니에서 손을 흔들고 웃어주면서 서로를 안심시킨다. 대화를 하지 못해도 몸짓과 입모양으로 감정을 확인하는 두 아이의 동화 같은 모습을 통해, 인간적 연대라는 것은 어떤 이념과 가치 그 이상을 넘어서는 순수한 본연의 것임을 확인할 수 있다. 종교가 다르다는 이유만으로 단절되는 어른들의 세계와는 다르게 아이들은 자신들만의 언어를 만들어 서로 소통을 계속하고, 더 이상 절망하지도 않는다. 이것은 어른들이 배워야 할 아이들의 간절한 소망을 이루는 방식이고, 단절을 넘어서는 화해의 가능성이다.

〈럭셔리 영구차〉는 열여섯 살 무슬림 소년 주브릴의 이야기를 통해 가치와 이념이 만들어낸 편견과 전쟁이 아이들의 삶에 어떤 영향을 끼치는지를 좀 더 직접적으로 보여준다. 주브릴은 나이지리아에서 벌어진 종교 전쟁에서 살아남기 위해 자신을 숨기고 다른 종교를 가진 사람들 틈에 끼어 '럭셔리 버스'라 불리는 차를 타고 교회 신도인 아버지가 사는 남쪽으로 피신할 수밖에 없는 상황에 몰리게 된다. 작가는 피난민들로 가득 찬 버스 안에 전형적인 인간 군상을 태워 아프리카가 가지고 있는 현실 문제를 축소판처럼 보여준다. 인물들 간의 갈등을 통해 단순히 종교 · 인종 간의 갈등을 그려내는 데 그친 것이 아니라, 극한 상황에서 살아남기 위해 평범한 사람들이 어떻게 광포해져가는지, 자신과 다르다는 이유로 타인을 어떻게 소외시키는지, 믿음과 신념이라는 것이 상황에 따라 어떻게 바뀌고 달라질 수 있는지 등의 문제까지도 접근한다. 주브릴의 자리를 차지하고 비키지 않는 족장의 허위의식을 통해 토착화된 종교의 모순과 아프리카의 기득권 세력이 그동안 어떻게 권력을 유지했는지 등도 풍자적으로 보여준다.

주브릴은 자신이 믿어온 이슬람교와 친구들에게 배신당하고 도주하게 된 배경을 계속해서 회상한다. 제대로 된 무슬림으로 인정받기 위해 시위 때마다 앞장섰고, 아빠에게 다녀온 후 개종을 한 형이 이슬람교도들에게 죽임을 당했을 때도 지켜보고만 있었으며, 사소한 도둑질을 했을 때 율법에 따라 한쪽 손목을 기꺼이 내놓기도 했다. 그러나 막상 종교 분쟁이 벌어지자 진짜 무슬림이 아니라고 쫓기게 되고, 그리스도교인들이 탄 버스에서는 이슬람교도라는 것이 탄로 날까 봐 평소 부끄럽게 생각했던 가브리엘이란 이름을 말하고 손목이 잘려진 한쪽 손을 호주머니에서 빼지도 못하고 전전긍긍한다. 모든 것이 혼란스럽고 어디서부터 잘못된 것인지, 자신이 무엇을 잘못했는지도 알 수 없지만 살아남기 위해서는 자신을 쫓는 자들과 한편이라고 말해야만 한다.

"알라신이시여, 부디 제게 지혜를 주시어 이 버스의 그리스도교도

들에게는 제가 정말 그들과 한편이라고 믿게 해주십시오."(〈럭셔리 영구차〉, 287쪽)

"족장님, 전 당신들과 같은 편이에요.(〈럭셔리 영구차〉, 375쪽)

자신의 세계관이나 가치관과는 다르게 태생의 한계 때문에 어느 쪽 편에서도 배제당하는 주브릴의 모습은 내전과 갈등이 지속되어 온 아프리카에 사는 많은 아이들의 모습일 것이다. 한편이라고 말해야만 살아남을 수 있음을 보여주는 장면은 〈부모님의 침실〉에서도 찾을 수 있다.

"사람들이 물으면, 너는 그들과 같은 부족이라고 말해. 알겠니?"

엄마가 나를 보지 않고 단호하게 말한다 "누가 물으면요?"

"누구든지. 그리고 모니크, 동생을 잘 돌봐야 한다. 꼭 그래야 해, 알았지?"

"알았어요, 엄마."

"약속하지?"

"약속해요."(〈부모님의 침실〉, 383쪽)

후투족 아빠와 투치족 엄마 사이에서 태어난 아이들은 그리스도교도이면서 무슬림인 주브릴처럼 후투족이면서 동시에 투치족이 될 수 있다. 이 아이들은 화합의 상징이 아니라 이중 소외의 대상이 되고 있다. 사랑에 빠진 남녀가 종교와 인종의 차이를 극복하고 결혼에 성공하는 이야기가 아름다운 로맨스가 될 수 없는 힘든 시대에서, 본인의 의지로 선택한 것은 아니지만 생과 사의 문제에 내던져진 아이들의 고통은 이루 말할 수 없을 것이다. 때문에 이 소설들은 "아프리카 아이들이 처한 어려운 현실과 고통을 알리고 싶었다"는 작가의 마음이 담긴 아프리카의 오늘이자 내일의 이야기가 되는 것이다.

작가는 고통의 현실을 극복해 나갈 수 있는 가능성을 작품집 곳곳에 심어놓는다. 〈럭셔리 영구차〉에서 주브릴 부모님의 주례를 맡은 맥브라이드 신부는 "부족 간 종교 간 증오가 보는 국가적 쟁섬 아래에 들끓고 있는 이 나라에서 두 사람의 결혼은 화합의 상징"이고 마을 전체가 두 사람의 열린 마음을 본받아야 한다고 설교한다. 학교에서 아이들을 가르치는 압둘라히는 분쟁이 발생하자 위험을 무릅쓰고 주브릴뿐만 아니라 쫓기는 그리스도교도를 숨겨준다. 부족·지역·종교 등으로 편을 나누어 서로 죽고 죽이는 가운데에서도, 그 모든 것을 초월하는 것이 있다는 믿음을 실천으로 보여주는 인물들이다.

〈부모님의 침실〉에서 셴지의 엄마는 자신이 곧 죽게 될 것임을 알지만 아이들과 동족들을 지켜내기 위해 현실에서 도망치지 않는다. 기어이 아빠에게 동족을 지키겠다는 약속을 받아내고 당당히 최후를 맞는다. 또한 〈가봉에 가기 위해 살찌우기〉에서 베냉 삼촌은 조카들을 지키기 위해 도망을 치다 잡혀 죽음을 맞이하게 된다. 가족애와 동족애는 죽음이라는 거대한 두려움 앞에서도 인간다움을 잃지 않게 해주는 원동력이 된다는 것을 보여주고 있는 것이다. 〈이건 무슨 언어지?〉에 등장하는 두 아이의 부모들은 종교가 달라도 열린 마음으로 이웃을 대하고 아이들을 자유롭게 키우려고 노력한다. 종교 분쟁 때문에 어쩔 수 없이 옆집과 거리를 두게 되지만 동심을 최대한 다치지 않게 하려고 노력하고, 이웃과 단절이 생긴 힘든 시절이라는 것에 안타까워한다. 그저 신앙이 다른 것일 뿐, 그 이상 어떤 것도 아니란 것을 잘 알고 있다. 이렇듯 한편이 아니라는 이유로 서로를 죽이고 죽는 극한의 상황 속에서도 인간다운 가치를 지키기 위해 노력하는 사람들이 존재한다는 것을 보여주어 화해와 평화로 향하고자 하는 희망의 불씨를 꺼뜨리지 않고 있다.

《한편이라고 말해》는 이 무거운 이야기를 아이들의 말을 통해 가볍게 풀어서 이야기하는 소설이다. 한편이라고 말해야 살아남을 수 있는 이야기들이자, 아프리카의 곳곳에서 벌어지고 있는 절박한 사연을 다룬다는 점에서 한편 같은 이야기책인 것이다. 그런 점에서 한편은 중의적 의미로 해석할 수 있다. 시대의 역사는 곧 자신의 역사와 연결된다. 그리고 역사를 다시 쓰는 것도 다시 개인들이다. 휴머니즘이라는 인류 보편의 가치는 더 나은 역사를 만드는 바탕에 있어야 한다. 어두운 삶 속에서도 생에 대한 용기를 잃지 않는 아이들에게는 같은 편들의 지지와 응원이 절실하다. 힘든 시대를 살아가는 사람들이라 할지라도 아이들의 미래를 위해, 인간의 존엄을 지키며 살아가는 일에는 "한편"이라고 주저 없이 말할 수 있어야 한다.